阡陌青田

民国时期青田华侨的迁移路径与发展图景研究

吕涛 著

人民东方出版传媒
People's Oriental Publishing & Media
東方出版社
The Oriental Press

图书在版编目（CIP）数据

阡陌青田：民国时期青田华侨的迁移路径与发展图景研究 / 吕涛著. —北京：东方出版社，2022.11

ISBN 978-7-5207-3014-3

Ⅰ. ①阡… Ⅱ. ①吕… Ⅲ. ①华侨—研究—青田 Ⅳ. ① D634.3

中国版本图书馆 CIP 数据核字（2022）第 190031 号

阡陌青田：民国时期青田华侨的迁移路径与发展图景研究
（QIANMO QINGTIAN：MINGUO SHIQI QINGTIAN HUAQIAO DE QIANYI LUJING YU FAZHAN TUJING YANJIU）

著　　者：吕　涛
策划编辑：姚　恋
责任编辑：朱兆瑞
出　　版：東方出版社
发　　行：人民东方出版传媒有限公司
地　　址：北京市东城区朝阳门内大街 166 号
邮政编码：100010
印　　刷：北京联兴盛业印刷股份有限公司
版　　次：2022 年 11 月第 1 版
印　　次：2022 年 11 月北京第 1 次印刷
开　　本：710 毫米 ×1000 毫米　1/16
印　　张：20.5
字　　数：350 千字
书　　号：ISBN 978-7-5207-3014-3
定　　价：98.00 元
发行电话：（010）85924663　85924644　85924641

此书献给

全世界勤劳朴实，

智慧包容的青田华侨及他们的先辈！

▲ 青田县城全貌

▲ 青田山区地貌

▲ 青田夜景

▲ “侨浙里　看青田”2021 年端午节大型直播活动相关工作人员合影

▲ “侨浙里　看青田”2021 年端午节大型直播活动准备工作现场会

▲ “侨浙里　看青田”2021 年端午节大型直播活动准备工作现场会

▲ “侨浙里　看青田”2021 年端午节大型直播活动现场采风

▲ 青田侨务工作调研现场留影

▲ 青田侨务工作调研

▲ 青田侨务工作调研

▲“侨浙里　看青田”2021 年端午节大型直播前的拍摄地考察

▲“侨浙里　看青田”2021 年端午节大型直播前的拍摄地考察

序

2008 年的冬天很冷，刚过完圣诞节的欧洲正下着暴雪。

这是我第一次到欧洲。作为中央电视台《华人世界》栏目的记者，我跟随吉林省交响乐团赴维也纳金色大厅报道演出盛况。飞机降落在德国法兰克福机场，因为接待方的原因，我们不仅无法顺利转车前往维也纳，连吃饭都成了难题。外面风雪肆虐，身处异国他乡的我感觉格外冷。

无助中，我试着拨通了当时浙江省青田县侨联主席陈耀东的电话。陈主席详细了解情况后，马上联系了维也纳的青田籍华侨陈利新、周海荣、潘建伟、蒋可良、朱纯洁、徐佳宁、杨东平、夏小雄等人，快速安排好了摄制组的行程。当晚 10 点，冒着暴雪，我们赶到了维也纳。几位华侨在 15 区的街头，把我们接到了一个名为“乐口福”的中餐馆。餐馆内与门外漫天大雪截然不同的场景，让我一生都记忆犹新。这个面积并不大的华人餐馆里暖意很足，中式的陈设、熟悉的腔调一下子就像回到了家里一样。

我的内心充满感慨，从那时起，青田华侨这个群体就走进了我的心里，我隐约感觉到今生将与青田结下不解之缘。

四个月前，我第一次接触青田，是去那里采访全国人大代表、青田县侨联主席陈耀东。他万里寻母的故事在《华人世界》栏目播出后感动了无数的观众。

缘分这种东西真的让人难以言语，我与这些海外华人华侨有一种天生的亲近感。在《华人世界》栏目工作的这段经历，让我与近百个国家的华人华侨和国际友人结下了深厚的友谊，就像是命运的安排。青田华人华侨勤劳朴实的性格、精明能干的作风一直感动着我，感染着我。

2009 年，我在吉林大学读博士，研究方向是近现代史，就在大家都在为论文方向冥思苦想的时候，我的博士论文选题就已经瞄准了青田华侨的历史。我思考着，地处浙东南这样一片只有 2000 多平方公里的土地，一个环境优雅但是普通得不能再普通的山野之地，是什么力量促使一代代青田人从阡陌纵横的田间地头一步步走出国门、走向世界？又是什么样的情怀让这些走出去的青田人始终对家乡念念不忘，并且乡情还愈加浓郁？他们的谋生之道以及内在的人文精神对中国华侨史、中国历史、中西方文化的碰撞与融合做出了哪些价值彰显？由此，我在工作中用摄像机记录他们命运故事的同时，在桌前案头用文字来逐步考证和梳理青田华侨的历史印迹。

青田是个很神奇的地方。

“细草垂杨村巷幽，白沙素石引溪流。青苔矶上有扁舟”。在刘伯温笔下，宛如世外桃源般的青田山境更是他乐于生活的沃土。但是，“九山半水半分田”的自然环境，严重制约了青田农耕产业的发展。因此，在新中国成立前的 70 余年间，这里出现了 8 次出洋潮，其中动因明确的有 5 次，约有 4 万余名青田人走出国门，奔赴世界 43 个国家谋生。目前，在海外的青田籍华侨华人有 33 万人之多，分布于世界 120 多个国家和地区。我在青田调研时，一位村民说："我们全家几十口分布在海外十多个国家，每逢过年都回来了，我们一大家子人就像联合国开会。"

十四年来，我几乎每一年都要去几次青田，因此对这里的街道和乡村我已经非常熟悉。遍布乡镇的欧式建筑、街头林立的咖啡馆、来自世界各地的美食与红酒，让人仿佛走进了欧洲小镇。我也俨然成了青田人。

2021 年端午节期间，由于疫情原因，大量青田华人华侨无法回国与亲人团聚。为了给他们圆梦，我担任总导演、节目制片人，精心策划了《侨浙里　看青田——你在他乡还好吗？》6 小时融媒体直播。通过直播，我们生动地向海外华人华侨呈现了青田的喜人发展和巨大变化，也寄托了家乡对海外青田人的牵挂与惦念。时任青田县侨联主席的叶毅青在直播结束送别时对我说："只有你这样的'青田人'才能走进青田人的心里，才能做出这样感动世界青田人的节目。"

从一名普通记者成长为制片人，从一名普通归侨侨眷成长为中国侨联第十届常委、中央广播电视总台侨联副主席，研究青田华侨的历史与命运，关注世界华人华侨的成长与发展，不仅仅是工作使然，更像是命运的安排。

《阡陌青田》一书是我对青田华人华侨感情的一次内心表白，也是我对这段人生经历和与青田人不解之缘的一次注解。

本书包含六章，从研究青田的区域经济圈入手，剖析华侨形成的起源与发展、海外经营及生活状况以及爱国活动，通过重点系统地研究民国时期青田华侨群体，展现华侨在新中国成立和建设初期起到的重要作用；通过分析近年来青田华侨各国区域分布和各行业结构分布情况的变化，展示我国国力强大给华侨在居住国地位和投资权益保障带来的提升，以引导青田蕴藏的巨大侨力资源转化为发展优势。

第一章，以区域经济圈理论为基础，论述了侨乡形成与经济圈的关系。第二章，从青田的环境、阶层分布为切入点，探讨了青田华侨出国的动因问题。第三章，从青田人海外分布状况为基础，探析了青田华侨海外侨路的形成以及青田华侨的出国方式。第四章，介绍了青田华侨的海外经营状况，进而分析其海外产业变化的成因以及产业发展所遭遇的困境。第五章，从青田华侨海外收入、消费和居住状况入手，考察其海外生活。第六章，系统介绍民国时期青田华侨的海外侨团及其爱国主义活动。

华侨史本身也是中国文化、中华文明的传播史。长期以来，华人华侨在中国文化海外传播中起到了巨大的推动作用。他们所到之处，把中国文化特有的思想观念、人文精神、道德伦理、文学艺术及最基本的衣食住行等风俗习惯都展示给了驻在国社会，为中国文化的国际传播和中西文明的交流互鉴做出了不可磨灭的贡献。

有学者指出，在海外的华侨华人社会已经形成了文化传播的四大载体，即华侨华人本身、华人社团、华文传播和华文教育。华人华侨是中国文化在海外延伸的重要载体，是中国声音在海外的广播站，是中国故事向海外进行国际传播的生动讲述者。同时，在国家安全方面，华人华侨群体也是一股不可忽视的重要力量，发挥着不可替代的烽火台作用。海外反华势力肆虐时，异国他乡有他们挺身而出为国发声的身影；国家危难时，有他们捐款捐物伸出的援助之手；国家的荣耀高光时刻，有他们欢呼雀跃的自豪之声。华侨文化本身也是构成中国软实力的重要组成部分，既体现出文化传播的连续性，也体现出文化传播的扩展与深化，共同构成了海外华族社会的文化传播体系。

读史明鉴，知古鉴今。一部青田华侨史其实就是一部中国人在海外的奋斗史，一部中国精神、中国文化在海外的传播史。习近平总书记在党的二十大报告中提出："增强中华文明传播力影响力。坚守中华文化立场，提炼展示中华文明的精神标识和文化精髓，加快构建中国话语和中国叙事体系，讲好中国故事、传播好中国声音，展现可信、可爱、可敬的中国形象。加强国际传播能力建设，全面提升国际传播效能，形成同我国综合国力和国际地位相匹配的国际话语权。深化文明交流互鉴，推动中华文化更好走向世界。"[①] 作为一名媒体人和侨务工作者，传播中华文明，研究华侨历史，是我义不容辞的责任。这本《阡陌青田》完成了我的一个心愿，是我在侨史研究道路上的一个阶段性总结。未来我还要不断拓展研究维度，创新研究思路，结合华人华侨的新情况、新变化不断探索思考，弘扬华人华侨优秀精神，为侨史研究助力。

在本书即将付梓之时，首先要感谢我的博士研究生导师吉林大学文学院的赵英兰先生，是敬爱、慈祥的赵老师让我在史学研究的道路上更加坚定和自信！还要由衷地感谢几位在青田工作的老朋友和青田籍的海外华人华侨：

---

① 习近平：《高举中国特色社会主义伟大旗帜 为全面建设社会主义现代化强国而团结奋斗——在中国共产党第二十次全国代表大会上的报道（2022年10月16日）》，人民出版社单行本，第45—46页。

原浙江省青田县侨联主席陈耀东先生

欧洲青田同乡总会会长、法国中国和平统一促进会执行会长陈少奇先生

意大利艾米里亚华人企业协会会长赵正勤先生

欧洲华侨华人青年联合总会会长、捷克青田同乡会会长、捷克和平统一促进会副会长周灵建先生

中东欧投资贸易文化促进会会长、中国克罗地亚文化基金会会长，长城商贸中心董事长叶碎雄先生

斯洛文尼亚—斯中经贸促进会会长、斯洛文尼亚中国商会副会长，兼秘书长裘侠君先生

比利时CNE新世纪集团董事长、欧洲华侨华人青年联合总会执行主席长（首任会长）傅旭海先生

匈牙利著名侨领季江远先生、郭国雄先生、段博先生

捷克华侨单永健先生、宗伟勇先生

意大利华侨留大一先生

克罗地亚华侨陈文梓先生、叶高云先生

以上朋友们在我撰写此书以及赴欧洲各国调研搜集资料期间给予了莫大的帮助。最后，还要感谢多年来对我在履职侨联工作期间给予热心帮助和指导的各级侨联领导、海内外朋友们！

向大家表示最诚挚的谢意！

吕　涛

壬寅立秋日　于远望斋

目　录

第一章

青田侨乡的区域地缘环境

浙江青田是享誉国内外的中国著名侨乡。在300余年的华侨史中，青田石雕无疑是最具特色的名片，但将青田与石雕等同起来，却在无形中窄化了青田华侨与青田侨乡的历史地位。在宋代，青田地区出现了近百名进士；民国期间，青田涌现出百余位将军；新中国成立后，数名青田籍人士担任国家领导；改革开放后，有百余位华侨被聘为各级政协委员。在一个相对狭小的区域内，各类精英人物辈出，一半左右人口在海外打拚，这既与青田地缘环境密不可分，也是青田地域文化塑造的结果。

第一节　青田侨乡与区域经济圈

提到青田侨乡的地缘环境，就不得不先提及区域经济圈的基础概念。区域经济圈也称经济圈，一般指在特定地理区域内城市与城市之间，因经济、科技、文化、生活等因素形成的相互依存且资源优化分配的经济共同体。与单一城市相比，区域经济圈在科技、经济、人口等方面具有规模效应与产业优势，在国内、国际竞争中常处于领先或垄断地位，也一直受到各国的普遍重视。

一、区域经济圈的构成与分工

区域经济圈是进入工业化时代后经济发展的产物。19世纪晚期，工厂逐渐向特定区域集中，这些城市又因生产分工的需要，形成了彼此协作发展的城市群，甚至跨越了国界。其中，美国东北部经济圈和五大湖区经济圈、英国中南部工业圈、西北欧经济圈等，都是在这一历史时期逐渐形成的。进入20世纪后，随着国际贸易往来日益繁荣，一些后发国家以国际贸易为导向，形成了服务于国际贸易的外向型工业城市群。其中，日本太平洋沿岸工业圈、我国的长江三角洲经济圈和珠三角经济圈等，都是在这一时代背景下发展起来的。在全球各经济体中，被各国所普遍认可的超大型区域经济圈，有美国东北部经济圈和五大湖区经济圈、英国中南部工业圈、西北欧经济圈和我国的长江三角洲经济圈等。除了世界级超大型经济圈外，在一国内也存在着不同规模的区域经济圈。在我国，除了长江三角洲经济圈外，还有超大型的京津冀经济圈与珠三角经济圈，以及体量规模相对较小的成渝经济圈、西北经济圈等。

区域经济圈是由多元因素共同促成的，除了交通、能源、人口等常规因素外，还和商贸活动、历史传统、地理区位以及政治等因素有关。常规因素中，交通因素处于最优先地位，区域经济圈大都地处平原地区，中心城市或为全国铁路的重要节点，或自身为特大港口，或是对外陆路口岸等；能源因素则居于次要地位，区域经济圈或是在煤、铁产区，或临近优良港口，便于煤、铁、石油等生产资源的运输；人口则居于再次地位，区域经济圈可以汇集本国三分之一以上的人口，以及绝大多数高知识背景的人才。现阶段，商贸活动对于区域经济圈的影响日益显著，传统意义上的区域经济圈属于国家经济主权范畴，但近年来也出现了跨国、跨境发展的新特征，一些新兴的区域经济圈大都具有外向经济特征。历史传统也对区域经济圈的形成起到了推动作用，世界主要区域经济圈中的大型城市，大都有着悠久的城市发展史，一些城市的出现甚至可以追溯至奴隶制王朝时代。在这些城市的历史中，大都有着对于市场活动状况的详细记载，一些城市自古便是区域乃至世界性的商品集散地，如英国伦敦和中国福建泉州等。

区域经济圈的发展一般经历了兴盛与衰落。随着世界一体化格局的确立，世界新出现的经济圈，不仅高度重视信息、金融与新技术的交融，也更加重视区域的宜居性。部分老的区域经济圈因未能转型要求，逐渐不再适应分工发展而丧失了功能。比如，随着钢铁、汽车生产逐步向新兴市场国家转移，传统的以钢铁汽车为主的美国东北部经济圈和五大湖区经济圈，逐渐沦为了美国的铁锈地带。在美国曾经的汽车城底特律，失业率达到了18%，恶性犯罪案件频发。

在区域经济圈的内部结构中，按地域功能的不同可以分为中心城市、非中心城市、非城市农业区及自然环境区域等四类，这是依据生物与自然资源、科学技术资源、人力资源、资本与融资、管理方式与文化等五种社会发展所必备的资源进行的划分。

中心城市在区域经济圈中居于核心地位，一个经济圈内一般只有一座中心城市，它是整个经济圈的灵魂所在。中心城市优势非常明显，它能汇集企业的总部机关、政府部门、知名大学和教育机构。我国中心城市的形成大都有悠久的历史，如京津冀经济圈中的北京，长三角经济圈中的上海，珠三角经济圈中的广州等。中心城市一般承担了区域经济圈中科学技术引领者、资本与金融中心，以及管理与文化输出者的职能，中心城市对于人力资源和生物与自然资源有着巨大的需求，需要经济圈的其他非中心城市、非城市农业区、自然环境区域等持续提供相应资源。

非中心城市，也是区域经济圈中的重要组成部分，它有着相对完整的产业结构与相对完备的产业链。非中心城市之间的差距很大，以珠三角经济圈为例，它既有深圳、佛山、东莞等 GDP 突破万亿元的城市，也有廉江、吴川等 GDP 负增长的城市。非中心城市通常具有五种社会发展所需资源中的两三种，但在技术、资本以及市场方面对于中心城市有着持续性的依赖。非中心城市与中心城市之间，多呈现出不能割舍的紧密纽带关系，这也是区分城市归属哪一区域经济圈的重要依据。

非城市农业区，在我国区域经济圈内所占地理面积最大，是区域经济圈内生物资源的主要提供者。非城市农业区主要向中心城市或非中心城市提供粮食、蔬菜、肉类和蛋类。在南方，非城市农业区还是劳动力的重要来源地。

自然环境区域，包含了适宜人类生存的生态资源区和不适宜人类生存的区域。前者包含了公园、湿地、风景区、自然保护区等，后者包含了不适宜人类生存的生态资源区。

我国区域经济圈概念形成于20世纪80年代，是为区别计划经济体制的指令性协作，顺应市场经济化发展而形成的观念的转变。由于我国区域经济圈内城市分工协同转化相对滞后，所以国家对于中心城市观念的提出相对较晚，是在第十个五年计划纲要中首次提出的。

在区域经济圈中，现代产业主要分布于大中型城市，其中最顶尖技术多为中心城市企业所掌握。区域经济圈中的产业链则是以城市经济体量为基础形成了大致分工，经济体量大的城市占据产业链的顶端，毗邻城市以其自身优势也随之连带发展。中心城市以其自身的产业优势形成了对外的辐射效应，并引导了区域经济圈内非中心城市和非城市农业区的产业分布。

一方面，中心城市以其自身经济体量优势，通过资本输出等形式在一定程度上影响了毗邻城市的发展走向。以京津冀经济圈为例，北京作为中心城市容纳了区域内主要企业的总部和研发部门，胡润研究院《2021全球独角兽榜》显示，中国以301家独角兽企业位列该榜单第二名，仅北京就有91家，而2021年北京经济总量达到40269.6亿元，人均GDP超过2.8万美元。[①]同时，由于居住人口数量巨大，北京存在着常住人口与有限土地资源之间的矛盾，需要其他非中心城市甚至非城市农业区协助解决居住问题。廊坊市的北三县，即三河、大厂和香河在一定程度上承担了北京睡城的角色，部分纾解了北京居住紧张的问题。当然，北三县因承接北京的居住需求，房地产行业获得迅猛发展，成为河北省经济发展速度最快的地区之一。

另一方面，中心城市处于产业链的最顶端，形成了竞争中的排他优势，并向周边城市输出技术。以珠三角经济圈为例，作为中心城市的深圳现已形成了全球领先的产业网，囊括了区域特色产业集群、数字经济、绿色经济、新消费、信息通信和新动能等六大类核心竞争产业。其中，区域特色

① 张钦：《2021年北京经济总量突破4万亿元 人均GDP超过2.8万美元》，《北京青年报》2022年6月16日。

产业集群包含了 PCB（印制电路板）产业集群、激光产业集群、电源电控集群、机器人集群。深圳支柱产业的竞争优势明显，周边城市深知无法与深圳的优势产业形成竞争，一般会主动在未来发展中规避相关领域的竞争，选择合作。深圳通过产业向外转移，与周边城市产业对接，逐渐形成产业链上下游合作关系。深圳在信息技术及智能化方面具有显著优势，对周边城市的智能制造、智能生产、智能车间、智能工厂建设发挥了推动作用，并促进了周边城市的石化、建材、印染、五金等传统制造业的信息化改造，在一定程度上增强了这些城市企业的国际竞争力。

因此，非中心城市大多以城市自身特色产业结构为基础，形成了与中心城市兼具合作与竞争的关系。与中心城市相比，非中心城市的产业自身技术含量相对较低，主要以劳动密集型企业为主，近年来，高新企业的配套企业的数量也快速增长。以大湾区非中心城市为例：东莞的五大支柱产业包括了电子信息制造业、电器设备制造业、纺织服装鞋帽制造业、食品饮料加工制造业、造纸及纸制品业。在东莞的发展计划中，一直强调补链、强链、拓链，即在现有支柱产业基础上完善产业结构；惠州的主导产业为农业和显示器液晶屏幕制造；佛山的主导产业为家用电器、陶瓷建材、金属制品、纺织服装等，近些年开始涉及高端新型电子信息、半导体照明（LED）、节能环保、新能源汽车等产业。在竞争方面，东莞与佛山在纺织产业、电器设备制造等产业方面高度重合，二者在产业和人才引进方面存在直接竞争。在合作方面，大湾区 15 个城市共同组建了“大湾区会展联盟”，以“共联平台、共建市场、共享机遇、共赢发展”为宗旨，推动城市会展业的大繁荣。

非中心城市中的中小城市和非城市农业区，自身没有形成规模的支柱产业，但不排除具有竞争力的特色手工艺产业以及农副产品行业。这些特色手工艺产品以及农副产品，通过向中心城市及毗邻城市输送，在满足城市居民需要的同时，也将区域经济圈的红利带回了产品输出地。此外，他们还有着大量的富余劳动力人口，通过向中心城市及毗邻城市定向输送，既可以有效解决劳动力过剩以及劳动生产力较为低下等问题，也为中心城市的产业发展输送了源源不断的劳动力。

二、区域经济圈中的青田侨乡

了解了区域经济圈，让我们来看看青田侨乡在其所属区域经济圈中的地位和作用。从区域地理位置来看，青田县位于浙江省东南部、瓯江流域中下游，东接温州，南连瑞安、文成，西临莲都、景宁，北靠缙云。从区域经济圈来看，青田位于温台城市群和浙中城市群连接部，属于以上海为龙头的长江三角洲经济圈。

在区域经济圈中，核心和边缘是基本的空间结构要素，共同组成一个完整的空间系统。核心是社会地域组织的一个系统，能产生和吸引大量的创新；边缘则是另一个系统，与核心区相互依存，其发展方向主要取决于核心区。边缘在经济圈中多指地理范围的外缘，既可以是城市，也可以是经济圈与经济圈的分界线。青田侨乡地处长江三角洲经济圈的边缘，但它与以上海为中心的长三角城市群保持了稳定的文化与商业联系，当然会受经济圈的辐射影响。

边缘城市与区域中心城市保持联系，除了两者之间的商贸联系外，也体现为文化领域的依存关系。如青田毗邻温州，温州当地人更喜欢在上海从事经营活动，“越来越多有‘才’或者有‘财’的温州人正成为新上海人”①。相对而言，处于不同区域经济圈的毗邻城市，虽然有着地域文化与亲缘纽带，但在城市关联方面依然不如与各自经济圈中心城市的联系紧密。边缘城市虽然处于从属地位，但也会依据自身特点以及与中心城市的联系，形成若干具有规律性的变化。比如，温州近十年间的制造业出现了明显的萎缩，工厂大批迁出或消亡，但温州商人却遍及海内外。这种变化虽然具有一定的特殊性，但依然符合温州人将经商传统与创业精神结合再发展的特征。区域经济圈的形成，优化了区域内产业链的分布结构，并促进了城市之间的产业再分工。在区域经济新格局的形成过程中，区域经济圈内的主要城市之间大都经历了优势产业竞争与产业融合两个阶段。城市之间的

① 李文序：《温州人上海“大换防”》，《中国经济快讯》2003 年第 6 期。

产业竞争是常态化的，是经济、社会管理、城市区域面积、环境与文化、国家政策导向等多个方面共同形成的。当然，城市间的竞争并非是相互取代，而是依托自身发展优势，形成动态的产业融合与发展竞争关系。以珠三角经济圈为例，现阶段形成了广、深、港、澳四强格局，也已经形成了区域经济圈中不可替代的优势。《GN 粤港澳大湾区城市竞争力评价指标体系》以经济、社会、环境、文化四人系统为依据，对于经济圈主要城市进行赋分，第一名深圳 93.42 分，第二名香港 93.31 分，第三名广州 91.60 分，第四名澳门 89.24 分，第五名东莞 86.04 分。[①] 其中，深圳在经济赋分方面占有决定优势，但在管理与服务理念方面仍需要借鉴香港的经验。

经济圈中的非中心城市与非城市农业区大都与中心城市保持着一定的联系，但在一些地方也存在着特殊情况，比如侨乡，从经济角度出发，即华侨的经济。“华侨”是指“侨居国外并具有中国国籍的人，不包括出国旅行、访问的人员和政府派在他国协助建设的工人和技术人员、国家派驻外国的公务人员和在国外学习的留学生。已经加入或取得外国国籍的中国血统的人是外国公民，不是华侨”[②]。一般认为，华侨在经济、就业等方面与海外保持了更为紧密的联系，而侨乡仅作为华侨的祖居地或侨眷的所在地。“侨眷”是指“华侨、归侨在国内的眷属”[③]。华侨之所以能与国内建立经济联系，很大程度是因为侨眷的中介作用，他们使得侨乡成为侨汇的目的地与消费地。一般来说，“侨乡”应具备几个特征：“第一，华侨、华人、归侨、侨眷人数众多；第二，与海外亲友在经济、文化、思想诸方面有着千丝万缕的联系；第三，尽管本地人多地少，资源缺乏，但由于侨汇、侨资多，因而商品经济比较发达；第四，华侨素有捐资办学的传统，那里的文

① 数据来源：中外城市竞争力研究院、中商产业研究院整理，https://baijiahao.baidu.com/s？id=1687500699486322913&wfr=spider&for=pc。

② 中国民主同盟吕梁市委员会编、刘本旺主编:《参政议政用语集》修订本，群言出版社 2015 年版，第 4 页。

③ 翟继光主编:《纪检监察依法依纪办案常用法律法规全书》第 3 卷，中国民主法制出版社 2020 年版，第 1624 页。

化、教育水平较高。”[①]侨乡一般处于区域经济圈的边缘区域，自身经济体量在经济圈中的影响力相对较弱，有的侨乡甚至不参与经济圈的产业分工协作，因而通常认为华侨或侨乡与所在地区域经济圈关联度不大，但从核心边缘理论出发，还是可以发现侨乡的形成与区域经济圈存在着紧密联系。而且，虽然侨乡与区域经济圈的经济联系不大，但并不意味着其自身的经济体量同样处于劣势，青田侨乡在以上海为龙头的长江三角洲经济圈中就“富甲一方”，侨汇与华侨投资推动了当地经济的发展。可见，青田侨乡在特定的区域经济圈中虽然承担了从属、次要的角色，但其侨乡的形成依然受到中心城市的影响，在文化、科技、制度等方面也与中心城市保持了内在向心的纽带联系。

第二节　青田侨乡区位与周边关系

侨乡虽然大都处于区域经济圈的边缘，但大多与中心城市保持着一定的贸易联系。由于劳动力资源不能在经济圈内得到吸纳，所以富余劳动力被推向了全国市场乃至国际市场。青田侨乡的区位状况与我国主要侨乡的普遍状况大体相似，但因地处浙南这一地理区位，又具有一定的特殊性。

一、青田侨乡的区位特征及成因

1. 地理区位特征

青田地处浙江省东南部的低山区，位于温州的西部、丽水东南部。青田地区多山，据统计，全县有山峰 217 座，瓯江穿县而过，形成若干块小盆地，因山地多平地少，素有“九山半水半分田”的称谓。

---

① 庄国土主编：《中国侨乡研究》，厦门大学出版社 2000 年版，第 279 页。

青田自唐朝时开始建县，当时“其广轮之数殆将四百余里”[①]，换算为现在的地域面积约为 13271 平方公里[②]；至明景泰三年（1452 年），“分其大半”，如鸣鹤乡和柔远乡的仙上里、仙下里等地，建立静宁县，此时青田县由23个都减为18个[③]，其广轮之数“截长补短犹不下二百里”，可谓“壮县哉”[④]，此时青田县的地域面积为3318平方公里[⑤]；至1948年，青田县地域面积进一步缩小，新建的文成县收并了青田县南田区的南田、西坑、三阳、黄坛、岙里 5 乡的全部和万源乡的一部分，虽然同年政府又将永嘉县的温溪、贵岙、黄坦、霞嵊 4 乡的全部和林福、界坑 2 乡的一部分划归青田县，但是其地域面积还是大大缩小，只有 1948 年为 2779 平方公里[⑥]。虽然青田县的地域面积一再缩小，但从整个地区的面积来看，民国时期青田县仍属“壮县”，在当时属于面积较大的县。

青田地处浙南中低山丘陵区，地形切割强烈，四面被低山丘陵环绕，“重山复水，高深险阻”[⑦]是该县地形的真实写照。据统计，青田有山、峰、岩、坛、岭、洞共 104 座[⑧]，面积多达 3058 平方公里，占县域总面积的 92.15%[⑨]。地理学上，把海拔在 50~500 米，相对起伏在 200 米以下的地形

---

① （清）雷铣修、王棻撰：《青田县志》，卷一，舆地志，疆域，清光绪元年修，1935 年重印本，第 6 页。

② 广轮：广指南北，轮指东西。可知青田县南北长度与东西长度之和为四百余里。清光绪时 1 里约合当今的 576 米，400 里（光绪）=230400 米（当今）=230.4 公里（当今），可知青田县疆域的边长为 115.2 公里（当今），因此青田县始建时其区域面积约为 13271 平方公里。

③ 陈慕榕主编：《青田县志》，浙江人民出版社 1990 年版，第 66 页。

④ （清）雷铣修、王棻撰：《青田县志》，卷一，舆地志，疆域，清光绪元年修，1935 年重印本，第 6 页。

⑤ 200 里（光绪）=115200 米（当今）=115.2 公里（当今），可知青田县疆域的边长为 57.6 公里（当今），因此青田县始建时其区域面积约为 3318 平方公里。

⑥ 陈慕榕主编：《青田县志》，浙江人民出版社 1990 年版，第 66 页。

⑦ （清）雷铣修、王棻撰：《青田县志》，卷一，舆地志，清光绪元年修，1935 年重印本，第 1 页。

⑧ （清）雷铣修、王棻撰：《青田县志》，卷一，舆地志，疆域，清光绪元年修，1935 年重印本，第 9—20 页。

⑨ 陈慕榕主编：《青田县志》，浙江人民出版社 1990 年版，第 122 页。

叫作丘陵，青田低山丘陵广布，基本都是括苍山脉和洞宫山脉的支脉或余脉，以瓯江为界，北属括苍山脉，南属洞宫山脉，这些山脉呈西南—东北走向，环绕在该县四周以及散布于县境之内的大部分地区。由于地处山地，地形复杂，青田平原面积狭小，且分布较为零散。海拔50米以下的河谷平原面积约为229平方公里，占区域总面积的6.9%，其余的可归为丘陵。

青田山间有盆地，如方山、阜山、海溪等，其面积更小，约为110.2平方公里，约占3.3%，其中海拔在50米以下的盆地仅为31.5平方公里，仅占区域总面积的0.09%[①]（见表1–1）。

表1–1 青田县山间盆地

名称	位置	海拔（米）	面积（平方公里）
方山盆地	青田县东南	400~500	30.0
阜山盆地	青田县城西南25公里	465~520	48.7
海溪盆地	青田县城西北34公里	50米以下	31.5

资料来源：陈慕榕主编:《青田县志》，浙江人民出版社1990年版，第123—124页。

若把海拔在50米以下的河谷与盆地均归为平原，青田的平原总面积也仅约260.5平方公里，约占区域总面积的7.85%，其平原面积狭小程度显而易见。

可见，虽然青田县总体区域面积较大，但整体地形结构复杂，低山丘陵占到九成以上，人赖以生存的平原面积只有半成。由于土地数量有限，青田很难实现自给自足，民国时期人均稻米产量只有200斤左右，普通民众可获得的稻米口粮不足100斤。几十斤的稻米口粮，根本不能实现自养，除了马铃薯、红薯作为补充口粮外，还需要以商贸、劳务等方式换取口粮。

① 陈慕榕主编:《青田县志》，浙江人民出版社1990年版，第123页。

2. 交通区位特征

青田虽地处山区，但有瓯江、大溪、小溪分布其间，增加了该地区与外界联系的通道。依托这样的河流分布，青田逐渐形成四大航道：瓯江、大溪、小溪、祯埠港，其中瓯江由于落差较小，水流平缓，一般情况下“可航行 5~20 吨的机动船”；大溪虽“滩多流急”，但经过整治，也“可通航 5~10 吨的机动船”[①]；小溪航道“弯曲多礁”，因此，海运能力相对较差，“通常 2 吨以下木帆船可达景宁沙湾”；祯埠港“通航里程 15 里，可通行竹筏”[②]，这样的航运能力，足以承担青田县居民的出行和货物的运输。民国时期航运企业的出现，更是把四大航道的客运与货运能力进一步提高，而且更加正式、规范化，这些航运企业有 1919 年成立的济瓯轮船公司、1931 年成立的西安轮船公司青田办事处、1939 年成立的丽青快船公司及永青快船公司等。客运、货运条件的发展，使青田人有了走出去的想法和途径，移民意识也借此进一步稳固，人们一旦在县内无法生存下去，就会移民海外，而便利的航运交通更是加速了青田人移民意识的形成与发展。

曾几何时，青田地区山地广布，平原狭小，尤其南部山区（现在山口区和北山区下属的乡镇）因山山相连、沟坑纵横，乡镇与乡镇、村落与村落之间交通十分不便。以鹤城至二都油竹为例，在石郭岭隧道建成之前，人们需在鹤城乘船沿瓯江顺流而下，然后转入瓯江支流方能到达，全程需时 1 天以上，而现在乘车仅需 5 分钟。自清末起，青田石雕业的兴起，加速了青田南部山区的开发，也促成了该地区居民的跨域流动。北山区的汤垟乡，山势起伏很大，区内有多座海拔千米的高山，乡村多集中在两山相夹的坑底。乡与乡的陆路交通十分不便，不仅需要翻山越岭，还要走羊肠小道，因此，该地区人口流动较小，与县内其他区域交流不多。随着青田石开发的兴起，位于汤垟 5.4 公里的山炮（地名）盛产山炮绿印石（也称翡翠青田，矿脉现已绝产），村民或开创矿脉，或运输原石前往鹤城，偏僻

① 陈慕榕主编：《青田县志》，浙江人民出版社 1990 年版，第 326 页。
② 同上书，第 327 页。

乡道上交通繁忙。通过采石业的发展，青田地区形成了更为频繁的内部流通，方山、阜山的乡民走出群山，他们或前往鹤城和毗邻乡镇雕刻石器，或携带石雕前往大城市，甚至前往国外销售。

3. 经济区位特征

青田便利的水路航运带动了当地商业的崛起。该县与下游的温州，上游的丽水、缙云、龙泉等地，建立了密切的商贸往来。自清代中期开始，温州的食盐和缙云的木材，都需要经过青田的井坪码头，因此，青田承担了瓯江流域货运中转站的角色。至民国时期，仅鹤城县的各种商业店面就达 75 家，主要集中在上店街、横街金巷口、大街、大埠头、港头等与码头毗邻的区域，营业额 500~9000 元不等，其中，以年营业额 1000~2000 元者居多。木业也是青田重要的产业，据统计，经营木业的商店多达 49 家，由于木材为大宗商品，年营业额货值普遍较大，为 2400~25000 元不等。“工”和“商”是紧密联系在一起的，工业的发达必然带来商业的繁荣，同时，商业的繁荣也能反作用于工业，促进工业的发展。青田的（手）工业向来都比较发达，至清末，青田有铁铺、方圆木、寿器、制烛、服装、制鞋等作坊或工场 40 多家[①]，不过，此时的工业基本都是一些简单的手工制作。1928 年，继日电气股份有限公司和倡林火柴梗片公司相继创办，成为工业生产的开端，同时也带动了服装、印刷、纺织、锯板、弹棉花等行业的机器生产；1937 年，相关行业及从业人数不断增多，有 30 多个行业，包括石雕、铁器、木器、竹器、服装、鞋革、刻字、钟表修理、首饰、锡箔、棉棕等，其作坊、工场 130 家，从业人员 5500 多人[②]。

青田有着悠久的迁移历史，县中的很多姓氏是从外地迁徙而来，最后在此安家。长期的迁徙锻炼了青田人的胆略，外出求仕、经商或佣工，成为青田独特的风景线。青田商人为温州带去了木材、靛青、茶叶和石雕，

---

① 陈慕榕主编：《青田县志》，浙江人民出版社 1990 年版，第 241 页。
② 同上。

也在缙云等地购买木材、销售食盐或开设钱庄。随着温州人商贸活动的逐步拓展，部分青田商人追随温州人的脚步，带着茶叶、丝绸、石雕和其他小商品，乘船前往上海、杭州和宁波等地从事经营活动。青田石雕是当地的特色商品，青田商人依靠石雕在我国文玩市场中占据了一席之地，青田原石为流纹岩质凝灰岩，主要成分为叶腊石。这种石材天然色彩丰富，把玩有滑腻感，适宜制成印章和物件。自清末开始，青田石雕还被销往国外。当然，对于没有太多资本的普通青田人而言，外出打工仍是赚钱谋生的最好途径。大批青田人前往温州、宁波、上海、杭州、丽水等地，或为苦力，或从事商业佣工。至晚清，青田人通过上海、宁波等地的港口，前往日本、东南亚以及欧美国家，开创了华侨国际自由佣工的先河。

二、以温州为师——青田侨乡的发展趋向

在长三角区域经济圈中，青田与温州的关系极为密切。青田与温州毗邻，有着类似的地理环境，如果说温州是“八山一水一分田”，青田则是“九山半水半分田”，相似的地理环境还养育出性格相似的人民，一些青田人还到温州买地。可见，两地一直联系紧密，历史上素有“温青”之称。

1. 青田行政建制与温州联系紧密

相比较而言，温州在历史上较青田更为悠久，在历史行政建制中，青田长期隶属于温州。早在东汉时期，吴国为管辖浙南地区设置了永嘉郡，在其下辖的 5 县中，松阳县囊括了青田的绝大部分区域。温州在东汉时代人口便达到了 5 万人。[①] 但因温州时常发生各类灾害，人口发展并不稳定。《资治通鉴》（卷 112 晋纪三十四）记载，东晋元兴元年（402 年）“三吴大

---

① 姜竺卿：《温州地理：人文地理分册·上》，生活·读书·新知三联书店 2015 年版，第 194 页。

饥，户口减半，会稽减什三、四，临海、永嘉殆尽”[①]。自晋代开始，北方战乱不断，大批民众前往长江以南地区避祸，这一时期，温州人口增长了近一半。唐代天宝初期，温州人口数是24.17万人，[②]至唐代中后期，因“安史之乱”以及“黄巢之乱”，大量民众为躲避祸乱前往温州地区，这些外来的民众来自山西汾阳、福建长溪、江西高安、广东韶州等地。在南北宋期间，温州地区人口出现了迅猛增长，北宋神宗时期，温州人口近61万。南宋末期又较北宋增加了50%，人口数量达到了90万，并形成了以永嘉学派为代表的地方学派。明代因倭寇的袭扰，以及禁海、内迁政策的影响，温州户数减少了近一半，人口也大幅度下降，至明万历时期，温州人口仅剩63万，流失的部分人口前往了青田地区。至清顺治八年，清政府以断绝海盗的名义，要求宁波、温州、台州三地居民内迁。“永嘉一都至五都濒海民内徙，以茅竹岭为界：乐清弃地九十，存里四十二；瑞安迁弃五里；平阳迁弃十余里。”[③]大批被迫内迁的温州人前往了青田，青田旧地理建制的一至五都内居民，绝大多数来自温州地区。据《光绪永嘉县志》卷五《贡赋志・户口》中载：在乾隆二十六年（1761年）永嘉丁数增长到153742，大小丁口936584。[④]这是温州人口发展的顶峰，这一时期，温州富余人口继续向青田流动。至1948年，温州改称为浙江省第五行政督察区，温州下辖永嘉、乐清、瑞安、平阳、泰顺和文成、青田、玉环8县。

2. 青田经济受温州影响较大

如果上海是长三角的区域核心，那么温州无疑是浙南的核心。作为浙南地区的重要商业城市，温州在服装、鞋业、电器制造业等方面优势显著，

---

① 《资治通鉴》2，岳麓书社2016年版，第444页。

② 姜竺卿：《温州地理：人文地理分册・上》，生活・读书・新知三联书店2015年版，第196页。

③ 孟锦城：《东瓯轶事随笔》，见俞光编：《温州古代经济史料汇编》，上海社会科学院出版社2005年版，第19页。

④ 曹树基：《中国人口史》第5卷，复旦大学出版社2005年版，第488页。

GDP 长期居于浙江省第三位。青田经济长期受温州影响较大，与体系有关。一是无论是缙云等地的木材，还是福建的南货，输入青田都要经由温州发运。二是温州有较大规模的手工业工厂，所能给付的工资在浙南地区也是相对丰厚的，不像其他地方“工人住所多系狭小之屋，每间每月不过租价四五角”。三是很多青田人都是因遭受战乱或灾荒所迫，而举家从温州迁移至青田前四都的。此外，温州的部分乡划入了青田，青田人购买永嘉的土地进行耕种，使得青田与温州的联系更加密切。

作为温州的后花园，青田在经济领域始终以温州为学习对象，与温州保持一致。青田经济与温州形成了简单的二元关系，即青田属于温州航运贸易的腹地，也为温州提供了丰富的人力资源；而温州庞大的人口数量以及相对丰富的产业结构，则对青田形成了较大的经济影响。比如，随着温州在改革开放后走出去发展，青田地区小制造业的发展也被带动起来；随着 2010 年前后温州民间金融业发展达到顶峰，青田的民间融资运行也开始发展，在短时间内出现了大量的民间融资人，但这股风潮在之后随之衰落。此外，青田还受到温州产业格局的影响，发展了很多新兴行业。

青田人外出佣工的历史，相比较而言要晚于温州人，后者可以追溯到南宋时期。相对而言，青田人因在故乡种粮无法维持生活，只能外出佣工，而温州的劳动力市场是非常有限的，因此，很多青田人只能无奈地选择前往上海等城市，而这一时期温州的海港也为青田人的出行带来了便利。据青田华侨回忆：木材贸易让丽水、温州联系起来，其中青田起着重要的承接作用。旧处（处州，今丽水市）属十县：龙泉、庆元、景宁、云和、丽水、青田、松阳、遂昌、缙云、宣平以及福建省的政和、松溪、浦城等县的部分山区，盛产木材。除了加工之外，木材主要烧制为木炭销往上海等地。永嘉县（即今温州市）西郊一带，早在明、清以前就有木材伢行之设立。所谓“伢行胗”，即领取伢贴，从买卖双方收取仲金而不负经营盈亏的中介费。20 世纪 20 年代，西郊一带就已有“王广记，余广茂、源森、龙记、大达、惠森、广源、森泰、源泰昌、源兴、涵丰、馀生、森顺昌、同泰丰、森泰昌、大源等 16 家木行之设立”[1]。木行的任务是：凡上山木客的木材运抵青田时，要派人去接收，并代付由起埠到青田的运费（俗称水脚），再在青田雇排工运至永嘉西郊。[2]一批批木材循大、小二溪顺流而下，集结于瓯江南岸，形成木材集散市场。

此外，口岸的开放不仅为温州带来了外来资本，也为当地人出国带来了机遇，之后，青田人开始追随温州人出国。清道光二十七年至同治五年（1847—1866 年），洋人到浙江温州府平阳县招去了十几人。清同治、光绪年间，瑞安县华表人张新栋，因家庭贫困，以贩卖饴糖于福建。当时福建人在南洋各地经商者颇多，张新栋即随福建人赴南洋谋生。起初，他为人执洒扫役，渐积工钱，以后自做小贩，获利颇多，使“家渐以饶”[3]。

三、温州与上海的经济纽带对青田侨乡的影响

温州虽然地处沿海区域，但为群山所环绕，陆路交通并不发达，北部有乐清的雁荡山，东部有文成的铜铃山、永嘉的四海山、瑞安的圣井山，南部有苍南玉苍山、南雁荡山。因此，温州虽然与丽水地区毗邻，但历史上两地主要依靠瓯江航运连通，只不过随着斜穿青田的温丽高速路的贯通，这种交通格局才有所改变。总体看来，民国时期的温州虽然有港口，但北有上海港、宁波港，南有福州港、厦门港，且陆路交通不便，难以形成稳定的腹地，不能发挥区域性港口职能，只能作为辅助性港口或贸易通道中的节点城市。

在民国时期，以上海为中心的经济圈业已形成，而且上海当时的经济影响力极大，影响了毗邻的周边省份。温州作为隶属于浙江的港口城市，自然与上海形成了相对紧密的联系，但由于温州不具备与上海竞争的条件，

---

① 温州市政协文史资料委员会编：《温州文史资料》第 6 辑，浙江省新闻出版局 1990 年版，第 86 页。

② 同上书，第 87 页。

③ 张志诚主编：《温州华侨史》，今日中国出版社 1999 年版，第 26 页。

主要竞争对象依然是宁波。一般认为：“温州的开埠无疑减少了宁波的棉花和毛料的进口。温州不但已停止凭子口税累从本口岸购买货物，而且甚至向本省和福建其他原由宁波供货的地方，供应货物。”①

以民国时期航运业为例，船运成为温州与上海联系的重要纽带，不断将煤炭、茶叶等从温州输入上海地区，温州航运业也随之取得了一定发展，船舶数量总计 79 艘。温州的轮船公司所使用的轮船大都以小船为主，单船吨位在 20 余吨到 900 余吨之间，总吨位仅为 2.3 万余吨。②就温州港发展而言，1924—1933 年，温州港进出口船数量峰值为 1929 年的 5887 艘，总吨位峰值为 1930 年的 34.5 万余吨。③相比较而言，宁波港在民国初年，轮船进出港总吨位已达到 200 万吨级，上海港在民国时期峰值达到了 1400 万吨。可见，温州港的吞吐量及船舶单船吨位都无法与上海港和宁波港抗衡。

从温州输入上海的产品来看，大都为劳动力密集型产品，如茶叶、木炭、油料和部分农产品等，其中，龙泉、缙云等地的木材，在温州烧制成木炭再运往上海。此外，温州生产的木炭和茶叶也向日本出口。这些劳动力密集产品解决了大量的就业问题，也变相养活了缺地少地的温州人。《银行周报》大量记载了温州产品，主要以各类茶品为主，还有猪鬃、桐油、温州龙井、温州黄汤、温州毛红轧祁门、温州红茶、温州新绿茶、珍眉，“其发达者首推雨伞、草席，次则皮箱、皮鞋，再次则是织袜、造纸、雕滑石器等，雨伞之制作比杭州生产者佳”。④但实际上，即便是温州最具竞争力的产品雨伞，在上海的销路也并不好。说明温州当时在上海经济圈的竞争力是较为低下的，且没有太多优势，很大程度上与毗邻城市存在同质化产品的相互竞争。最为典型的是温州茶叶出口量极小，只能出口一批，赚钱后再销售一批，数量远不如宁波。

① 杭州海关译编：《近代浙江通商口岸报告》，《瓯海关十年报 1882—1891》，第 411 页。
② 刘砚农：《温州港航业概况》，《交通杂志》1935 年第 3 卷第 3 期。
③ 同上。
④ 《温州之经济状况》，《中外经济周刊》1927 年第 209 期。

从就业来看，温州人大都从事商业，也有部分缺乏资本的温州人以佣工为生，这种佣工与跨区域经营是其优势，其地缘特点实际上延续时间较长。“土薄艰艺，民勤于力，妇勤纺织”。[①]温州人的足迹相比青田人更为广泛，在武汉、上海等大都市均有分布，如抗战爆发后，《温州日报》曾有报道，在上海、汉口车站码头充满着跑回来的温州人，“车站上堆积着从汉口辗转运来的行李，码头上拥挤着从上海归来的男女”，“上海、汉口……以至上下乡不曾间断的打转，莫名其妙地来回，所为何来？自然说是‘避难’与‘逃生’”。[②]

可见，温州与上海的联系一直是非常紧密的。温州处于区域经济圈的边缘，具有显著的非中心城市特点，它在发展中既形成对上海的依赖关系，又需要突破自身的局限性，获得自我发展。上海也让温州人看到了全新的世界，甚至到了改革开放之初，温州人结婚是以去上海旅行为荣的。这种联系实际上奠定了长三角经济圈中的温、沪关系，即上海是工业、商业和消费中心，而温州则承担了劳务输出等职能。当然，温州的劳务也向国外输出，但由于上海航运中心的角色，温州人始终无法避开上海港。

青田东部临近温州，地处瓯江中下游的南部，其一条支流横贯青田全境，是至温州便利的水上交通要道。青田人用竹筏将当地的石刻、木、竹、生铁、炭等土特产运往温州销售，再将温州的生活用品及工业品买回在青田销售，青田为温州提供农产品，温州则成为青田土特产品的集散地与贸易市场。以温州为中介，青田间接为上海大都市提供了丰富的土特产等农产品。随着通商口岸的开辟以及随之而来的洋货，上海影响了温州，温州又影响了青田，促进了上海与温州、温州与青田贸易往来的繁盛，加速了温州、青田小农经济的破产，大大开阔了闭塞山区青田人的眼界，启迪了青田人走出国门、闯荡世界的经商意识与思维，从依附于国内市场到依附于国外市场。

---

① 俞光编：《温州古代经济史料汇编》，上海社会科学院出版社 2005 年版，第 3 页。
② 佚名：《车站码头充满着跑回来的温州人》，《温州日报》1938 年 6 月 17 日。

第三节　青田侨乡的地域文化特色

地域文化是指特定区域、源远流长、独具特色、传承至今仍发挥作用的文化传统，是特定区域的生态、民俗、传统、习惯等文明的外在表现及内在隐含。每个地域都有其独特的文化，这种文化在特定的地域范围内与环境相融合，并深深地打上了地域与时代的烙印。青田侨乡地域文化就体现出多元融合的移民文化、永嘉哲学的儒家文化、浓郁的乡情民俗文化，这也在一定程度上形成了青田人的地域性格。

一、多元融合的移民文化

青田人的性格中具有显著的包容性，海外的青田人穿西装、吃西餐，与当地人并无二致，这并不影响他们回到家乡换上粗布衣，怡然自乐于田园间。确实，青田人既不排斥海外文化，也不放弃家乡文化，充分体现了其地域文化的多元融合性。

青田的地域文化是闽、浙、粤和中原文化等多元文化的相互杂糅与融合。青田是多时期、多地域、多批次移民持续涌入而逐渐形成的城镇与村落，其移民的迁入历史可以追溯到唐朝，从严格意义上讲，青田是在唐代逐步发展起来的区域，这与青田的移民文化有关。唐咸通至龙纪年间（860—889 年）迁入 5 姓。随后的朝代，逐步有其他姓氏迁入，五代十国 6 姓，北宋 9 姓，南宋 18 姓，元、明 23 姓，清朝最多迁入 32 姓，总体算来，唐至清代共迁入 93 个姓氏[①]。据光绪《青田县志》记载，“青田旧日土旷人稀，外人多聚于此”[②]，此外，还包含了从河南、山西等地迁徙而来的民众。由于迁入的移民本身在文化与生活习惯等方面不尽相同，因此，与世代居住在特定区域内的民众不同，青田文化带有融合属性，民众对于外来移民

---

① 陈慕榕主编：《青田县志》，浙江人民出版社 1990 年版，第 160 页。

② 同上书，第 159—160 页。

者的接纳、对于不同文化的包容和交往能力也更强。

青田人口的减少是移民迁入的直接因素，战争是造成人口减少的罪魁祸首，而政府的“移民垦荒”政策则直接带动了人口的迁入。如1555年，倭寇沿瓯江侵扰青田县，造成御敌的明军和普通民众2000多人死亡，处州府不得不从外地抽调人口以弥补缺失，虽没有史料确切记载抽调人口的数量，但可以认为，这是当地通过政府行为迁移人口的开始。如章姓从福建浦城迁入，黄姓从江西丰县黄家山迁入，朱姓一支从山西万年县迁入，徐姓从江苏镇江迁入，王氏一支从太原迁入。清代的“三藩之乱”也使青田县受到了较大的影响，人口大量减少，致使“荒田特多”。政府迅速制定移民垦荒的政策，县令郑新“命招民开垦”[①]，据葛剑雄统计，到了雍正时期，青田外籍移民占总人口的一半以上[②]，这些都是正式入籍的人口。另外，还有一些迁入的人口“名曰棚民”，主要是由于“以其搭棚于此”，他们大都没有正式入籍，往往“忽去忽来”，寄居于此，其中“种麻者多江西人，栽菁者多福建人，砍柴者多广东人，烧炭者多仙居人”[③]，永嘉、平阳、龙泉、金华、东阳之人也有来青田谋生的，还有畲族的人口迁入，“众皆谓顺治间来青”[④]，可见，这些未入籍的人口也不在少数。

虽然外来者背井离乡大都缘于灾害或战乱，但离乡时的目的地并非都是青田。以《颍川陈氏家谱记》为例，该家族从河南出发，目的地是山西太原，但因宋代太原府保卫战爆发，陈氏家族不得不再次南迁。在此之后，陈氏家族先后前往了四川、贵州、广西、广东、福建等地，最终到达了青田地区。颍川陈氏家族的迁徙过程在青田地区并非个案。在近代之前，长距离的迁徙十分不易，除漫长的旅程与舟车劳顿之苦外，还要忍受饥饿、

---

① （清）雷铣修、王棻撰：《青田县志》，卷四，风土志，外民，清光绪元年修，1935年重印本，第6页。

② 葛剑雄等：《简明中国移民史》，福建人民出版社1993年版，第417页。

③ （清）雷铣修、王棻撰：《青田县志》，卷四，风土志，外民，清光绪元年修，1935年重印本，第6页。

④ 同上。

病痛、自然险阻以及匪患的困扰。如果没有敢为人先的勇气和对生活的追求，青田人就无法完成迁徙之路。如陈十四娘娘的故事，虽然大致讲述的是学道、为民除害、成家立业、繁衍后代的故事，但其内核融入了儒家文化和青田人的处世哲学，即青田人不仅具有勇气和果断的抉择力，还有特别顽强的毅力和生存能力，这也构成了青田人的精神内核：坚毅、勇敢、执着、向上、奉献。青田人的坚毅与勇敢是两个层面共性的精神；执着是青田文化的核心，如刘伯温、陈琪等传奇式的青田人物均是带有英雄主义和符号特征的；向上则是青田文化的传统，青田人更注重楷模，回家乡学习效仿，进而形成体系；而奉献更多体现在青田人的领袖层面，他们具有卓越的影响力和奉献精神，为官者清正廉洁，一心为民服务。

青田也有人口迁出的情况。据史料记载，明清以来就有青田县人迁居温州。战争是威胁人口生命安全的祸首，每一场战争损失最大的还是底层劳苦大众。清初由于国内初定不稳，战争频繁，青田县人受到的影响较大，向外县逃亡的现象时常发生，如清顺治三年（1646 年），有 5931 名成年人因战乱逃亡外县。① 事实上，战争与贫穷是紧密相关的，频繁的战争必然导致劳苦大众的贫穷。清咸丰至民国初年的人口迁出，就是这两者关系发生作用的结果，在方山阮大岙、倪岸、章旦兰头、港头小峙等地，阮、马、金、叶、吴、陈等 30 余姓分别迁往兰溪县十里亭、皂洞口、桐庐县下六、陆家山等地。②

总之，迁入者成为移民的主体，迁入的历史是移民主体的集体记忆；迁出者为困境中的人们作出了表率，迁出的历史是移民主体的另一条出路。随着外来人口的迁入以及县境人口的迁出，青田外来人口成为本县人口的主体，外来人口的迁入本身就在践行着移民意识，而且通过这样的实践，使得移民意识深入人的内心深处，进而演变为一种传统。可见，悠久的迁入、迁出历史为青田人移民意识的形成奠定了基础。

---

① 陈慕榕主编：《青田县志》，浙江人民出版社 1990 年版，第 162 页。
② 同上。

二、永嘉哲学的儒家文化

浙学思想起源于宋代，是政治中心南移后出现的新思潮，其核心思想依然是儒家精神。作为地方性思想，浙学精神注重以儒家方法观解决地方层面的实际问题。

浙南民众有着重视文化的传统，不论是温州还是青田，私塾或书院遍布城乡。即便是教育相对落后的青田，从北宋县学开始直至民国的私塾，共有书院 12 所。[①] 据 1935 年统计，该年全县有私塾 36 所，入塾儿童 775 人，[②] 足以看出青田教育的兴盛，可见，县人也懂得“化民成俗，必由于学”[③] 的道理。

商业对于青田发展有着重要意义，当地民众并不排斥商业，因而在思想里没有商业“必多纷扰”的陈腐观念，也没有儒商传统二元对立的思想。在看待儒家与商业关系方面，青田人认为儒商并行不悖，进而肯定了交易的合理性并允许当地民众逐利。在这一背景下，浙南地区逐渐形成了永嘉哲学。永嘉哲学的地域范畴非常狭小，并未超越温、青两地，即便是与青田百里之外的丽水都没受到这一思想的影响。永嘉学派，实际上反映了温、青两地人的价值观与义利观。核心是将家国情怀的大义精神与“经世致用，义利并举”的主张结合起来，重视经史和政治制度的研究，主张通商惠工、减轻捐税,“以利和义，不以义抑利”[④]；主张理财，认为“古之人未有不善理财而为圣君贤臣者”,“理财”与“聚敛”是不相同的；主张“通商惠工，以国家之力扶持商贾，流通货币”，反对传统的“重本抑末”思想。[⑤]

儒家提倡“务实而不务虚”，反对空谈义理，认为“仁”“义”必须表

---

① 陈慕榕主编：《青田县志》，浙江人民出版社 1990 年版，第 542 页。

② 同上书，第 543 页。

③ （清）雷铣修、王棻撰：《青田县志》，卷二，建置志，学校，清光绪元年修，1935 年重印本，第 6 页。

④ 王尚银：《民间借贷的社会风险防控机制研究——温州案例》，厦门大学出版社 2016 年版，第 215 页。

⑤ 姜海军：《宋代浙东学派经学思想研究》，齐鲁书社 2017 年版，第 113 页。

现于功利，“既无功利，则道义者乃无用之虚语耳！”[①]朱熹说：“若功利，则学者习之，便可见效。”[②]林损说：“永嘉诸子之学也，犹众人之学；众人之学，犹永嘉诸子之学也。众人之言心性者，必不能废事功；永嘉诸子之言事功者，亦必不能离心性。事功与心性合，而后经济之真乃出。”[③]永嘉哲学对此又有了一定的升华，当地民众认为只有干实事，才于国于民有利，他们反对讲不务实的大道理，如“读者不知按统绪，虽多无益也；为文不能关教事，虽工无益也；笃行而不合于大义，虽高无益也；立志而不存于忧世，虽仁无益也”。[④]青田人会做生意、会赚钱，但他们赚到钱之后，依旧保持着朴实无华的作风，甚至因需要急公好义，将辛苦赚到的钱捐赠国家或送于他人。青田老华侨大都少时出国，暮年回乡，许多人积蓄不少，但他们可以为兴建学校捐出全部积蓄，以至去世后无钱安葬。

三、浓郁的乡情民俗文化

青田从地形上来看是一个封闭的山区，这就决定了其与外界的沟通和交流较少，这也必然造就了青田独特的山区地域文化，其中，方言文化、家族乡情文化以及宗教文化等与青田人的性格形成有很大关系。

首先，独特的方言文化。方言是指同一语言中因地理区域不同而表现出不同的发音与日常用语，它是语言的变体，是一个地区地域性的最明显体现。对于方言的社会价值，著名作家王蒙描述道：“一种语言并不仅仅是一种工具，而且是一种文化，是一个活生生的群体，是一种生活的韵味，是一种奇妙的风光，是自然风光也是人文景观。”[⑤]著名学者周海中教授在

① 浙江省社会科学界联合会编：《浙东学派与浙江精神》，浙江古籍出版社 2006 年版，第 109 页。
② 同上书，第 160 页。
③ 陈镇波、陈肖粟编校：《林损集》，黄山书社 2010 年版，第 340 页。
④ 沈善洪主编：《黄宗羲全集》第 5 册，宋元学案 3，浙江古籍出版社 1992 年版，第 180 页。
⑤ 王蒙：《四月泥泞》，春风文艺出版社 1994 年版，第 38 页。

接受媒体采访时说道："语言是人类文化的载体和重要组成部分；每种语言都能表达出使用者所在民族的世界观、思维方式、社会特性以及文化、历史等，都是人类珍贵的无形遗产。"[①] 青田话更是如此，它是吴语区域内的地方语言，以鹤城镇语音为代表，特征是连贯性强，重音明显，需要说话的人语速比较快，这对青田人雷厉风行的性格形成是有一定影响的。民国以来直至当今，青田话已经成为在外的青田人认识老乡的最重要途径和标志，只要讲一口流利的青田话，就是一种招牌，就可以得到乡人的帮助。

其次，浓厚的家族、乡情文化。家族和乡情是两种不同关系的人们之间错综复杂的联系，家族文化是同一宗族的族人之间相互关系的总和，乡情文化则是邻里之间不同的交往关系及情谊。青田是一个特别注重宗族的地域，一个很重要的表现就是几乎每一姓氏都有家谱，如《杜氏宗谱》《回图陈氏宗谱》《颖川郡陈氏宗谱》《司下颍川陈氏宗谱》《朱氏宗谱》《彭城刘氏宗谱》等就是例证。另外，祭祀也是家族文化的重要表现形式，"岁春秋，必聚族合祭其祖于家庙，生辰讳日各祭于家"[②]，祭祀时一般都张灯结彩，鸣炮奏乐，敬香礼拜，场面相当隆重。在青田，很多宗族是不分家的，四世同堂、五世同堂，大家族在一起生活，彼此相处融洽；即使分家，也会请娘舅主持、叔伯见证，并立有字据，保证家庭和睦。远亲不如近邻，青田人认为邻里之间互帮互助是人之常情，他们"人情重"[③]，相互之间"贫富不相耀"[④]，而且"凡亲邻有远行、疾病诸事，必为祈祷，有同井扶助之义"[⑤]，邻里之间相处十分融洽。事实上，在青田这样特殊的环境里，家族和乡情是统一的，邻里的融洽是家族和睦的延伸，在青田人赴海外谋生的过程中，所形成的"亲带亲""邻带邻"的关系，正是对这种浓厚

---

① 金林：《值得关注的濒危语言》，《知识就是力量》2011 年第 7 期。

② （清）雷铣修、王棻撰：《青田县志》，卷四，风土志，礼俗，清光绪元年修，1935 年重印本，第 2 页。

③④ 同上书，第 1 页。

⑤ 同上书，第 2 页。

的家族文化和乡情文化最好的诠释。

最后，多元的宗教信仰文化。青田自古就存在多教并存的状况，有道教、佛教、天主教、基督教等，其中，道教、佛教传入较早，唐代时就有相关宗教活动；天主教、基督教则在清朝光绪年间才真正传入。青田山区人民对宗教的信仰源于寻求精神寄托的过程，阜山清真禅师的“白衣丞相”、山口水口殿的“天妃娘娘”及“财神爷”等，是青田人膜拜最多的神灵。还有供奉地方神祇的，如贵岙、万山一带供季九或季十一，港头一带供季五或季六，东源一带供项三公，小溪一带供马氏娘娘，黄寮一带供五相公。[①]对于这些神灵的祭祀，青田人有的去寺院、道观、教堂等，有的则摆神灵画像或牌位于家中，逢年过节烧香礼拜，甚是虔诚，达到“俗敬事鬼神，有受谳大廷，饰词不供者，令誓于庙，则大惧，俗人远出，必请香火而行”[②]的程度。山区贫苦大众对神灵等的膜拜，既是寄予美好的愿望，以求得心灵的释放，也是激励人们更加努力地奋斗，还在一定程度上体现了宗教信仰文化对青田人的积极影响。

此外，乡俗对于青田人的影响较大，它以乡俗规制、约束人的行为。青田人常以古词的形式传唱乡俗、颂扬英雄、传播儒家文化，并将敬礼尊长、崇德和睦、孝让礼信、勤劳耕作等优秀传统文化融入家族族谱之中。如在《南楚叶氏宗谱》《彭城刘氏宗谱》《北山晋昌郡杜氏宗谱》中，立下族规：敬礼尊长、抚恤卑幼、努力耕作、潜心学业、墩隆行谊、慎守坟茔、嘉崇贞节、严饬淫盗、审择婚姻、严明嗣续、崇尚樽节、屏斥异端等，且每条都有着明确解释。

如敬礼尊长：

族有长老，齿重家庭。前辈仪表，后辈准绳。

某行伯叔，某行弟兄。出入先后，扶持随行。

---

① 陈慕榕主编：《青田县志》，浙江人民出版社 1990 年版，第 675 页。

② （清）雷铣修、王棻撰：《青田县志》，卷四，风土志，气习，清光绪元年修，1935 年重印本，第 1 页。

凡有训诫，拳拳服膺。倘有责让，敬谨钦承。

若命趋事，竭力经营，立敬惟长，百岁事聿兴。

又如努力耕作：

人资於食，当务乎耕。惟劳则思，善心斯生。

艺麻种豆，戴月披星。劳筋苦骨，冀望收成。

五谷蕃熟，家道充盈。私债偿还，国赋完清。

亲朋来往，鸡黍相迎。讴歌鼓腹，共乐升平。

乡俗、族规是青田人性格形成的文化基础，乡邻温暖友好相处又是传统道德的基础。实际上，青田人的道德具有多样性和多元化，每个家族之间的道德具有一定的差异，这与青田人祖籍的广泛性有一定关系。每个家族都希望可以出人头地，在这一背景下，儒家正统思想构成了青田人的第一重道德基础，文化领域的英雄主义则形成了青田人的第二重道德基础。

四、青田人的地域性格

青田人的地域性格是多种多样的，“土瘠而民向义”[①]是对他们地域性格的最概括评价，具体而言，体现在如下四个方面。

首先，吃苦耐劳、质朴敦厚的务实性格。青田恶劣的自然环境常面临天灾人祸的困扰，因此，吃苦耐劳是对青田人生存的基本要求。青田“俗尚简朴”，穿衣服也很朴实，一般“衣用大布”，妇女更是“无长裙、高髻”，饮食也不讲究，通常“食饮不贵异物”；[②]青田人一般勤于劳动，享乐之事甚少，从妇女的表现就能看出来，妇女“安荆布，勤纺织”，在娱乐

① （清）雷铣修、王棻撰：《青田县志》卷四，风土志，气习，清光绪元年修，1935年重印本，第1页。

② 同上。

方面更是“游冶之出，罕焉”。[①]青田人都很质朴敦厚，不会做一些欺骗之勾当，比如在市场上，都是“市无二价，权量画一银色，不淆豚羔，不加饰”[②]，可见民风之质朴；当官的也是如此，正如“食禄素封之家，不买女奴”，即使有了实质上是女奴的养女，常常也是“善遣嫁之如己出”，竟然“从无锢婢之习”。[③]

其次，互帮互助、与人为善的奉献性格。青田人的性格中，互帮互助、与人为善的性格是其最闪亮的精神表征，因为互帮互助、与人为善是要以奉献为前提的。在家乡邻里之间，相互帮助是常有之事，不必多说，更重要的是青田人能够在国内其他地域甚至是国外生存下来，与这种性格是分不开的。最明显的体现是在国外，先到国外的青田人帮助后到的青田人租房子、筹集资金，教他们与外国人做生意的经验等，并且不计回报，借出去的钱不打欠条，当然，这些钱一般也都会如数还回来。

再次，敢于冒险、勇于拼搏的开拓性格。青田人受山地、海洋文化的双重影响，有着敢于冒险、勇于拼搏的开拓性格。“性刚劲，喜斗，无谄谀态”[④]，这是对青田人性格的最精准概括。在困境与穷苦的生活面前，青田人想到的不是安于现状、甘于贫困，而是满怀希望地走出去，至于要走到哪里，结果会是什么样子，都不甚清楚，但很多成功就是靠着这种敢于冒险、勇于拼搏的开拓性格支撑下去的，这也是他们喜斗性格的重要表现。

最后，青田人骨子里有一种攀比心理，要面子是他们的特性，这种攀比不是相互较量谁更能享受，而是在奋斗中相互激励，互相比较着共同进步。青田人要面子，也很有气节，所谓“人尚气节”，遇到诱惑，始终关注的还是自己的名节，正如“虽冻馁，濒沟壑，予以重利，令为肩舆执盖之役，决不屑从”[⑤]。即使饿死、冻死，也不会为了一些利益而做不好的勾当，这是其性格使然，也可以激发他们的拼搏、进取精神。

---

① （清）雷铣修、王棻撰：《青田县志》卷四，风土志，气习，清光绪元年修，1935年重印本，第1页。

②③④⑤　同上。

小 结

青田因地域环境、经济和人文发展等特征，形成了独具特色的侨乡。侨乡地处区域经济圈边缘，富余劳动力无法为中心城市全部吸纳，需要拓展全新就业渠道。青田人选择出国解决劳动力就业问题，与中心城市的经济特征与文化影响有关，上海为青田华侨出国提供了路径保障，而温州则为青田华侨海外经营提供了经验与思想依据。

青田侨乡以“青田人精神”给人留下深刻的印象，主要是“亲”“闯”“融”“变”四个特质：“亲”，青田人重亲情、友情、同乡之情，带有一定的质朴性，青田人帮助他人，是不讲任何条件，不求任何回报的，他们心地善良，讲究感恩，讲义气，你只要给予过某人帮助，他就会终生铭记，终生感谢；“闯”，青田人的“闯”不是盲目的，是一种无畏艰险的精神，是为了追求美好生活的一种动力，他们闯出国门，是为了追求生活的改变，任何艰难险阻都不会阻碍他们勇敢前行，因此，青田人的“闯”中带有乐观主义精神，敢为人先，即便遭遇人生的挫折与失败，也不会被击垮，还是会毅然努力，这种精神是难能可贵的；“融”，青田人在与异国居民的融合中与其他地域华侨有着显著区别，青田人注意交往，在大是大非面前常持公平态度，这让他们能够很快融入居住国的国民圈子中，他们还具有乐观豁达的胸怀，即便面对人生的重大挫折，也能积极、健康面对，往往不会感觉辛苦；“变”，青田人头脑灵活、善于变通，他们在闯出国门寻求生存之路时，会根据具体情况不断改变侨路，一条路行不通，再开辟新的侨路，且对生存技能颇有谋略，很少从事苦力工作，大都从事服务性第三产业或技术性工作。

地域文化的形成是一个长期积淀的过程，一旦形成，其本质的东西不会发生较大变化，且对作为“附属”的地域性格一定程度上起到决定性的作用，因此，地域性格是具有相对稳定性的，但又不是完全静止不变的，会随着周围环境的变化而变化。青田实际是移民社会，青田人是客家人 +

闽南人＋浙江人的组合，他们不仅具有群居性，还往往集中起来，齐心协力从事某一领域的事业，在文化上也形成了多元共融的地域态势。青田侨乡永嘉哲学的儒家文化从属浙学思想，起源于宋代，是政治中心南移后出现的新思潮，其核心思想依然是儒家文化精神。作为地方性思想，浙学精神注重以儒家方法观解决地方层面的实际问题。青田侨乡具有浓郁的乡情、民俗文化，在各个方面都有其特征，比如，方言作为区域性语言可以影响当地人地域性格的形成，人的性格在其说话时就能体现出来；浓厚的家族、乡情文化则是青田人乐于助人精神的最重要影响因素；宗教的力量使他们始终觉得有希望的存在，也有与人为善的教化作用。

第二章 青田人出国谋生的动因

青田地处浙南山区，山多田少且土地贫瘠，区域自然承载能力极弱。近代以来，随着人口与户数的增长，青田地区粮食产量与就业机会不足的弊端日益凸显，当地民众的生活普遍较为困难。敢于冒险、勇于拼搏的青田人不甘于贫困的现状，自20世纪上半叶开始，在先后尝试了异地佣工、贩卖石刻、求学入仕、参军报国等途径之后，最终寻找到了出国谋生、经营这一符合区域民众发展的道路。从封闭落后的山城到世界最发达的区域，青田人以经济动能突破地域局限，构成了青田华侨闯世界的内源动因。

第一节　青田人出国谋生的生态动因

地理生态学把自然环境提供给人类赖以生存和发展的要素分为三个层次：第一层次为自然介质，它是各类自然要素的总和，包括地质、地形、气候、水文等；第二层次为自然营养，包括粮食作物、林产品、水产品和其他营养要素；第三层次为自然资源，它是自然介质中能为人类提供生存条件的特定要素，包括矿产资源、生物资源、旅游资源等[①]。生态因素在青田华侨出国谋生的动因中，构成了持续的外向推力。

① 世界卫生组织：《2006世界卫生组织报告》，人民卫生出版社2006年版，第258页。

一、因耕地资源稀缺催生的劳务外出推力

1. 青田耕地面积不足且田地质量差

青田山地丘陵广布，其境“无平原广野、林麓薮泽之饶”[①]，因平原面积狭小，可供民众开垦的耕地较为稀缺。据陈慕榕主编的《青田县志》记载，民国时期青田县拥有耕地面积184624亩[②]，约为123.1平方公里，只占区域总面积3318平方公里的3.71%。此外，青田的可供耕种土地分布不均衡，耕地主要分布在旧县志划分的五至十二都地区，而在一至四都地区耕地面积较少，其中三都方山、四都阜山的土地尤为稀缺。青田的耕地大都是河滩地，面积较大的有王舒、船寮、温溪、祯埠等（见表2–1）。

表2–1　青田县主要河谷平原

名称	位置	海拔（米）	面积（平方公里）
王舒–石浮河谷	管庄源–石帆、浮弋一带	50~250	78
祯章河谷	在祯埠港和章村港两岸	100~250	39
海口–海溪河谷	从海口南岸到海溪	30~180	24
船寮–东源河谷	以船寮、东源为中心扩展	25~50	152
湖边–小吾源河谷	从湖边直至小吾源坑谷	25~100	132.5
鹤石湖河谷	在鹤城镇、石溪、湖边	12~25	42
港温贵河谷	从港头、温溪至贵岙源	10左右	35
四都港河谷	四都港两岸	150以下	82.5
石洞源河谷	石洞源附近	50~100	2~4
高市源河谷	大溪附近	50~100	2~4

① （清）雷铣修、王棻撰:《青田县志》，卷一，舆地志，清光绪元年修，1935年重印本，第1页。

② 陈慕榕主编:《青田县志》，浙江人民出版社1990年版，第81—110页。

（续表）

名称	位置	海拔（米）	面积（平方公里）
雄溪源河谷	大溪附近	50~100	2~4
管坑源河谷	大溪附近	50~100	2~4

注：由于青田县河谷没有约定俗成的名称，表中名称均为笔者根据河谷之位置命名。
资料来源：陈慕榕主编：《青田县志》，浙江人民出版社 1990 年版，第 123 页。

青田的地势起伏较大，平地到山地间缺乏平缓的过渡段，山地坡面陡峭且腐殖质层积累单薄。因此，青田的山坡地难以开垦为梯田，这也导致青田耕地面积无法大幅增加。

青田耕地少，土质也比较贫瘠，所谓“东南之硗壤也”[①]，其耕地土壤有 4 种类型，分别为红壤、黄壤、潮土以及水稻土。其中，红壤土层浅薄，肥力较差，该类耕地占总面积的 68.15%；黄壤土层一般较厚，有机质含量较高，是较好的森林土壤，而非较好的庄稼作物土壤，占 19.57%；潮土土层深厚，肥力较好，比较适合庄稼作物生长，只占 1.32%；水稻土有机质含量高，土质好，是耕地的主要土壤，仅占 10.96%[②]。从以上的统计数字可以看出，民国时期青田的耕地中，红壤和黄壤耕地土质是比较贫瘠的，两者占据总耕地的 87.72%，适合庄稼作物生长的潮土和水稻土只占 12.28%。有限的耕地面积与相对贫瘠的土地，限制了青田地区粮食作物产量的增长。

可见，民国时期，青田存在着人均耕地不足的严重问题。据统计，当地耕地总面积约为 184624 亩，人口数量虽有波动但可取平均值为 239918 人，以此计算人均耕地面积，仅为 0.77 亩 / 人。按照当今标准，联合国粮农组织将耕地的警戒线规定为人均 0.8 亩，若低于这一数值，该地居民就无法正常生活。青田地区人均耕地面积长期低于国际警戒线水平，是造成其长期缺粮的主要原因。

---

① （清）徐上成：《益灾记》，转引自周望森：《青田石雕及其社会历史意义探析》，《浙江华侨历史研究论丛》1991 年版，第 92 页。

② 陈慕榕主编：《青田县志》，浙江人民出版社 1990 年版，第 149—150 页。

2. 青田人依赖副业，以优化选种作物等方式缓解缺粮问题

在民国时期，青田地区缺粮现象长期存在，但并无饥荒发生，也没有饿死人的记载。这在一定程度上说明青田人通过副业生产、优化选种作物等方法，规避了粮食生产不足可能引发的结构风险。

关于青田人的副业生产，当地有歌谣唱道："赤岩一片茶，西墙吹肉螺（卖肉），彭括粉干拗（山粉），山口图书行（石雕）。"其中，山货贸易对青田人改善生活的作用最大。据光绪版《青田县志》统计，青田除去谷物外，还有货类 19 种、畜类 8 种、木类 25 种、竹类 12 种、蔬类 29 种、果类 29 种、药类 105 种、花类 22 种、禽类 36 种、兽类 18 种、鱼类 30 种。[①]这些副产品取之自然，且每年每季均有物产可供获取，卖掉副产品换钱买粮的小商品经济在一定程度上缓解了青田地区粮食产量的不足。在诸多副业中，茶叶、靛青种植、山茶油加工、木材采伐等最为重要，这与浙南茶叶、布匹及木炭贸易有关，这些物产甚至可以被视为硬通货。如油竹的赤岩村，家家种植茶树，许多民众以种茶为主业，或自产自销或销往温州。主要集中在鹤城和一都油竹的山货贸易，为上述区域带来一定的经济红利，从而降低了该区域民众对于土地的依赖。此外，青田石的开采与加工更是为青田人带来了可观的收入。这些宝贵的石矿资源，大都分布在三都山口与四都阜山地区，开采或雕刻石制品同样缓解了上述区域粮食产量的不足。

在作物选种方面，青田民众常选种番薯、洋芋之类的高产作物，一定程度上弥补了主粮不足的问题。番薯、洋芋等高产作物的亩产是稻米产量的2~3倍，在青田，有着"梯山为田，窖薯为粮"[②]的说法，梯田除了少量种植谷物外，大多数面积不大的坡地都种植了番薯。以山口公社解放前夕

---

① （清）雷铣修、王棻撰：《青田县志》，卷四，风土志，土产，清光绪元年修，1935 年重印本，第 10—24 页。

② （清）雷铣修、王棻撰：《青田县志》，卷一，舆地志，清光绪元年修，1935 年重印本，第 1 页。

年稻米亩产267斤计[①]，番薯亩产超过每亩700斤，这一产量可供3~4人食用。在解放前，青田耕地无法实现水稻双季种植，直到1956年才成功试种双季稻，因此，番薯对于当地粮食增产有着重要意义。青田的番薯种植持续了近两个世纪，在番薯引入后基本解决了当地民众的温饱问题，由番薯制成的粉干、山粉饺成为当地民众的特色食品，"番薯干吃到老"也成为流传甚广的青田民谚。在青田，稻米的种植规模同样较大，一些地区采用稻鱼共生的种植模式，青田农民在收获稻米的同时，田鱼也成为民众蛋白质的重要来源。可见，在应对粮食产量不足的问题上，青田人以副业销售获利换取粮食和生活必需品，通过番薯、洋芋的种植增加单位亩产，基本解决了民众的温饱问题。

3. 青田耕地的结构性问题难以解决

民国时期，青田人基本解决了吃饭问题，但在耕地乡域分布、人地关系等方面，依旧存在着三个突出矛盾。

其一，青田耕地的乡域分布极不均衡。青田耕地主要集中在五至十二都（解放后八都柔远划归景宁县、九都南田划归文成县）区域，在侨县聚集的一至四都区域内，耕地数量极为有限。一都油竹、二都山口、三都阜山、四都小令等六乡1956年的土地状况与人口数统计显示：阜山东西乡人口5056人，田地320.634亩，人均0.063亩；方山南北乡人口6684人，田地689.359亩，人均0.1亩；油竹乡人口4338人，田地306.416亩，人均0.07亩；小令乡人口2339人，田地95.386亩，人均亩0.04亩。[②]上述六乡的人均土地数量均低于国际警戒线，最低者仅为警戒线规定数值的2%，用"聊胜于无"形容并不为过。上述区域自清朝中期开始，粮食生产便无法自给，需要以商贸获取外地粮食供应，或者在温州地区买地吃永嘉租过活。

---

① 陈学文主编：《浙江省华侨历史论丛》，浙江省华侨史课题组，1991年，第98页。

② 《关于侨乡情况调查》，浙江省青田县侨联档案资料，卷宗号：12-8-206。

其二，民国期间青田户数增长过快，户均耕地面积大幅减少，造成了区域性的贫困现象。户数增减反映了一个时期家庭的分立状况，其影响主要因素是新组建家庭的数量，这也是一个区域经济活跃程度的重要标志。民国时期青田县户口增减状况如表 2-2 所示。

表 2-2　民国时期青田县户口统计

年份	户数（户）	总人数（人）	男人数（人）	女人数（人）
1912	43 598	217 989	112 877	105 112
1913	44 045	220 227	113 812	106 415
1914	44 371	221 854	115 017	106 837
1915	44 448	222 238	115 189	107 049
1916	44 593	222 963	115 511	107 452
1917	44 720	223 601	115 762	107 839
1918	44 830	224 150	115 999	108 151
1919	44 953	224 767	116 196	108 571
1920	44 999	224 998	116 299	108 699
1921	45 016	225 078	116 335	108 743
1922	45 066	225 132	116 358	108 774
1923	45 102	225 156	116 369	108 787
1924	45 197	225 167	116 372	108 795
1925	45 276	226 379	116 498	109 881
1926	45 394	226 969	116 982	109 987
1927	45 399	226 998	115 979	111 019
1928	45 710	227 847	114 980	112 867
1929	45 759	228 796	115 821	112 975
1930	46 184	237 000	119 401	117 599
1931	49 189	241 284	137 880	103 404

（续表）

年份	户数（户）	总人数（人）	男人数（人）	女人数（人）
1932	50 105	246 981	141 606	105 375
1933	49 994	248 177	142 698	105 479
1934	49 994	249 095	143 655	105 440
1935	57 842	252 152	142 937	109 215
1936	57 842	252 152	142 937	109 215
1937	55 213	255 107	143 095	112 012
1938	56 302	255 102	142 121	112 981
1939	61 700	254 976	141 938	113 038
1940	61 737	254 862	141 511	113 351
1941	62 001	266 574	149 854	116 720
1942	62 211	271 073	153 039	118 034
1943	61 856	266 514	147 796	118 718
1944	57 335	257 797	142 753	115 044
1945	56 666	256 496	141 576	114 920
1946	56 835	257 657	140 787	116 870
1947	56 835	257 949	134 236	123 713
1948	56 897	255 753	141 498	114 255
平均	50 681	239 918	129 018	110 901

注：1948 年的数字为区域变动前之统计数字。

资料来源：陈慕榕主编：《青田县志》，浙江人民出版社 1990 年版，第 156—158 页。

在民国时期，青田人口增长幅度较为缓慢，年均增长率仅为 0.32%，远低于该时期人口 1.03% 的增长率均值。[①] 相比之下，青田户数的增长则较为迅猛，年均增长率达到了 3.6%，民国时期的总增长率为 130%。户数

① 侯杨方：《中国人口史》第 6 卷，复旦大学出版社 2001 年版，第 575 页。

的快速增长使得青田少地地区户均耕地数量进一步下降，普遍出现了家庭耕地无法自养的状况，贫困现象也由个别家庭发展为区域性普遍现象。因家庭耕地数量下降引发的区域性贫困，改变了青田四都内从业人口的比例，其中，从事副业、劳务及商业的人口比重有了很大提高，出现了户户有人从事副业、劳务及商业的新特征。

其三，青田耕地佃租比失衡，农业就业越发困难。民国时期，土地以私有制为主，地主阶层控制了乡村绝大多数土地，占农业人口中绝大多数的无地、少地农民，需要租种地主的土地获取基本生活来源。在青田，土地也多为地主所占有，但该地区大地主数量较少，自耕农比重相对较大。据统计，在青田地区有百亩以上土地的大地主，数量大约占总人口的 1%（南田等几个多田地乡除外），绝大多数地主所持有的土地在 10 到 50 亩之间。一般认为，10 亩是自耕与土地租佃的临界值，只有超过 10 亩土地的家庭才具有租佃的可能。青田地区稻米亩产量为 200~300 斤，当时 1 银圆可以买 15~17 斤米，一亩地最多可获利 20 银圆。青田地区雇农工资约为每年 30 银圆，其他食品、物资补贴还需 35~45 银圆，总计花费约为 70 银圆。① 青田地区雇工的花费相当于 3.5~6 亩地的收成，只有地租超过开支一倍，地主才可能获得一定利润，因此，地主至少需要租佃 7~12 亩地。以民国三十三年（1944 年）为例，青田县土地持有的状况如表 2–3 所示。

表 2–3 民国三十三年青田县土地持有状况 （单位：%）

地域	十亩以上者占比	四十亩以上者占比	百亩以上者占比	自耕农占比	佃农占比
青田县第一区五一乡	10	—	—	10	60
青田县第一区 ×× 乡	15	16	—	15	55

---

① 《民国 33 年的农村社会经济概况调查》，浙江省青田县档案馆馆藏档案，卷宗号：1–7–481。

（续表）

地域	十亩以上者占比	四十亩以上者占比	百亩以上者占比	自耕农占比	佃农占比
青田县第一区九源乡	10	7	—	10	60
青田县第二区雅梅乡	5	10.2	1	18	55
青田县第二区玉岩乡	40	11.1	—	24	30
青田县第二区南田乡	55	4.8	0.6	20	60
青田县第三区上田加本乡	4	1	—	5	55
青田县第三区乡雁街乡	12	3	—	10	65
青田县第三区五源乡	2	1	—	5	55
青田县第四区连云乡	10	18	—	40	30
青田县第四区连云乡	2	1	—	15	55
青田县第四区祯旺乡	10	80	10	40	30

资料来源：《民国33年的农村社会经济概况调查》，浙江省青田县民国政治档案，卷宗号：1-7-481。

由于青田大地主少，农民所租佃的土地大都依赖于中小地主，可供租佃土地的数量相对有限。以青田县第一区五一乡为例，可租佃土地者仅占全部人口数的10%，理论上可雇佣佃农数仅为全部佃农数的三分之一。在民国期间，青田佃农无地租种现象相对普遍，70%以上的乡村需要以其他形式弥补劳务不足的问题。

4. 因土地矛盾催生的外出推力

自清末起，青田农业生产获利能力逐年下降，这使得农业家庭面临着入不敷出的窘境，他们需要寻求获利更高的行业，以弥补家庭生活中的亏空。当地民众开始依赖副业生产、外地佣工或商业贸易等赚取收入补贴家庭生产及生活中出现的亏空。民国时期，耕地数量少、土壤肥力差等弊端仍然存在，随着户数的迅猛增加，人均耕地明显不足，区域性的粮食短缺长期存在。青田人通过土地租佃、从事副业生产或销售、选种高产作物等，虽然一定程度上缓解了当地粮食短缺问题，但并不能彻底改变他们贫困的生活状况。

在青田人的日常开销中，组建家庭所需成本的占比最高，这既包含了结婚聘礼、娶亲仪式花费，也包含支付建房费用、购买日用品支出等，花费在 200~500 大洋不等（普通家庭）。民国时期，青田佃农年收入仅为 30 大洋，这一花费相当于青田一个雇农 7~17 年收入的总和，如果一个农耕家庭有 2 个及以上男孩，组建家庭的费用就很难承担。[①]这一时期，青田人如果想成家立业，只能外出谋求发展，在外地佣工或经商赚钱，然后回乡建房、购地、娶妻生子。

在温州佣工的青田人“每月收入多者约十余元”，而上海的工资较温州则有着显著提升。据统计，上海成年工月工资在 13~47 元不等，其中月薪 20 元者居多。此外，上海的企业还有一定数量的女工岗位，工资在 8~13 元不等；部分行业还招收童工，工资在 2~9 元不等。[②]与温州相比，在上海夫妻均进入企业佣工的家庭，月收入可达 30 元，是温州工资数的 1 倍以上。以四口之家为例，一月收入可以达到 35~40 元，只需要一年便可赚到子女成家所需的全部费用。当然，青田户数的增加并不均衡，其中，1927—1931 年和 1938—1939 年两个时段，青田户数分别增加了 4706 户和 5398 户，上述两个时段也是华侨集中回国的高峰时段。在短期内大量新组建家庭的出现，必然冲击青田地区的商品供需状况，客观上抬高了家庭组建成本以及生活成本。如果青田人在上述两个时间段组建家庭，只能选择长期在上海、杭州或温州等地做佣工，或前往外国碰运气。

---

① 《青田风俗调查卷》，浙江省青田县档案馆馆藏档案，卷宗号：1-7-481。
② 《最近之上海劳工情形》，《时事年刊》1930 年第 1 期。

综上，青田耕地不足具有显著的区域性特征，即一个区域内的民众因户均耕地不足生活普遍贫困，因而每个家庭都有外出赚钱的需求。在这些户均耕地严重不足的地区，“闯”逐渐成为一种区域精神，不能固守在家乡，而是需要外出谋求生计。在青田，有“瑞安女愿嫁青田华侨郎”，“鹤城女愿意嫁山口、阜山华侨郎”的说法，这都反映出当地民众对于“闯”精神的肯定。相反，固守家乡不出去“闯”的青田人，不仅赚不到钱，也会被瞧不起，留守青田的青年人甚至会找不到对象。有的青田男子为了娶妻，只能跟风出国到海外打工赚钱抬高身价，才能回乡娶妻成家。所以，户均耕地不足实际上成为推动青田人外出的重要推力。

二、因频发灾害形成的抗灾自救推力

青田地处浙江省东南部，属于中亚热带季风气候区。季风气候由大陆性气候与海洋性气候相互交替形成，因两种风面强弱与进退时间不一，易发生旱涝等自然灾害。民国时期的青田地区，基础设施建设严重滞后，抗灾自救能力不足，即便是稍微恶劣的气候也会给当地造成严重的破坏。民国时期，水灾、旱灾、火灾以及台风、冰雹、低温、虫灾等灾害频仍，除自然灾害外，社会动荡、兵灾、匪患等也时有发生。

1. 青田的水灾状况

青田的自然灾害每月都有发生，其中，4 至 10 月的灾害发生率最高，一个月中可能出现几种灾害（见表 2–4）。

表 2–4　青田县自然灾害类型及发生时间

类型	时间
旱灾	夏秋季节，梅雨结束（7 月中上旬）至 9 月 30 日
洪涝	每年 4—6 月，5—10 月

（续表）

类型	时间
台风	每年 5—10 月
大风	每年 4—5 月和 7—9 月为最多
冰雹	每年 3—8 月
低温冷害	每年 4 月（倒春寒）、5 月下旬至 6 月上旬（夏寒）、9 月（秋寒）
山区大雪	每年 12 月至次年 2 月

资料来源：陈慕榕主编：《青田县志》，浙江人民出版社 1990 年版，第 130—135 页。

在诸多灾害中，水灾的发生最为频繁，带来的破坏性也最大。青田水灾的成因较多，主要诱因为季风性强降雨，小部分由台风过境引发，时间上主要集中于每年的 6—10 月。青田暴发水灾前，经常出现“连日霪雨，溪水暴涨”的情况，当地多山的地理特征使得雨水迅速向山谷汇集，导致山谷、河道水位暴涨。由于青田民居多集中于山谷或河滩附近，水灾的发生严重威胁着当地民众的生命安全，也给民众带来巨大的财产损失。1912 年 8 月 29 日发生的洪涝灾害，是这一时期水灾中最为严重的一次。8 月 29 日，青田“龙风大作，山洪溢发”，县城“街巷行舟，三四千户房屋漂没殆尽，14000 余人，仅存 5000 余人”；9 月 17 日，“全县三百余所临时棚房一扫而光”。两次大雨，全县“共受灾 16133 户，75604 人；冲毁房屋 75632 间，损坏房屋 27134 间；冲毁田地 19313 亩，积沙 52564 亩”[①]。这次青田大水，以致“青邑几成泽国”，受灾的县民生活更是苦不堪言，甚至到了“有非耳目所忍见闻，语言所可形容者”[②]的程度，惨状可见一斑（见图 2-1）。

① 陈慕榕主编：《青田县志》，浙江人民出版社 1990 年版，第 138 页。
② 同上书，第 131 页。

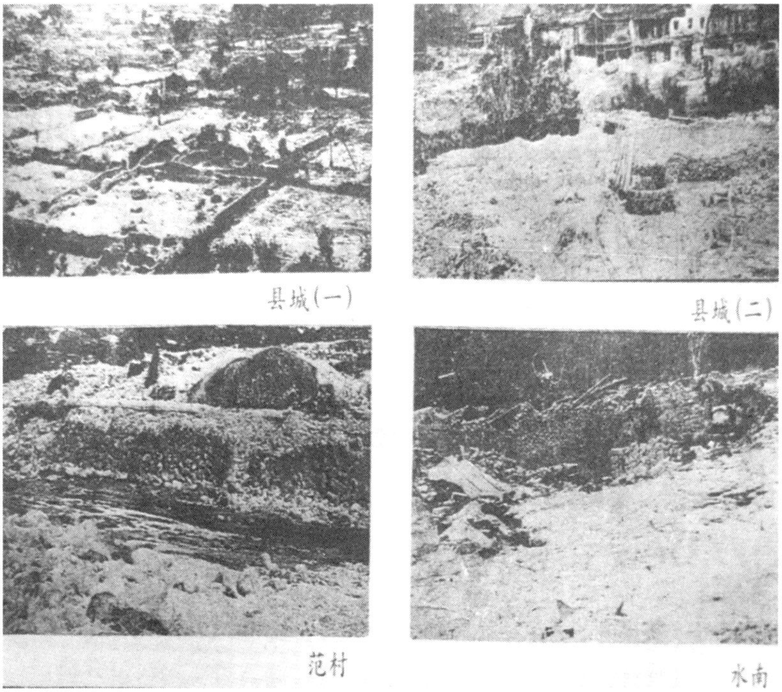

图 2-1 民国元年（1912 年）青田部分地区水灾情况示意图

青田几乎每隔 10 年左右便会发生较大洪灾，灾害除了造成人员伤亡外，也造成了当地民众财产的严重损失，其中以房屋损失为主。青田人造房以石头作为地基和外墙，屋子内部用木材建造双层结构，屋顶以木头作房脊外铺瓦片。在建房成本中，石材多取自本地，采购成本只占总成本的 10%，而木材需要选材、去皮、制板等工艺，采购成本占到造房费用的 60% 以上，其余 30% 为购房瓦和施工费用。洪水过境后，青田房屋的木质结构和房瓦大都被冲毁，一些木材顺洪水被冲至瓯江下游，有些民众会在温、青两地拾取洪水中的无主物，除了桥板外，其余尽归拾取人所有。综上可知，受洪灾损毁房屋的重建，所需费用几乎与新建房屋相当。在青田地区，建造双层结构的民居需要 300~600 元，如添置家具还需额外增加数十元到一百元左右的开支。民国时期青田县主要洪灾损毁状况如表 2-5 所示。

表 2–5 民国时期青田县洪涝灾害状况

发生年份	受灾情况
1912	受灾 16133 户，75604 人，死亡 9000 余人；冲毁房屋 75632 间，损坏房屋 27134 间；冲垮田地 19313 亩，积沙 52564 亩；牛、羊、猪等牲畜及家具器具等无从计数
1913	牲畜什物漂没无数
1921	洪水位高 21.2 米，淹没田地、房屋无数
1922	瓯江水位暴涨，水稻无收，灾民衣食无措
1929	淹没田地、房屋无数，牲畜什物漂没无数
1931	毁屋 20 余所，毁田 500 余亩，受灾 1300 余人，其中死亡 5 人
1935	溪水暴涨，青田几成泽国，全县受灾户计 29328 户，牲畜损失无数
1936	湖川乡受灾 400 多户，毁房 1 座，冲毁田地 200 多亩
1937	沿大小溪之堤坝、庐舍悉被淹没，沙埠、港头漂没田禾千亩
1943	6 月 19 日水灾淹没田禾 40 余亩；7 月 8 日至 9 日，沿溪一带田产地坦、水碓、桥梁、番薯、禾稻一切农作物均被漂没殆尽，受灾面积 5597 亩
1948	8 月水灾，鹤城镇洪水位高 17.78 米，五溪乡冲毁堤坝多处；9 月水灾，荷塘乡冲毁田地 900 余亩，冲没苞萝田 50 亩，豆田 178.3 亩，番薯地 266.2 亩

资料来源：①陈慕榕主编：《青田县志》，浙江人民出版社 1990 年版，第 138—139 页。
②青田县档案局编：《青田县历代自然灾害及火灾汇编》(656—1992)，2010 年，第 6—8 页。

2. 青田地区的其他自然灾害状况

干旱和冰雹也是青田地区常见的自然灾害，它们对粮食生产的破坏性较大。干旱一般是在“雨泽愆期”的情况下发生，科学解释为大陆气团阻碍了海洋气团进入内陆，当地人迷信认为是“旱魃肆虐”[①]。青田旱灾表现

① 青田县档案局编：《青田县历代自然灾害及火灾汇编》(656—1992)，2010 年，第 12 页。

为连续数月无雨，造成了“山裂树干”“田地龟裂”[1]。在这样恶劣的环境下，很多居民“家产微荡，生计维艰”[2]，只能“民食糠秕、草根”，真令人“虑焉心伤”[3]。冰雹危害更大，其形一般如鹅蛋，甚至有的“下冰雹碗大”，一旦遇到冰雹天气，庄稼被摧折、房屋被毁掉是常有之事，居民更是“人心惶惶，老幼呼号”[4]。整个民国时期，青田这两种自然灾害的发生也比较频繁，危害程度较深（见表 2-6）。

表 2-6　民国时期青田县干旱和冰雹灾害状况

类型	发生年份	受灾状况
干旱	1934	成灾面积 103553.4 亩，山裂树干，民食糠秕、草根；受灾人口达全县总人口的十分之九
	1941	番薯不能插苗
	1942	王宅、西坑、雅梅、富岙等五乡遭受旱灾，平均收成仅四成
	1944	受灾面积 10.9 万余亩，其中水稻 9.46 万亩，茶子 1014 亩
	1945	46 个乡遭受旱灾，成灾面积 6.96 万亩，受灾成数为 7 成，产量减少 341696 市石
	1947	耕地龟裂，稻苗枯萎，番薯杂粮无法播种，全县 34 个乡收成仅达五成
冰雹	1920	摧毁禾稻、什粮、房屋，压死母子 2 人
	1933	东源乡摧折农作物，毁屋无数，压死 2 人；富川乡摧击庄稼，全乡损失过半，平桥一带尤为严重，人心惶惶，老幼呼号

资料来源：青田县档案局编：《青田县历代自然灾害及火灾汇编》（656—1992），2010 年，第 12—25 页。

① 陈慕榕主编：《青田县志》，浙江人民出版社 1990 年版，第 138 页。

② 青田县档案局编：《青田县历代自然灾害及火灾汇编》（656—1992），2010 年，第 16 页。

③ 同上书，第 12 页。

④ 同上书，第 25 页。

此外，台风所造成的破坏也不能小视，青田地区平均每年会出现两次风灾。台风入境一般是大风夹杂着暴雨，最大风力10级，雨量100~200毫米，个别地区达500多毫米[①]，这样的天气境况给农作物造成较大损失。台风除了造成“水满村庄，交通断绝”[②]外，也常使得即将成熟的作物倒伏，因道路阻隔不能及时收割而糜烂。低温与雪灾对于青田农业生产影响也较大，尤其是对二季度水稻的破坏最为严重。春寒对早稻育秧、移栽危害较大；夏寒会对早稻幼穗分化和花粉母细胞减数分裂期造成影响；秋寒会危害晚稻扬花结实，此“三寒”都会使水稻产量减少三四成。低温冷害虽然危害很大，但此种状况一般比较少见。

3. 青田地区的虫灾与人祸状况

除了自然灾害外，青田还有虫灾以及匪祸、国民党的党祸等人为祸乱。

青田地区的虫灾多由蝗虫引起，蝗灾的发生一般具有关联性特征，既与气候有一定联系，也和当地土地的过度开发有关。蝗灾的发生大都与旱灾相伴而生，如民国十八年温青两地发生的虫灾，“一亩田仅割十几斤谷子”,“种了40亩田，只收400斤谷子”[③]。青田蝗灾的源头多为温州下辖区县，蝗虫沿瓯江而上沿途啃食种植于河滩平原地区的农作物，对青田农业生产造成了重大损失。

青田多山，匪患较为严重。据解放初期统计，全县有土匪29股，4323人[④]，主要分布在万山、阜山、北山等区域。青田地区匪患的历史久远，自唐代开始便成为避难地，前往该区域避祸、开发者不断。至明清时期，浙南地区的起义者或流寇都喜欢在青田落脚以躲避官兵的追捕，从而在当地

---

① 陈慕榕主编:《青田县志》，浙江人民出版社1990年版，第131页。

② 青田县档案局编:《青田县历代自然灾害及火灾汇编》(656—1992)，2010年，第8页。

③ 温州市政协文史资料委员会:《温州文史资料》第7辑，浙江新闻出版局，1991年，第26页。

④ 陈慕榕主编:《青田县志》，浙江人民出版社1990年版，第539页。

的山林中形成了土匪势力。至民国时期，青田土匪形成了一定规模，一般在百人左右，他们流动性较强，曾多次袭扰村落、劫掠财富、杀害村民。在青田，当地民众因自保需要逐渐形成了尚武精神，较大的乡村都要雇佣乡勇保护村落，比如，曾有一股土匪假借送亲企图袭扰油竹，后被村民及时识破并驱赶。在 20 世纪 20 年代末和 30 年代中期，国民党军队及当地民团围剿红军游击队，并大肆逮捕认为可疑的普通群众，也迫使部分群众逃离家乡。

4. 因灾害频发形成外出推力

青田虽然灾害频发，但并没有出现“居民流殍甚众”“互肆劫掠”[①]的现象，这是当地救灾、赈灾的结果。青田县的赈灾主要有两种方式：一是政府的直接救灾活动，二是民间的抗灾自救。青田政府主要通过发放食物、货币或减免赋税等方式赈灾。以 1912 年青田水灾为例，不仅青田县政府为每一灾民发放米 2 升、小洋 1 角，因灾情严重，浙江省政府还急拨赈款 1.9 万元、善后款 2.25 万元[②]。虽然这些赈灾款全部分发给了灾民，但平均到 75604 名灾民身上[③]，每人也仅有 0.55 元，只够维持几天的生活。减免赋税救灾虽然不能解决燃眉之急，但对灾后重建家园起到了积极的作用。除了政府救灾外，民间救灾也成为青田抗灾的主要自救手段。除了青田同乡会发起救灾募捐外，抗灾多以自救为主，外出谋生就是青田人重要的自救手段。每次灾害的发生都成为青田人走出去的契机。比如，在 1912 年大水灾后，大批青田人外出佣工，这批人中相当部分成为旅欧华工。可以说，灾害的破坏力在一定程度上与外出青田人的规模是成正比的，灾害也成为青田人外出的重要“推力”。

---

① 青田县档案局编：《青田县历代自然灾害及火灾汇编》(656—1992)，2010 年，第 24 页。

② 同上书，第 27 页。

③ 陈慕榕主编：《青田县志》，浙江人民出版社 1990 年版，第 138 页。

三、石雕海外贸易形成的外出推力

1. 青田石雕是当地特有的工艺品

青田山多，虽然土地稀缺且贫瘠，但上苍也赐予了青田贵重的礼物，即中国四大名石之一的青田石。青田石属于叶腊石，是一种硅酸盐矿物质，因矿石中所含金属元素不同，形成了多种艳丽的色泽。

青田叶腊石分布在该县的山口、小令、双垟、船寮、方山、北山等地[①]，质地细软，温润如玉，而且色彩丰富，花纹奇特，品类繁多，有青白色、浅蓝色、浅绿色、褐紫色等10类108种，是用于雕刻艺术品、篆刻印章的上等原料。文玩界有着“冶金刻玉古时章，花乳青田质最良”之说，“花乳石”就是具有不同颜色、似冻似乳汁的高品质叶腊石，因地得名而有“青田石”之称[②]。所谓“其地产有松石，俗名曰‘青田石’，寻常用于雕刊图章钤记，为他省所无，故其居民悉赖此为生”[③]。现如今，青田石以纯色冻石和青田三彩最为收藏家们所喜爱，其中，纯色冻石宜制章，如封门青、灯光冻、南瓜冻都是上好的原料；青田三彩适宜雕刻微景观，倪东方雕刻的“花好月圆”就是其中不可多得的精品。

青田石雕最早出现于六朝时期。通过考古发掘，出土了作为殉葬品的多只青田石雕小猪（见图2-2）。这些石雕现珍藏于浙江省博物馆，它们有的“以简单线条划出猪的四肢及五官”，有的则“上下面呈弧状”，仅用数条阴线概括猪的形状，表现出卧猪的结构特征。可以看出，这一时期的青田石雕“雕刻粗犷概括”[④]，简单而缺少美感，工艺水平较低。

---

① 林言椒：《青田》，中国城市出版社2003年版，第43页。
② 陈慕榕主编：《青田县志》，浙江人民出版社1990年版，第121页。
③ 陈里特：《欧洲华侨生活》，海外月刊社，1933年，第31页。
④ 陈慕榕主编：《青田县志》，浙江人民出版社1990年版，第281页。

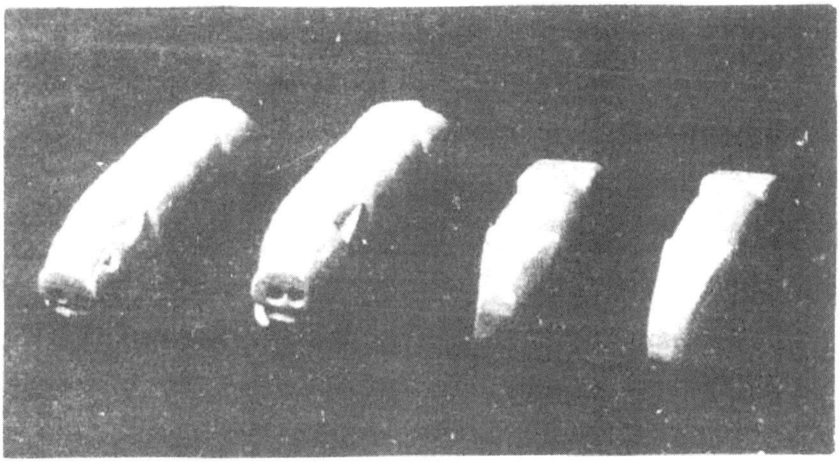

图 2–2 六朝时的青田石雕

至元明时期，青田石雕雕刻技艺有了大幅度的提高。最突出的表现是青田石在印章界的推广，可以说带来了印章艺术的革命。据青田人韩锡胙在《滑疑集》中记载："赵子昂始取吾乡灯光石作印，至明代而石印盛行。"[①] 这一时期，石质印章逐渐取代了金玉印章，而且使印章艺术由实用艺术发展为欣赏艺术。除此之外，在其他实用品及陈设品方面也有了长足的进步，如石碑、佛像、香炉、墨盒等，具有代表性的要数山口村龙溪庙刻有"明景泰壬申年春立"字样的青田石雕香炉，该香炉"三足齐腹鼎立，无耳无盖"，同时"炉口、炉腹的圆周和三足均分相当精确"[②]，这是之前不可能做到的；另外，还有名为"大明鱼篮观音"的青田石雕，更是精美绝伦，雕像"姿势生动，仪态端庄，线条流畅"[③]。这些都足以表明当时的雕刻工艺已经达到了相当高的水平。自明代晚期开始，青田工匠的雕刻技术日益纯熟，钻孔、镂雕等工艺开始出现，车钻、凿子、雕刀、刺条等雕刻器具也获普及使用。

---

① 陈慕榕主编：《青田县志》，浙江人民出版社 1990 年版，第 282 页。

②③ 同上。

至清代，青田石雕工艺更加成熟，出现了大批具有相当观赏价值的石雕艺术品，如乾隆年间的“三脚狮球香炉”及“宝典福书”印章、咸丰年间的石雕壁饰“五福临门”等都是该时期的珍品。这一时期的青田石雕远销海外，并多次参加了国内外的展览比赛，如光绪二十五年（1899 年），在法国巴黎赛会上，青田石雕“许置会亭趸售”[①]；光绪三十年（1904年），青田石雕在美国圣路易博览会上出现，陈列“青田石雕刻：文具、人物、花卉，颜色鲜艳”[②]；宣统二年（1910年），青田石雕在南洋劝业会上获得银牌奖章。这都说明当时青田石雕工艺已经达到了精湛的程度。

2. 青田石雕海外销售逐渐形成规模

青田石雕的销售经历了缓慢发展的过程，由早期的普通石制品逐渐发展为名贵文玩类商品，在 19 世纪晚期开始走出国门，并为其他国家民众所认可。光绪二年（1876 年），山口村“有林茂川者，改良石刻”，他通过访问归侨，了解外国人的心理、嗜好，设计了不少既时髦美观，又轻巧实用的青田石雕刻品，如刻花烟缸、烟插、书夹、屏风、花瓶等，亲往欧洲推销，由于石雕产品“花样繁多起来，颇受外人之欢迎，销路始广”[③]。与之对应的是，光绪元年（1875 年）至光绪三十四年（1908 年），青田出国谋生者也越来越多（见表 2–7）。

表 2–7 青田人出国谋生情况（1875—1908 年）

年份	人数	籍贯	谋生地	备注
1875—1908	76	方山奎岩庄	欧洲、日本	贩卖石雕、苦力
1888	詹阿有	魁市村	法国	经商
1890	周留贤	港头村	南美一带	不详

① 陈慕榕主编：《青田县志》，浙江人民出版社 1990 年版，第 282 页。
② 同上。
③ 林宝奇：《青田山口之“青田石”与“石刻”》，《浙江青年》，1936 年 1 月号。

（续表）

年份	人数	籍贯	谋生地	备注
1892	季兆钧等 7 人	山口村	南洋群岛及印度一带	贩卖石雕
1897	留甘木	小令南木宕村	英国、荷兰	经商
1898	季富典	方山裘山村	俄国	销售石雕
1900	朱某	山口村	英国	开设中国工艺品商店

资料来源：陈慕榕主编：《青田县志》，浙江人民出版社 1990 年版，第 641 页。

关于早期在海外销售石雕的青田人的职业与社会阶层，很多史料都语焉不详，偶见记载的，比如，陈元丰“在浙江普陀贩卖石雕，得知西欧人非常喜爱，便携带石雕经海道到法国，获利甚多”，最后“亲友闻讯，纷纷前往”[①]。

20 世纪初，青田石雕在欧美逐渐打开了市场，有富商大批量购买石雕前往英美销售。这一时期，阜山人陈琪任万国博览会中国参展代表团总监督，他积极联系同乡携石雕参展。1900 年巴黎万国博览会，青田石雕第一次参会就获得好评。此后，青田商人携石雕参加了美国圣路易斯博览会、比利时列日博览会和布鲁塞尔博览会、意大利米兰博览会，以及巴拿马太平洋国际博览会等。赛会中，青田商人既展览石雕制品，又从事石雕销售活动，还有一些商人在赛会后就留在当地继续经营石雕产品。其中，山口龙现村的商人吴乾奎，拓展美国石雕销售市场成绩卓著，为青田石雕走向世界做出了杰出贡献。

3. 青田石雕产销获利丰厚

海外对于青田石雕需求旺盛，既带动了青田石雕产业的发展，又催生了海外石雕销售商群体的出现。青田石雕的海外销路日渐顺畅，年出口量

① 陈慕榕主编：《青田县志》，浙江人民出版社 1990 年版，第 641 页。

从1880年的96担，迅速增长到了1913年的8194担，合400余吨。在油竹、鹤城、山口地区，从事石雕行业的人数众多，石雕作坊星罗棋布，石雕产量和品种皆与日俱增。在民国时期，青田从事石雕生产的人数超过万人（含短工、脚夫等），已超过青田总人口的2%。石雕销售的繁荣，也促使资本流入与青田矿石开采相关的行业。青田石矿脉主要分布在方山、山口和阜山地区，包山开矿者络绎不绝，附近佃农也愿意来此佣工采石。青田采石工收入不菲，"长工论月膳宿皆有山主供给，工资每月六元，短工按日饭食亦归山主擔任工资每日三四角不等。"① 这一收入已是农业雇工收入的两倍有余。如工人与工头约定包采，所开采出的青田原石拍卖后，工人还可按比例分成，收益更是佣工的数倍之多。高峰时期，青田采石工的规模达到千人，而作为产业链中游的雕刻业，工人数量则是采石工的数倍。据统计，"方山地方人口不过千余户。而雕刻石匠独占三千余人。大安内地方人口亦约千余人，然雕刻工人亦有百数十人之多。每人每天所得之工资自大洋八角至三元。"② 石雕的海外销售热也为青田小商人和佣工者带来了新机遇，他们结伴前往欧洲、美国和东南亚国家销售石雕制品。当时，青田人随身携带的石雕"除图章、印盒、笔插、水池等可作文具外，余均玩品居多"③。石雕虽然沉重但获利丰厚，在法国，青田石雕进货价只要几个苏（法国原货币，1法郎等于20苏），但遇到喜欢石雕制品又不懂行的买家可以要价到几个法郎。由于青田石雕海外利润常常超过500%，大批青田人前往欧洲销售石雕。一些早年间出国的小贩通过销售青田石雕获得了数千大洋的经济收益，回乡后成为乡邻们羡慕的对象，并带动了四邻一起出国谋生。林子才先生写道："聪明雕巧成古董，雕成古玩进洋关。先到洋关卖青石，哄骗洋人是古岩。洋人卖去当宝贝，感动后人阵出番。"④

---

① 《调查：温州青田石贸易状况》，《工商半月刊》，1930年第2卷第5期。

② 同上。

③ 魏颂唐编：《青田经济纪略》，1929年，第487页，引自虞和平主编：《中国抗日战争史料丛刊》（639经济　综合），大象出版社2016年版，第531页。

④ 《林子才笔记》，青田侨务办公室藏，第45页。

4. 青田石雕海外销售形成的外出推力

民国时期，青田先后出现的若干次出国潮中，都有携石雕出国销售的记载。这在一定程度上说明了青田石雕不单单是出县、出省甚至出国的川资，也为青田人打开了海外商贸的大门。如果没有青田石雕交易作为铺垫，青田人可能难以找到对欧洲国家贸易的渠道和途径。正是青田人在石雕贸易中积累了出国经营与海外交往的经验，即便是后期青田石雕贸易逐步衰落，青田人仍可依赖石雕贸易形成的商业网络，继续经营小商品贸易，依然活跃在海外市场。

青田的地理区位较为偏僻，自然环境相对恶劣，使得当地人难以在家乡寻找到更好的发展出路；多发的自然灾害，则使得青田人的财富易遭损毁。民国时期，浙江的经济受西方列强的冲击较大，传统自给自足的农业经济被摧毁，货币流通的重要性日益凸显。上述三种问题的叠加，使得青田人只能走出家门去往外地谋生，以获取流通所需要的货币。在青田人走出去的过程中，青田石雕贸易为他们异地谋生奠定了基础，甚至可以说是创造了一种全新的经营模式。总的看来，自然环境通过“赶”和“予”，引导青田人走出了浙南山区，最终走向了海外。

第二节　青田华侨出国的社会阶层动因

社会阶层是根据人们不同的社会特征进行多角度划分而形成的社会地位阶梯[①]，而社会阶层的差异又决定了个体行为的目的。民国时期，青田人海外谋生的行为，虽有改变命运的共同动因，但也因自身社会阶层的不同，在出国时间、目的、职业选择等方面，存在着非常明显的差异。

---

① 吴增基、吴鹏森、孙振芳主编：《现代社会学》，上海人民出版社 2018 年版，第 175 页。

一、青田华侨的阶层分布状况

青田华侨社会的阶层特征较为明显，各个阶层在出国时间、前往国家等方面又有着显著区别。青田华侨阶层特征显著，可分为三个阶层，即士人阶层、商人阶层和平民阶层。

在划分青田华侨的阶层方面，受教育程度可以大致反映出个体的社会阶层属性，这是由青田人“诗书传家”的观念所决定的。青田人极为重视教育，各个阶层都将接受教育视为“正事”，对于考取功名的族人要记入族谱作为家族的荣耀，因此，青田地区教育普及度一直较高。青田华侨的形成主要集中在民国时期，这一阶段又是废除科举制、改学新学的阶段。新学教育是以分级教育取代私塾的一体式教育。新学教育的受教育程度，可以由教育的层级直观反映出来。在新学体系下，受教育程度与教育支出成正比，也和受教育时间的增长相一致。就青田家庭的教育支付能力而言，普通家庭可以让子女接受初小教育，接受高小教育则需要相对富裕的家庭，而让子女完成中学教育的大多为富商、大地主或当地望族。以受教育的目的划分，青田受过新学教育的群体可分为三类：第一类以参军、入仕为目的，接受中、高等教育的士人群体；第二类以经营或参与经营为目的，接受过初等教育的商人或商业佣工者群体；第三类以体力劳动为主，文化程度大都为文盲、半文盲或粗识文字的劳动力群体。通过比较接受新式教育的青田人在学习目的与家庭之间的关联性，我们发现二者之间存在着高度一致，即越是富有的家庭越希望子女接受高等教育，并从事社会管理性工作。

青田人的受教育状况与阶层分布特征，用于阐述华侨的阶层特征与出国目的是同样适用的。表 2-8 反映了民国时期青田华侨的受教育程度。

表 2-8　1992 年青田县 17 个乡镇 162 名老归侨文化程度

姓名	出国年份	文化程度	姓名	出国年份	文化程度	姓名	出国年份	文化程度
叶进飞	1914	文盲	朱延岩	1929	高小	孙有权	1933	初小

（续表）

姓名	出国年份	文化程度	姓名	出国年份	文化程度	姓名	出国年份	文化程度
刘焕清	1929	高小	朱禄岩	1930	初小	吴明祥	1936	高小
王正典	1927	初小	陈国岩	1930	文盲	徐进权	1939	小学
金汉光	1930	初中	王秀元	1931	高小	叶信贤	1921	初小
周德标	1931	初中	陈国进	1931	初小	季林宗	1923	小学
陈召南	1931	初中	王凤辉	1934	高小	叶明进	1924	小学
叶长庚	1932	初小	麻奏银	1935	初小	陈芳权	1925	小学
叶吾科	1936	初小	朱成国	1935	初小	赖志进	1926	初小
王进琪	1928	初小	陈光连	不详	文盲	陈海标	1928	小学
留元昌	1917	文盲	林金楷	1921	粗识	叶凤土	1929	文盲
林三喜	1918	初小	彭洪庚	1921	小学	林英岩	1930	小学
张志伍	1919	初中	韩成进	1921	初小	林锡考	1930	文盲
林竹仁	1926	初小	吴迪告	1923	初小	黄忝仁	1931	初中
林景石	1937	初中	吴益明	1924	高小	林俊兰	1934	初中
朱大坤	1918	文盲	杨星光	1930	初中	周呈夫	1935	小学
程岩进	1918	初小	陈宗绪	1936	高小	叶茂清	1935	初小
朱有典	1919	初小	留佐南	1918	粗识	金达芳	1937	初中
王则仁	1923	高小	徐德前	1922	高小	厉进元	1918	初小
王平垟	1924	文盲	阮岩明	1922	文盲	陈上禄	1920	文盲
吴林溪	1924	初小	留连群	1925	文盲	吴祚侯	1921	高中
王成岩	1926	高小	留德元	1926	粗识	吴呈福	1923	文盲
陈福进	1927	高小	孙木权	1926	高小	吴成福	1924	初小
叶洪典	1927	初中	孙祖彬	1929	初小	陈志彬	1925	初小

（续表）

姓名	出国年份	文化程度	姓名	出国年份	文化程度	姓名	出国年份	文化程度
朱钱岩	1927	文盲	阮克成	1931	初小	吴灿超	1927	初小
朱翼乾	1928	高小	陈上岩	1931	初小	刘枝才	1928	高小
麻志兴	1929	初小	徐守谦	1931	初中	吴敏树	1928	初小
叶岩连	1929	初小	孙抱成	1933	粗识	王叶成	1929	初小
何恒美	1932	高小	王志真	1930	高小	朱王福	1929	文盲
吴元水	1922	初小	胡泽进	1932	初小	王名标	1930	初小
邱岩言	1927	高小	陈松照	1932	文盲	厉训典	1934	初小
孙正飞	1927	小学	夏康	1917	高小	陈志元	1935	文盲
高池茂	1927	初小	吴贵光	1924	初小	王岩奎	1936	文盲
孙旭光	1928	初中	金进岩	1925	文盲	卢作训	1910	初小
高池山	1930	初小	张春镖	1931	文盲	朱建芳	1919	初小
高铭乾	1930	文盲	杨银道	1932	高小	陈岩贵	1926	文盲
孙吾宗	1930	初小	夏岩禄	1933	文盲	徐成斋	1930	初小
高池寅	1930	高小	杨王典	1933	文盲	柳朝方	1933	初小
高铭修	1931	初小	吴正松	1933	初小	赖全溪	1935	初小
高池焕	1932	初小	杨碎典	1936	粗识	周跃祖	1937	高小
高铭良	1933	高小	应足典	1936	高小	吴佐章	1930	初小
高铭文	1933	初小	杨松林	1938	初小	陈岩选	1930	初小
张方兰	1934	文盲	陈克勋	1922	粗识	徐心田	1930	文盲
高铭藩	1935	初小	傅王岩	1923	小学	徐木忠妻	1930	小学
张德兰	1935	文盲	张清芳	1927	初小	陈银达	1931	高小

（续表）

姓名	出国年份	文化程度	姓名	出国年份	文化程度	姓名	出国年份	文化程度
邓敦瑞	1936	文盲	周仲岩	1930	高小	陆作春	1933	高小
邱方言	1938	高小	吴长松	1931	粗识	郭周敖	1927	粗识
刘法水	1916	高小	王龙岩	1932	初小	叶佐青	1928	高小
郑尚立	1927	高小	吴岩土	1933	初小	王岩方	1930	高小
郑朋秀	1937	高小	陈然清	1933	小学	叶王星	1931	高小
朱明彩	1918	初小	王贵仁	1921	高小	郭理武	1932	高小
张德宝	1923	初小	卓学林	1921	高小	徐银德	1934	文盲
杨岩清	1930	小学	厉阿训	1921	初小	朱新恩	1936	文盲
留正飞	1917	粗识	王学贵	1924	文盲	叶秀贤	1936	高小
留进兰	1925	文盲	周成兰	1927	初小	蒋志清	1930	高小

资料来源：《青田华侨史》编纂委员会编著：《青田华侨史》，浙江人民出版社 2011 年版，第 22—27 页。

在被调查的 162 名老归侨中，文化程度最高的为高中，仅有 1 人，约占总调查人口的 0.62%；文化程度次之者为初中，共有 12 人，约占总调查人口的 7.41%；具有小学文化程度的有 109 人，约占总调查人口的 67.28%，其中，高小（五六年级的小学）38 人，约占总调查人口的 23.4%，初小（一到三年级的小学）58 人，约占总调查人口的 35.8%，剩下的 13 人上过小学，但没有上完高小或者初小；文化程度为粗识（略微识字）的有 9 人，约占总调查人口的 5.55%；被调查者中文盲有 31 人，约占总调查人口的 19.14%。

民国时期旅欧的留学生陈里特，对欧洲的 250 名青田华侨出国前的文化教育程度进行了调查（见表 2-9）。

表 2–9 欧洲部分华侨出国前文化程度

文化程度	前清秀才	中专	中学	小学	私塾	文盲
人数	1	1	9	31	59	149
百分比	0.4%	0.4%	3.6%	12.4%	23.6%	59.6%

注：中国留学生陈里特于 1927—1933 年在苏联、德国、荷兰、法国对部分青田华侨的受教育情况进行调查所得。

资料来源：《青田华侨史》编纂委员会编著：《青田华侨史》，浙江人民出版社 2011 年版，第 19 页。

上述两份统计资料在数据上虽有差异，但形成了如下共识：（1）文盲、半文盲或稍有文化的出国者所占比例最高，这一群体的出身大都为乡民，应该是多以务工者身份出国。（2）受过初等教育者数量次之，这批出国者多以务工者身份出国，但最终大都转为商人。在家庭出身构成方面，这一群体的阶层属性更为复杂，既有平民出身者，也有来自小商人和小地主家庭的。（3）高学历的出国者在民国时期几乎凤毛麟角，这一状况直到 20 世纪 60 年代才有所改观。

如果将阶层与青田华侨联系起来，可以看出，平民与商人群体出国欲望最为强烈，而士人阶层大都不倾向于出国。这种倾向符合自然经济条件下我国民众的择业特点。就青田不同阶层群体对华侨海外发展的影响来看，商人群体创造了新的商业模式以及商品销售网络，平民阶层则成为充实、完善新商业模式的实践者。值得注意的是，士人群体虽然没有选择出国，但不代表他们缺席了这次出国潮，诚如陈琪邀请同乡携石雕参加世博会而带动了青田的出国潮，从某种意义上讲，青田的士人阶层对青田人的海外之行起到了指引和推动的作用。

二、出国的后发者——青田的士人阶层

青田自古以诗书耕读传家，重视文化教育，并鼓励族人以文化求仕。在青田，逐渐形成了以读书求取功名的士人群体，这一群体数量约占青田

总人数的 5%~7%。刘伯温、陈琪、章乃器、陈慕华等，都是不同时期青田杰出士人的代表。

青田士人群体出现于宋代。青田仅宋朝就出现了近百位进士，此后，青田士人群体随人口的增长规模不断增加，各个朝代均有青田人考取状元的记载。清末废除科举后，青田士人群体出现了分流，他们或投考军校、警校，或是进入新学堂学习经济、商业等科目。

清末民初时期，对于近代军人有较大需求，一些省份开设了陆师学堂。陆师学堂大都不收取学费，一些院校还供给伙食，大批青田读书人转投了陆军学堂，如南京陆军路师、安徽武备学堂、浙江武备学校、黄埔军校和保定陆军学堂等。在民国时期，青田大致有 3 万 ~ 4 万人参军入伍，其中以中下层军官和技术兵为主，下级军官职务多为排至营级，技术兵种有飞行员、通信员、运输驾驶员等。此外，还有 96 位青田籍军人晋升到将军级军衔（含上将、中将和少将）。在警界，青田人夏超大量任用同乡扩充警队，其在任杭州警察局局长、浙江省警察厅厅长期间，浙江全省 76 个县的警察所长，青田人占到 32 人。故有“浙江警官，青田人占十之七”的传言。在科教文卫方面，青田士人也建树颇丰，如经济学家章乃器、中国近代博览会事业第一人陈琪、生物学家伍律、画家张弦、棒球运动员王贞治等。可以说，在整个民国时期，青田士人群体人才辈出，在军界、警界、科教文化界中均形成了一定的影响。

青田的士人群体多分布于五至十二都，从家庭出身来看，既有大、中地主出身，也有的来自小地主或自耕农家庭；既有商人、官宦后代，也有教育世家。士人群体的家庭出身和收入差异较大：富裕者如高湖乡的李少候“家有田产约二百担……良川一带田川托陈兰溪姑父掌管，高度一带田产托季连正表伯管理”[①]。家庭相对贫穷的多为自耕农、乡村教师，这些家庭年收入仅有几十块大洋而已，如高市村的叶毅，他的母亲“又卖掉了一

① 李少候：《父亲百岁冥辰的追思》，载《青田会刊》第 77 期，第 22 页。

块地，让儿子读中学”[①]。这些贫困的士人群体，大都转去攻读不收取学费的师范或军校，只需凑足生活费即可。值得注意的是，虽然青田士人群体的家庭出身差异较大，但可以肯定的是，平民家庭的子女是被排除在外的。

青田士人群体，除了家庭出身的差异外，在政治资源、人脉关系、商业网络等方面，所掌握的资源也不尽相同。依附成功者谋求职务，这一观念在士人群体中普遍存在。据叶毅回忆，“陈诚崛起后，他的亲友、同学、故旧纷纷投奔。父亲的姑父是陈的得力助手，父亲师范毕业后来到南京姑父处”[②]从军入伍。

在职业发展方面，士人群体对于自身发展定位较为明确，他们读书为的是进入国家政府机关、军队、警察系统，因而对于出国或经营并不感兴趣。此外，青田的士人群体也受到封建士、农、工、商等级思想的影响，不屑于出国从事经营活动。在整个民国时期，青田的士人群体虽然常对同乡出国活动给予帮助，但这个群体中选择出国者寥寥。

20 世纪 60 年代，青田士人群体不愿意出国的状况发生了改变。自 20 世纪 30 年代开始，青田士人群体开始大批量进入国民党军队，总量大约 4 万人，其中绝大多数随国民党败退到了台湾。至 60 年代，这批青田士人已步入中年，大都已经成家立业，部分军官的子女开始前往欧美深造。这时的台湾开始注重经济建设，军队在收入和社会地位方面较以往都有了不同程度的下降，因此，很多晋升无望、已迟暮之年的青田中下级军官也纷纷离开军队寻找致富的新出路。这一时期，很多青田的士人阶层从台湾前往了欧洲、美国和南美洲国家，正好填补了青田县前往欧、美国家的空档期。“旅法老华侨平均五十有余，政府不准侨眷出国，唯恐后继无人”[③]，由台湾前往欧美国家的青田人大都受过高等教育，一些人的亲属在海外开店铺，只待亲友继承。这批出国的青田人继承了 50 年代之前出国的青田华

① 叶毅：《回忆父亲》，载《青田会刊》第 109 期，第 46 页。
② 同上书，第 47 页。
③ 浙江省青田县侨务档案，卷宗号：12-13-8。

侨的经济基础，又以自身的文化素养提升了青田华侨的竞争力。在 20 世纪 80 年代，这批出国的青田士人步入老年，又将产业转交给了国内“50 后”“60 后”的亲友晚辈，真正实践了“两岸青田人，烽火两岸传”的兄弟情。

三、因成家立业出国——青田的平民阶层

青田的平民出国者是青田华侨的主体，这批出国者因家庭经济压力，出国时年龄普遍偏小，有的不足 15 岁。以首次出国小于 20 岁为标准，可以在青田华侨中准确划分出这一群体。

以 1992 年对青田县 17 个乡镇 162 名老归侨出国年份及年龄的调查结果为例，可以管窥民国时期青田平民出国者的比例（见表 2-10）。

表 2-10　1992 年青田县 17 个乡镇 162 名老归侨出国年份及年龄

姓名	出国年份	出国年龄	姓名	出国年份	出国年龄	姓名	出国年份	出国年龄
叶进飞	1914	19	朱延岩	1929	21	孙有权	1933	23
刘焕清	1929	18	朱禄岩	1930	22	吴明祥	1936	28
王正典	1927	19	陈国岩	1930	23	徐进权	1939	31
金汉光	1930	23	王秀元	1931	24	叶信贤	1921	19
周德标	1931	19	陈国进	1931	26	季林宗	1923	18
陈召南	1931	17	王凤辉	1934	20	叶明进	1924	25
叶长庚	1932	29	麻奏银	1935	19	陈芳权	1925	15
叶吾科	1936	32	朱成国	1935	26	赖志进	1926	16
陈祥	1914	18	王进琪	1928	16	陈海标	1928	21
留元昌	1917	17	林金楷	1921	18	叶凤土	1929	28
林三喜	1918	14	彭洪庚	1921	16	林英岩	1930	18

（续表）

姓名	出国年份	出国年龄	姓名	出国年份	出国年龄	姓名	出国年份	出国年龄
张志伍	1919	14	韩成进	1921	21	林锡考	1930	20
林竹仁	1926	20	吴迪告	1923	18	黄忝仁	1931	18
林景石	1937	22	吴益明	1924	22	林俊兰	1934	19
朱大坤	1918	17	杨星光	1930	19	周呈夫	1935	19
程岩进	1918	14	陈宗绪	1936	22	叶茂清	1935	28
朱有典	1919	17	留佐南	1918	13	金达芳	1937	27
王则仁	1923	18	徐德前	1922	25	厉进元	1918	14
王平垟	1924	18	阮岩明	1922	19	陈上禄	1920	16
吴林溪	1924	16	留连群	1925	18	吴祚侯	1921	15
王成岩	1926	15	留德元	1926	18	吴呈福	1923	13
陈福进	1927	16	孙木权	1926	23	吴成福	1924	18
叶洪典	1927	24	孙祖彬	1929	19	陈志彬	1925	18
朱钱岩	1927	24	阮克成	1931	19	吴灿超	1927	23
朱翼乾	1928	20	陈上岩	1931	22	刘枝才	1928	19
麻志兴	1929	22	徐守谦	1931	20	吴敏树	1928	17
叶岩连	1929	20	孙抱成	1933	30	王叶成	1929	21
何恒美	1932	20	王志真	1930	17	朱王福	1929	17
吴元水	1922	16	胡泽进	1932	21	王名标	1930	19
邱岩言	1927	19	陈松照	1932	34	厉训典	1934	19
孙正飞	1927	20	夏康	1917	20	陈志元	1935	24
高池茂	1927	16	吴贵光	1924	11	王岩奎	1936	27
孙旭光	1928	24	金进岩	1925	14	卢作训	1910	13
高池山	1930	13	张春镖	1931	28	朱建芳	1919	13

（续表）

姓名	出国年份	出国年龄	姓名	出国年份	出国年龄	姓名	出国年份	出国年龄
高铭乾	1930	20	杨银道	1932	19	陈岩贵	1926	17
孙吾宗	1930	19	夏岩禄	1933	26	徐成斋	1930	15
高池寅	1930	22	杨王典	1933	26	柳朝方	1933	18
高铭修	1931	19	吴正松	1933	22	赖全溪	1935	32
高池焕	1932	29	杨碎典	1936	25	周跃祖	1937	21
高铭良	1933	19	应足典	1936	20	吴佐章	1930	27
高铭文	1933	19	杨松林	1938	25	陈岩选	1930	31
张方兰	1934	34	陈克勋	1922	17	徐心田	1930	24
高铭藩	1935	18	傅王岩	1923	17	徐木忠妻	1930	23
张德兰	1935	37	张清芳	1927	24	陈银达	1931	18
邓敦瑞	1936	19	周仲岩	1930	20	陆作春	1933	21
邱方言	1938	32	吴长松	1931	18	郭周敖	1927	23
刘法水	1916	16	王龙岩	1932	19	叶佐青	1928	17
郑尚立	1927	22	吴岩土	1933	31	王岩方	1930	17
郑朋秀	1937	25	陈然清	1933	19	叶王星	1931	16
朱明彩	1918	14	王贵仁	1921	17	郭理武	1932	20
张德宝	1923	17	卓学林	1921	18	徐银德	1934	18
杨岩清	1930	19	厉阿训	1921	15	朱新恩	1936	13
留正飞	1917	20	王学贵	1924	17	叶秀贤	1936	19
留进兰	1925	14	周成兰	1927	17	蒋志清	1930	18

资料来源：《青田华侨史》编纂委员会编著：《青田华侨史》，浙江人民出版社 2011 年版，第 22—27 页。

在调查的 162 名青田老归侨中，出国年龄最小的 11 岁，最大的 37 岁。如果按照年龄段分，20 岁以下（含 20 岁）出国者 104 人，约占总调查人口的 64.19%；20~30 岁（含 30 岁）出国者 50 人，约占总调查人口的 30.87%；而 30~35 岁（含 35 岁）出国者 8 人，约占总调查人口的 4.94%。15~34 岁是我国国家统计局目前认定的青年人年龄范畴，15~20 岁年龄段属于我国广义上的青少年阶段，而 15 岁以下即便是在古代也大都属于儿童的范畴。人在青少年阶段最需要学习，儿童阶段则需要被照顾，而大量 20 岁以下的青田青年甚至儿童选择出国谋生，反映出当地家庭面临着巨大的经济压力。青田华侨以年龄结构划分，可分为 15 岁以下组、15~20 岁组、20~25 岁组、25~30 岁组和 30 岁以上组，用柱状图表示，如图 2-3 所示。

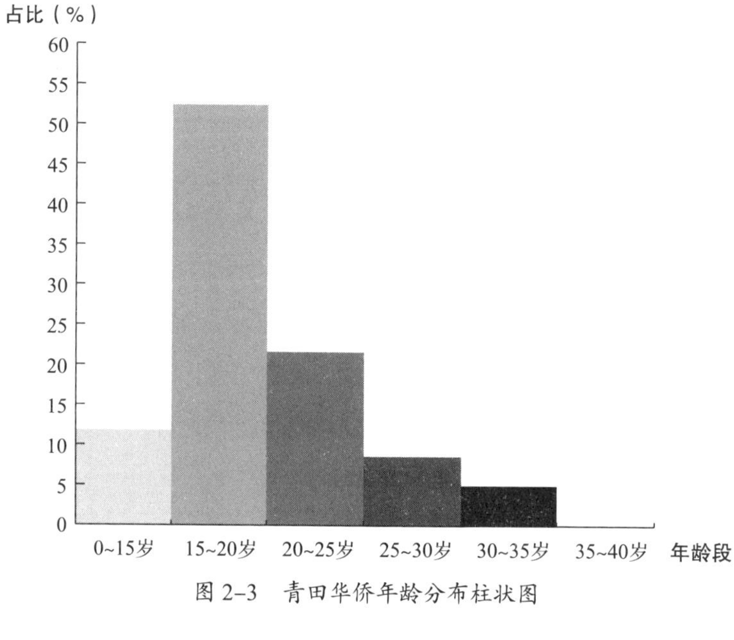

图 2-3　青田华侨年龄分布柱状图

其中，25 岁以上各组大都属于已婚群体，20 岁以下各组大多为未婚群体。就 20 岁以下组的家庭出身而言，雇农与佃农出身者的比例较高（见表 2-11）。

表 2-11　陈里特对 276 位青田华侨出国前职业状况统计表

职业类别	人数	百分比	职业类别	人数	百分比
雇农	109	39.4%	篾匠	3	1.1%
佃农	42	15.2%	货郎	5	1.8%
自耕农	20	7.2%	铁匠	3	1.1%
店员	18	6.5%	小贩	6	2.2%
石雕匠	31	11.2%	箍桶匠	2	0.7%
小学教师	3	1.1%	厨师	1	0.4%
民间医生	1	0.4%	行头商	1	0.4%
理发师	4	1.5%	挑夫	3	1.1%
木匠	11	4.0%	其他	5	1.8%
泥水匠	8	2.9%	合计	276	100%

注：中国留学生陈里特于1927—1933年在苏联、德国、荷兰、法国对部分青田华侨调查所得。
资料来源：《青田华侨史》编纂委员会编著：《青田华侨史》，浙江人民出版社 2011 年版，第 19 页。

以爱国华侨胡锡珍为例，全家 8 口人当时只有 1 亩地，胡锡珍 18 岁便东渡日本打工谋生，1932 年回国完婚时已经是 24 岁。青田男性有 18~20 岁完婚并独立成家的传统，婚礼花费习惯上由父母承担，但在民国期间，贫困家庭的男孩也需要承担相当比例的开支。作为对比案例，旅法华侨陈则敬和旅日华侨叶俊昌非平民家庭出身。陈则敬在 10 到 12 岁之间读书，12 至 20 岁在横店街饼店做工，1932 年去法国经商，并开设了批发商店，1942 年回国。旅日华侨叶俊昌，1898 年出生，读书至 18 岁，之后在家务农，1927 年去日本经商。二人首次出国年龄都是在 25~30 岁。

平民出国者大都没有接受过文化教育（个别上过私塾），多是在兄弟或乡邻的带动下出国的。民国时期，青田下属的一些乡村将出国视为一种荣耀，不出国不仅没面子，留在乡里还会被人说闲话甚至影响婚姻。比如，林凤因老人是家里的第三个儿子，看到同乡纷纷出国，父母也将他送出国门“闯一闯”。青田的平民阶层占本县出国人数的比例最大，但成功者却是少数，主要是去外国时间比较晚，盈利的项目大都被他人所占。但是，平民阶层出国者构成了青田华侨经济的主体，经营模式大都相似，容易形成规模效应和商业模式。比如欧洲的提卖业，大多数销售者都是新到欧洲的青田人。

从总体时间段来看，整个民国时期青田人的经济压力较大，仅靠农业收入无法支付基本生活开销，只能靠外出谋生养家糊口。1927 年以后，青田青年的出国欲望明显增加，这与北伐战争的爆发有一定关系。

四、以营利为目的——青田的商人阶层

民国时期的青田商人群体是一个被学界长期忽视的群体。以往对于青田商人群体的研究，往往受该群体自身经济体量较小的事实影响，被研究者所忽视。此外，历史中的若干次政治运动对商人群体的冲击较大，一些从商的青田人在各类调查中刻意回避了真实身份，如将去欧洲经商说成“乞卖”。

青田商人群体的形成可追溯至清代早期，浙南地区动荡的环境与青田地区物资的相对短缺共同催生了这一群体，但规模一直较小。民国时期，青田本地商人的数量约占当地总人数的 2%，这是基于 1935 年的商业统计大致计算出的数字。1935 年，青田当地开设的各类店铺有 300 余家，年营业收入从 10 元到 25000 元不等。根据店铺数量，可以推算出青田有 300~600 人规模的店主，1000~2000 人规模的经理及店员，此外，还包括土地或民间贷款租赁人以及外省的青田籍商人。如果将海外从事商业活动的群体也计算在内，其规模也仅达总人口的 3%~4%。

民国时期，青田地区尚无国有经济成分，青田人本地择业除了从事农耕外，只能选择从事商业或为商业佣工。青田商人的总数虽少，他们却为青田带来了大量财富。通过海外贸易或国内木材、靛青、石雕贸易，青田商人获得了大量的财富，通过购买外地货物以及本地消费，弥补了当地物

产的不足，并增加了本地人的收入。此外，青田商人也为当地带来了大量商业信息，成为当地平民阶层外出佣工或经营的信息之源，商人们集中经营的领域还一定程度上影响着青田地方经济的发展走向。

在青田地区，当地商人因所处区域的限制，无法形成完整的商业网络，只能选择与外部经济融合，依附于成熟的外部商业网络，这也是青田商人的标志性特点。所谓的青田商业模式，主要是指青田商人与外部经济相互融合的过程，其融合并非一成不变，而是随着自身经营发展和商业项目的需要，不断探索与新的外部商业网络相融合。比如，清末的青田商人主要依附于温州和宁波的商帮，民国时期的青田商人逐渐依附于西方发达国家的市场，当代则扩展到了国内、国际两个市场。每次新的融合都会为青田的商人群体带来利润增长点，并推动大批青田商人转入新的外部经济融合领域。因此，青田的经济发展呈现出阶段性发展特征，即寻找到了新的外部经济融合领域，商业获得迅猛发展，之后停滞，直到再次找到新的外部经济融合领域。这种融合的选择性风险是较大的，因此，青田商人必然会追求高回报，以平衡商业风险。

在清代大部分时期，青田商人的经营活动，都依赖于温州与宁波的商帮，但与两个商帮的经济融入方式并不相同。在与温州商帮的联系中，青田作为温州港的腹地，在贸易方面位列第七位，并担负了向瓯江上游城市运送货物的角色。温州海盐、布匹、南货的上运，处州木材、粮食的下运，都要经过青田地区，青田的鹤城木行林立，南货、药材生意亦很兴隆。以温州木行为例，“凡上山木客的木材运抵青田时，要派人去接收，并代付由起埠到青田的运费（俗称水脚），再在青田雇排工运至永嘉西郊”[①]。清光绪二年（1876 年），温州被设为通商口岸后，温州商人开始前往欧洲、南洋等地经商。“嘉人田合通及其父已在德国经商，并加入了德国国籍。据田合

① 温州市政协文史资料委员会编：《温州文史资料》第 6 辑，浙江新闻出版局，1990 年，第 87 页。

通说，他在德国经商每年经营额多者十万（两），利息约五六千金左右。”[①] 青田商人这一时期也追随着温州商人的脚步，前往欧洲与南洋开展商贸活动，主要销售茶叶和石雕两种产品。

青田商人也和宁波商帮保持了紧密联系。宁波作为中国近代重要港口城市，地位一度超越了上海。与温州商人相比，宁波商人所售产品更为丰富，可谓国货与洋货兼有之；经营范围较温州也更广泛，涉及洋船业、银楼业、近代轻工业等。与温州商人的合伙关系不同，青田人与宁波商人的关系更多为商业雇佣关系，在民国期间依然延续了这一传统，如旅日华侨朱由典归国后，受宁波医行雇用，以行医为生。自清末起，宁波商人便尝试赴海外从事经营活动，并为宁波商帮赢得了良好的声誉。青田人在为宁波商人佣工的过程中，除了学习海外经营的策略外，也将青田印章石作为“捎卖品”销售到海外。早期青田人作为受雇者，不能销售与雇主相同的商品，而印章石小巧并具有一定价值，常被青田人顺带带出国门“捎卖”。随着石雕业的兴起，青田商人逐渐脱离了宁波商帮，开始独立运营海外贸易，可以说，石雕贸易是帮助青田商人逐渐融入欧美的开始。

进入民国时期后，青田华侨通过参加国家赛会，与欧洲诸国和美国建立起商贸联系。青田商人逐渐发觉了石雕的价值，纷纷转往海外销售石雕，其中，最为著名的是方山的吴乾奎。吴乾奎在美国开设龙现公司销售石雕，获得了丰厚的回报，他的石雕销售持续到了20世纪30年代初期。但是，随着大批青田人到达欧洲，石雕销售逐渐市场饱和，很多青田商人所获得的收益已经不足以支付他们的生活开销，逐渐转为经营推销零售业，这在当时是一种欧洲人不愿意从事的行业，却成为青田人融入欧洲经济圈的新起点。之后，青田人以共同乡土意识为纽带，以群体的方式迅速控制了某些行业的产业链，如小提卖业、皮具加工业、餐饮业、旅店业等。近年来，部分国家的果蔬销售也被青田商人所控制，还有的青田人以租赁门店为业。

---

① 温州市政协文史资料委员会编：《温州文史资料》第7辑，浙江新闻出版局，1991年，第3页。

青田商人虽然名扬海外，但他们并不排斥国内市场，曾有老华侨说过，祖国贫穷时我出国赚钱养家，祖国富强时我回国添砖加瓦。据《钱江晚报》2018 年 11 月的报道，近年来，有近 10 万青田籍华侨回国投资，投资和贸易的资金总规模达到了 2000 多亿元，美特斯邦威、百草味等都是青田商人创办的知名品牌。

青田商人的出国动因较为明确，即出国闯荡是为了获取更高的商业利润或者相对丰厚的报酬。青田人有着长期外出佣工的习惯，佣工和从事小经营活动有时是相互交织的，有生意时做点小买卖，无生意时为人佣工，这种亦工亦商的状态使青田人前往欧洲后更容易转为商人，这也是青田华侨有别于其他区域华侨的主要特征。青田商人也存在着一定的家族化特征，很多商人的子女依然从事商业活动，他们在业务范围和经营规模方面甚至超越了父辈。青田商人除了善于经营外，还非常重视扩展自身的政治与文化影响，尤其是在维护国家权益方面，旗帜鲜明，敢于斗争，因此，曾有领导用“学历不高，能力不小，心中有大格局”评价青田商人。

第三节　青田人若干次出国谋生的动因

在中华人民共和国成立前的 70 余年间，青田出现了 8 次出国潮，其中动因明确的有 5 次，有 4 万余名青田人走出国门，奔赴世界 44 个国家谋生[①]。就青田人出洋谋生的总动因而言，获取更高收入以改善家庭生活状况是主因，但在不同批次出洋华侨中也存在着差异。比如，在年龄、知识结构、社会阶层与职业选择方面的差异，以及在目的国工作、生活、交往方面的差异。研究历次青田人出国潮的动因，可以厘清青田人对于海外发展机遇的认知状况，也可以从一个侧面反映出青田人对新商业模式的接纳。

① 《青田华侨史》编撰委员会编著:《青田华侨史》，浙江人民出版社 2011 年版，第 28 页。

一、商业逐利动因下的赛会出国潮

在青田华侨出洋的动因中，石雕扮演着推动者的角色，1914 年之前出国的青田人大都前往海外从事石雕销售业务。据《青田县志》记载，最早出国的青田人携青田石前往了南洋。关于这批人的身份，可以确定为经销石雕或古玩字画的老板，因家乡出产石材可以作为章石出售，一些商人便专营章石产品。

早期前往海外的青田人，大都是跟随着宁波或温州商人出洋的，商人或商业雇员身份皆有之。季兆鋆是出洋售石的商人之一，“予幼及状，经营度日，咸亨元年间贩卖古玩、图章石生理，往由苏杭及上洋及各省府县，遍游中外各国”。与之有相似经历的还有林善盛，据《谷口林氏宗谱》记载，其“以商业起家，兼雕石，虽往来贸易，走半亚洲……长令嗣赞卿三令嗣卿更能经商海外”。也有先为商人雇工后出国经商的案例，如吴乾奎。当然，将石雕跨国贸易的兴起全部归功于青田人是不恰当的，至少在 1902 年之前的海外石雕贸易中，温州、宁波、上海籍商人均有参与。温州瓯海关的石雕出口记录可追溯至 1873 年，直到 1902 年之前，青田石雕的年出口量均不大。青田商人对于石雕贸易的贡献在于，通过积极参加国际赛会扩大了青田石雕的海外影响，并逐渐垄断了石雕的海外销售。青田商人参加赛会的最早文献记载时间为 1902 年，很多青田商人听说同乡在国外因销售石雕赚了钱，也纷纷前往海外，从而拉开了这次出国潮的序幕。

赴海外销售青田石雕的主力是青田当地商人，据估计，这次出国潮前往海外的人数在 100~200 人。对于促成青田商人集体携石雕参加世界赛会并旅居海外专营石雕销售，青田人陈琪的贡献不可忽略。1904 年，陈琪在被清政府派赴美国圣路易斯“万国博览会”陈设湖南参赛品时，邀请同乡携石雕参展，极大提升了青田石雕在海外的知名度。随后，陈琪又主持或参与了比利时列日博览会、意大利米兰博览会等赛会，均邀请同乡携石雕参会。其中，1915 年在美国旧金山举办的巴拿马太平洋万国博览会被公认为新中国成立前中国参与历届世博会中最成功的一届，我国展品获 1218 个奖项，在全部参展国中排名第一；用很少经费搭建而成的中国展馆，也因其典雅华贵、超凡脱俗而被保留下来。经历了数届世博会后，青田石制品声名鹊起，成为欧洲国家民众竞相购买的工艺品。

1902—1914 年，青田石雕销量增长迅猛，青田石“旺销诸美利坚及外洋各埠亦日上蒸蒸，闻每一花饼约值卢布六枚此系麤货，若细致者价更高亦”[①]。海外市场对于青田石雕的旺盛需求，自然吸引了大量青田人加入石雕销售行业。据《谷口林氏宗谱》记载，林天如“弃儒就贾，以发展商业为己任，清光绪二十二年欧洲各国合品比赛，先生筹备数千金，遍采沪杭物品。请照前往”。西方国家对于青田石雕的旺盛需求，除了石雕自身雕刻工艺精美外，也和美国、欧洲等主要国家民众的收入提高有关。这一时期，以美国为代表的发达国家开始注重给予工人一定的福利，工人逐渐有了自己的住房，并希望购买饰品以提升室内的美观度。青田石雕造型美，既是装饰品又是生活用具，且价格低廉（含税价格每担才10关平两）[②]，因而受到海外消费者的欢迎。当时“青田石雕运往欧美各国以供异邦人士作书案餐台之陈设品”[③]，此外，青田石雕也“适合于摆在壁炉、边桌等上面当点缀”[④]。

1904 年之后，青田石雕商人出现分化，逐渐形成了专司美国市场和欧洲市场的两个群体。美国石雕销售额始终高于欧洲，这与美国社会收入水平有关，据调查，美国工人阶层收入要高于欧洲 20% 以上。美国民众可以拥有更多的收入来改善生活，所购买石雕在美观度和单件价值等方面均高于欧洲。专司美国市场的青田商人多数为大商人，需要支付更多的采购费用和运费，对资本的要求也相对较高。以吴乾奎经营的龙现公司为例，公司资本一度达到了 12 万法郎之巨，并垄断了 20 世纪 20 年代后的对美石雕贸易。

---

① 《湖北商务报》1902 年第 97 期，第 7 页。

② 《瓯海关十年报告 1880》，载《温州大学学报》第 25 卷 3 期，2012 年 5 月，第 92 页。

③ 《农商公报》1918 年第 5 卷第 1 期，161 页。

④ 《瓯海关十年报告 1880》，载《温州大学学报》第 25 卷 3 期，2012 年 5 月，第 92 页。

欧洲的石雕市场相对狭小，商人之间经营规模相差较大，以中小商人为主。光绪三十四年（1908年），山口人季美楷“卖了六担田凑银出国，携带了两书笼石雕，和两个同乡自上海至旅顺，乘火车经满洲里入俄境坐西伯利亚铁路，经21日到莫斯科”[①]。20世纪初，在欧洲贩卖青田石制品的获利者，“渐引其同乡以俱去，足迹遂遍欧洲”[②]。有相似经历的还有青田商人陈元丰，据其口述：“我们三人从马赛到了巴黎，还到了瑞士，三年一共赚了不少钱。回国后，家乡都听到了这个消息，许多人都照着我们的办法去做。”[③]

到了1920年，青田石雕在欧洲基本就没有市场了。除了欧美国家外，在东南亚、日本等国销售石雕的华侨也寡有成功者。据报道，一些1905年前后去荷属东印度销售石雕的青田人，因经营失败被困于当地。

早期赴海外的青田人主要受到赛会经济的带动，出国者身份多为商人阶层，主要以大商人为主，当然，这里所谓的大商人是相对于青田商人群体而言的。这次出国潮以海外销售石雕为主，受海外石雕贸易市场规模限制，所能容纳的石雕商数量有限。同一个国家所能容纳石雕商的上限一般不会超过20人（欧洲国家）或40人（美国）。在从事海外石雕贸易的青田商人之间，大都有着血亲或姻亲纽带，其他行业商人或平民很难参与其中。整体看来，赛会出国潮开创了青田人出国的先河，但石雕销售并不能作为大众参与的主要经营项目。

二、开启平民出国的一战华工出国潮

在民国初期，青田商人海外获利的信息已经传遍侨乡，青田的平民阶

① 叶中鸣：《青田侨乡探源——青田侨乡调查之一》，载中国人民政治协商会议浙江省青田县委员会文史资料研究委员会编印：《青田文史资料》（第2辑），1986年，第64—65页。

② 李长傅：《中国殖民史》，商务印书馆1937年版，第227页。

③ 陈里特：《欧洲华侨浙籍部分史料》，未刊本，第15—17页。

层也有了较强的出国意愿。这一时期，英、法、俄等国在华招募一战华工，青田平民两千余人前往欧洲。战后，大部分青田华工留居法国巴黎等地从事小提卖业，并邀请同乡来欧，青田华侨群体逐步形成。

一战华工出国，有别于之前的“猪仔”华工，由于民国政府主张以国际条约保障华工的基本待遇，此次华人出国待遇远高于之前。此外，一战华工从构想到最终落实，在诸多决策中始终为我国所主导，从而充分考量了国家利益与华工的利益。梁士诒提出“以工代兵”时，也谋求“间接增助我友邦战斗实力之中，仍处处不忘我国人生计”之间的平衡，并以此为依据与不同国家签订了出国合同。比如，在中法合同中规定了诸多维护华工利益的条款，如“藉以营生，并为养家”，“对于专门手艺，工资尚可增加”等。为保障华工海外利益，同时规定华工“又恐流落他乡而预定盘川，重虑欺凌而保持平等，寻工觅主，由陶（指法国谈判代表陶履德）负责，饱食暖衣，毋须自愁”，“即有罢工影响，于我无干，且遇疾病星期，惟吾有给”[①]。在与其他国家签订条约方面，也秉持了公平主义，以法国为模板，英国招工合同除把工作期限由五年修改为三年外，其余条件与惠民招工所订大同小异[②]。

按规定，招募公司应在青田华工出国前为其发放必备的衣服及日用品：雨衣一件、夏衣裤两袭、冬衣裤一袭、鞋一双、皮鞋一双、毡单一条、被一条、刷子一个、梳两个、手巾肥皂一具、盘碟杯水瓶各一个、箸一双、零星物件数件[③]；同时，在出发前，每位华工发津贴20两，其中5两留为沿途之用，其余 15 两则付其家属。[④] 这些先期发放的物资与现金，总价值超过了 60 两，已经相当于青田农民 2 年的家庭收入。

在华工招募过程中，法、英、俄三国大都委托国内招募公司代为招

① 岑学吕编：《三水梁燕孙（士诒）先生年谱》（下册），《近代中国史料丛刊》（第 75 辑），台湾文海出版社 1972 年版，第 449 页。

② 陈三井：《华工与欧战》，台湾中央研究院近代史研究所 1986 年版，第 21—22 页。

③ 同上书，第 64—65 页。

④ 罗罗：《华工赴欧之实况》，《东方杂志》第 15 卷 6 号，第 35—36 页。

募，这些招募公司“多为商人牟利性质，甚少抱有服务观念者”[①]。实际上，西方国家在华招工的进程并不顺利，国内招募公司“遇事尅扣银洋，不顾大局，以致滋扰之事，时有所闻”[②]，之前“猪仔”华工“累累如囚，惨无人道”[③]的往事也大大降低了民众参与招募的意愿。各地议员及士绅对法、英、俄的招工行为多有质疑，他们“多拘泥于以往故事，动以逐利害民相诋，并以德奥反诘为尤”[④]。在奉天，士绅集议“非有十家连环铺保，不得在城招工”；吉林省更是以“工人出境异常危险，数万同胞甘蹈绝地”为由，“安忍坐视不救”[⑤]，阻碍招募。另外，在上海、广东等招募活动盛行的地方，也有不同程度的抵制活动。

相对而言，华工招募在浙南地区则较为顺利。1917 年 5 月 1 日，《浙江公报》刊登了《侨工出洋条例》，开始在浙江省内招募赴欧华工，最终共招募 2000 余人，其中绝大多数是浙南的青田人。这批出国的青田人，并非全部在青田县招募，亦有在上海、宁波、温州和杭州被招募者。但是，在青田地区，华工招募公司的克扣行为较为严重，据叶清元回忆，每人只发给一套棉衣和 5 块大洋，这只是规定发放金额的 10%。即便遭遇严重克扣，很多青田平民还是愿意前往国外。根据合同，华工服务期 5 年，日工资 5 法郎，每天工作 10 小时[⑥]。青田人大部分被分在法国，主要任务是修建工事，理论上，这些华工在法国期间可以赚取 1825 元（1 法郎相当于 0.2 块大洋），由于常常能提前完成任务，他们还得到很多额外奖赏。在一战后回国的青田华侨中，不少人带回了 1000~2000 块大洋的“巨款”。

当然，并不是所有青田华侨都能被招募，法国对于所招募华工有严格的健康要求，如若体检不合格就会直接被淘汰。当时，身体检查的项目很

---

① 陈三井：《华工与欧战》，岳麓书社 2013 年版，第 26 页。
② 《法人招募华工之慎重》，《上海时报》1917 年 6 月 5 日。
③ 陈三井著：《华工与欧战》，岳麓书社 2013 年版，第 38 页。
④ 岑学吕编：《三水梁燕孙（士诒）先生年谱》（下册），台湾文海出版社 1972 年版，第 449 页。
⑤ 《东省俄人招工》，《上海时报》1916 年 8 月 1 日。
⑥ 夏凤珍：《从世界看浙南非法移民》，南开大学出版社 2008 年版，第 3 页。

多，其中“以有无肺痨、支气管炎、沙眼、疟疾、花柳病等二十一种身体缺陷为主”[①]，严格程度犹如“英国新兵之入伍检查”，淘汰率当然也很高，有时甚至“高达百分之六十”[②]。另外，法国对沙眼的检查尤为严格，规定“任何沙眼患者或结膜炎患者不得从埃及或中国上船，更不得在法国上岸”，因此，华工中沙眼患者“从早一批的百分之十三减至后一批的百分之三”[③]。体检合格者在其胸前画一“A”字，不合格者在其胸前画一“B”字。对于体检不合格的应募华工，不同的地方对他们的待遇也不一样，有的“发还衣裤，并给以回里之盘缠和伙食费，令其返乡”，有的则“被驱逐”，很多人“因无水脚回乡，进退两难，情形极惨”[④]。

在英、法、俄三国一战招募华工前，青田平民已经有了前往海外务工或经营的意愿，但苦于出国费用高昂难以承受。招募一战华工属于偶发性事件，因给付华工往返川资，海外工作薪资也较为丰厚，符合青田人出国赚钱的初衷，大批青田平民抓住了这次机遇。一战华工出国潮，开创了青田平民赴海外务工的先河，不仅缓解了因自然灾害以及西方经济侵略而不断恶化的地方经济压力，也一定程度上改善了当地平民的生活境遇。赴欧务工的青田人，经历了长达四五年的海外工作与生活，对西方人及其生活方式有了初步的了解，为日后的海外生活积累了经验。此外，大量青田人前往海外，不仅扩大了海外青田华侨的数量，也逐渐改变了青田人的海外贸易模式。

三、后发者的跳板——旅日华工潮

青田旅日华工潮的发生时间略迟于旅欧华工潮。因种种原因未能前往

---

① Ta Chen，*Chinese Migrations*，p. 143.

② Judith Blick，*The Chinese Labor Corps in World War I*，p. 118.

③ Michael Summerskill，*China on the Western Front*，p. 65.

④ 清华大学中共党史教研组编：《赴法勤工俭学运动史料》第1册，北京出版社1979年版，第234页。

欧洲的青田人，通过先行赴日赚取了前往欧洲的船票钱，并解决了家庭生活中的经济困境。这次出国潮的动因，主要是旅日费用低廉，所赚取工资相比国内要高 50% 以上，这是一次因性价比形成的出国潮。

日本是近代亚洲崛起速度最快的国家，20 世纪初就已经步入世界列强的行列。一战前，日本经济已初具规模，待到战争爆发后，因协约国军需订单的迅猛增加，日本经济出现了短暂的繁荣。由于日本财阀将大量资本投入到与战争需要相关的工业领域，客观上促进了本国工业的发展，产值超过战前的四倍。大量黄金的入超流入，也让日本短期内由负债国转变为债权国。

一战为日本带来的经济繁荣，吸引了大批日本本土劳动力向军需产业转移，而简单体力劳动工人数量极少。为解决劳动力相对不足的问题，日本政府开始放宽政策允许引入海外劳工，以满足本国企业的用工需要。在 1923 年关东大地震前，前往日本务工的华侨群体，是浙江温、处两州以及江苏与福建籍的工人。其中，温州距东京直线距离不到 2000 公里，在历史上与日本也有着频繁的贸易往来，主要出口茶叶、木炭、高粱编织生活用具和纸伞等。1898—1911 年，温州出现留学日本的高潮，赴日学生 135 人，其中，优等毕业生 13 名，冠亚军都是瑞安的留学生。[①] 受贸易与留学因素影响，温州籍旅日华侨数量快速增加，并带动了青田人前往日本。青田人出国时间虽晚，但人数增长较快，到 20 世纪 20 年代已经接近温州籍华侨的数量，林锡考就是这一时期的代表人物。青田人在日本主要从事小商贩和苦力两类工作，其中，苦力所占比例较高。

总体来看，青田人旅日的时间较长，大致从 1915 年起持续到了 1937 年，因旅日目的不同又分为前后两个阶段。

第一阶段为 1915—1924 年，这段时期的青田人以打工为主，相对排斥经营。在遣送回国的青田人中，大都是以销售青田石雕名义前往日本的，但实际上在日本主要从事的却是体力劳动。前往日本的青田人，大都没有

---

① 胡珠生：《温州近代史》，辽宁人民出版社 2000 年版，第 199 页。

从事经营的习惯，出国主要是赚钱补贴家用，很多人回国后再也没有去过日本。也有少部分人从事商业获得利益，其经营范围较为广泛，从茶叶、旅店、饭店、理发到小百货皆有之。这批商人获得利润后，也大都没有在日本扩大业务，而选择了回国。

随着一战结束，日本因产能过剩引发了严重的经济危机，很多工厂陷入困境，工厂所需工人锐减；各行各业受危机的影响也都很不景气，到1922年，工业总产值下降19.9%，采矿业下降55.9%，造船业下降88.2%，各部门的设备40%~50%被闲置下来[①]，为了挽救如此颓败的经济，日本政府下达了驱逐华工令，据1923年1月底的统计，旅日华侨"被迫驱逐回国，已达2000以上"[②]。1923年2月，横滨警察局训令各雇主"勿再雇佣华工"[③]。1923年3月，日本政府又照会中国驻日公使，希望"中国能自动审查赴日之侨民"，因为"近来无职业及不正当之华人，渡日者人数过多，该国已受极大之损害，故不得不出此云"[④]。在1923年9月，日本爆发了关东大地震，部分日本人借机杀害中国华侨，至1923年11月18日，共驱逐温、处两地侨民4445人[⑤]。青田人旅日务工潮也随之陷入低谷。

第二阶段从1927年到1937年，以北伐军占领上海为起点，以日本全面侵华为终点。北伐军占领上海后，青田人在上海务工出现了困难，如爱国华侨胡锡珍在上海数月未找到合适工作。这一时期，旅欧华侨获利丰厚的消息传回国内，点燃了青田人前往欧洲经商的热情。但赴欧旅费较高，因此，去相对旅费较低的日本赚盘缠钱，然后前往欧洲，成为青田人再赴日本务工的动力，日本也成为青田人前往欧洲的中介与跳板。20年代后期，旅日费用有所增加，由每人不到20银圆[⑥]上涨到100银圆左右。由于

---

① 樊亢、宋则行主编：《外国经济史》（近代现代），人民出版社1987年版，第175页。
② 《申报》，1923年1月29日。
③ 《申报》，1923年2月25日。
④ 《申报》，1923年3月4日。
⑤ 温州华侨华人研究所编：《温州华侨史》，今日中国出版社1999年版，第51页。
⑥ 《申报》，1923年7月17日。

日本政府加大了对入境中国人的审查力度，加上种种限制措施给青田人前往日本增添了层层阻力，所以第二次旅日华工潮的人数远少于第一次。而那些顺利前往欧洲的青田人，大都也没有选择在日长期留居，一般在日本工作 2~3 年，凑齐了前往欧洲的路费后便转战欧洲国家谋求生存与发展。

四、中小商人的尝试——旅俄出国潮

旅俄潮在青田华侨史上曾写下了浓重的一笔，旅俄华侨的数量达到了 2000 人的规模。从时间来看，青田华侨跨越了诺曼诺夫王朝和苏俄两个时期，并持续到了 20 世纪 30 年代初期。关于青田华侨旅俄的状况，现有资料不仅零散，还有较多空白，资料空白的部分包含了旅俄线路的兴起、旅俄华商的经营范围以及青田华商在俄的聚集状况等，因此，对于青田华侨旅俄的动因研究，学界一直未能达成共识。

有关青田人旅俄的动因，传统观点多支持石雕出国说，即“石雕说”。相关佐证案例如下：19 世纪中期，章旦人留庆云前往俄国圣彼得堡、明斯克等城市贩销青田石刻；清光绪四年（1878 年），方山人季富典携石雕前往俄国经商；清光绪三十三年（1907 年），山口人季美楷携两书笼石雕前往莫斯科销售。上述案例虽言之凿凿，但所讲案例与俄罗斯的地理、社会状况等存在不符的情况。

首先，青田人从西伯利亚前往莫斯科成功的可能性不大。西伯利亚的冬季具有时间长达 6 个月以上的极寒天气，也就是说，一般人冬季在西伯利亚很难生存。在西伯利亚铁路开通之前，由远东前往莫斯科的最佳路径，依然是乘船前往欧洲国家，然后在德国转乘火车前往俄国莫斯科。大批青田人冒险穿越西伯利亚，赴俄经商的说法很难站住脚。

其次，俄罗斯缺乏雇佣青田劳工的意愿。自 19 世纪中期开始，俄罗斯便雇佣了大批山东、河北籍的华工，他们在俄罗斯远东地区从事开发和铁路建设，最高峰时期旅俄华工超过了 30 万人。俄罗斯人认为，北方地区的华工可以较好地适应俄罗斯的严寒天气，地处南方的青田华工显然并不具有优势。

最后，青田人在俄罗斯销售石雕，并不排除有个别成功者，但无法支撑数千人规模的石雕销售商群体。在沙俄时期，俄罗斯的工业远落后于西方国家，虽然出现了莫斯科、圣彼得堡、基辅、明斯克等工业城市，但这些城市的居民大都是刚被解放的农奴，他们没有过多的财富，自然不能大批量购买青田石雕用以装饰家庭环境。

总的看来，"石雕说"自身存在较大瑕疵，虽然不排除攻坚克难的先行者，但以青田人的趋利性特征，仅因石雕就大批量前往俄罗斯是不太可能的。在原始资料没有重大突破前，青田华侨旅俄研究还属于有限资料的假设阶段。在现有旅俄华侨的资料中，县志与族谱可以提供一些线索，但这些佐证材料可能存在史实与历史描述之间的差异，需要谨慎分析。

关于青田华侨旅俄的时间，成规模的出行大致在20世纪初期，孙言川是这一时期赴俄经商的代表人物。近代以来，俄罗斯经过数次改革，经济获得了较大发展，其1916年国民生产总值是1895年的4.3倍。随着俄罗斯城市化的加快，解放农奴大批涌入城市，这一城市居民人口的增长，推动了俄罗斯市民阶层对轻工业品的需求。在俄国近代化进程中，又存在着轻重工业发展相对失调的问题，俄罗斯的茶叶、棉织品、酒类、咖啡等商品的增长处于相对停滞状态。从沙俄时期开始直到苏联解体，都存在着轻工业制品和生活用品生产不足的状况。俄罗斯市场中存在的供需矛盾，使得青田商人敏锐地发现了其中的商机，即在俄从事日用品生产与销售可以获取较高利润。因此，自20世纪初期开始，青田商人便陆续赴俄罗斯从事日用品的贸易。

关于旅俄华侨的身份，国内报刊对旅俄华侨中华商的报道内容最多，在文献资料中有关旅俄华商的记载数量同样较大，可以推断，多数旅俄华侨是以经商为主的。一些历史资料也涉及了青田劳工，与山东、河北籍华工不同的是，旅俄的青田劳工大都在手工工厂内工作，这些工厂大都为青田同乡开办。在旅俄的青田劳工中，后任中国工农红军第13军2师师长郑秾的经历具有代表性，郑秾在上海被招聘为旅欧华工，1917年受胞兄郑桂南邀请前往俄罗斯做皮鞋。一般认为，俄罗斯工人的待遇相较欧洲国家要差很多，而与青田赴日劳工相比，前往俄罗斯务工不仅路途遥远，且环境恶劣，在收入方面也没有明显优势。因此，大批青田人放弃旅欧、旅日前往俄罗斯，且大多在手工工厂工作，恰好从一个侧面说明了青田人在俄经营的手工工厂利润较高，并可以支付高于旅法、日等国工人的日薪，这是建立在手工工厂主高盈利基础上的。据统计，大部分旅俄商人都能赚到5000~8000大洋，这笔收入已经超过海外石雕贸易商。

赴俄经商的青田人分为贸易商和加工服务商两类，其中贸易商规模相对较大，如青田华侨杨廷丰单次购入货值就达4万卢布。杨廷丰的货物虽然购自日本，却选择在莫斯科通关，说明其购入货物是以货船运往欧洲国家，再通过铁路运抵俄国的。加工服务商多为手工工厂主或服务业经营者，其中，从事皮具加工业者数量最多，这与俄罗斯盛产皮毛有关。青田的手工工厂主以极低的价格购入原料，并以低价销售制成品，在保障利润的基础上形成了一定的市场竞争力。青田人在俄罗斯开设的洗衣店和杂货店，也是以廉价和便利得到俄罗斯居民的认可。这一时期，青田商人还不具备开设较大规模加工厂的能力，但正是手工工厂的原始加工模式，使得青田人规避了苏俄内战时期对于商人的镇压政策。苏俄内战爆发后，大批青田贸易商选择回国，但战争加剧了轻工业产品的短缺状况，使得一些留守的青田加工服务商在战乱期间仍可获利。苏俄内战结束后，通过西伯利亚铁路前往欧洲的青田人开始增多。大部分旅欧的青田商人，采取人货分离的方式，通过西伯利亚铁路前往莫斯科，再乘国际列车前往马赛港接收海运货物。这一时期，选择留居苏俄的青田人不多，到20世纪20年代末，旅居苏俄的青田人数量维持在数百人的规模，多为中小商人。在20世纪30年代初，随着苏俄经济政策的急剧变化，坐商（在固定地点营业的商人）在苏俄无法立足，于是纷纷选择回国或转赴欧洲国家。

青田人旅俄潮的出现，是石雕贸易出国潮的延伸，跨国石雕商与旅俄贸易商有着身份共通性，俄罗斯市场也很可能是由这批华侨开创的。由于俄罗斯市场具有较高的红利，带动了青田中小商人加入出国行列，比如从事生产与销售于一体的郑桂南。这批青田商人资本相对有限，但通过小成本投入，依然可以获取较高利润，这更刺激了青田人的出国热情。

五、开创群营先河——旅欧的自由出国者

在 20 世纪 20 年代后期，青田出现了新一轮的旅欧潮，万余名青田人到达欧洲不同国家。由于旅欧的青田人多从事提卖业，1927—1939 年，青田旅欧华侨的财富增长迅速，持有资本普遍在 3000~10000 美元。这一时期青田华侨新旅欧潮产生的因素有三。

其一，国内战乱引发的市场不景气和政治迫害，推动青田人赴海外谋求生路。北伐军占领上海后，出现了企业停工和工人失业问题，在上海等地佣工非常困难。20 世纪 20 年代末至 30 年代中期，由于国民党军队围剿共产党人及其武装，所以一些共产党员和积极分子逃离家乡，如林因凤和陈铭奎等青田革命者就选择了出国“避难”。

其二，旅欧青田人收入显著增长，吸引了青田人前往欧洲。比如鹤城的周德彪，1927 年前往意大利，仅用 8 年时间就赚到了 5000 银圆，1936 年，他再次前往欧洲，仅用 3 年时间又赚取了 5000 块大洋。在青田雇农每年收入只有 30 元、童工减半、长工只包伙食的情况下，旅欧青田人每月相当于可以获得 46 元的工资或物资。当时，在日本佣工每天可以赚到 1.5~2.5 日元，除掉日常开销，每天可以净赚 1 日元，即每年赚 360 日元。相比之下，旅欧华人年均净收入几乎是日本华侨的 1.73~4.6 倍。

其三，青田人出国的传统目的国，如俄罗斯、日本等国针对华人入境的政策全面恶化，美国继续维持排华政策，欧洲成为唯一可以吸纳青田华侨的地区。

20 世纪 20 年代后期，随着旅欧青田华侨人数的增加，华侨的身份构成逐渐发生了变化，这对青田华侨的海外经济格局产生了很大影响。在经历国际市场的若干次变化后，很多旅欧青田大商人意识到了国际市场的多变性与风险性，逐渐回归国内开展经营活动，并将生意的重点放在了金融

领域。这一时期，青田开始出现大量钱庄，如新大力、益达利、同源等，这些钱庄的经营范围不仅局限于浙南地区，还将触角拓展到了上海、杭州以及海外国家。随着青田大商人的退出，少数大商人垄断某一行业的模式也逐渐消亡，以中小商人和平民组成的华人群体成为青田海外贸易的主流群体，这一群体在欧洲的状态也发生了一定的变化，如亲缘性增强、经营的同质化特征显著等。

青田华侨的亲缘性，主要表现在“亲带亲”“邻带邻”的出国及海外生活模式。在出国方面，“亲带亲”是青田家族文化的重要体现，对于成长在穷乡僻壤的青田人来讲，出国并非易事。为了达到出国目的，青田人一般会集全家乃至全家族之力，资助一人或几人先行出国，等在海外有了一定的资金积累，再带领家族其他成员到国外打拼，这是当时青田人出国的最普遍形式。“邻带邻”表现为青田人带动了周边区域民众一起出国，如青田人带动了温州、瑞安的白门乡、梓岙乡、丽岙镇等毗邻乡民众出国。1936—1937 年，白门乡、梓岙乡、丽岙镇“出国谋生的共 297 人（其中白门乡 62 人、梓岙乡 62 人、丽岙镇 173 人）”①。在海外，青田人对“邻”与“亲”没有太大的区别，只要会讲青田话，便能在异乡得到照顾和援助。以旅比利时的青田华侨为例，先到的青田人总是热情地帮助后到的青田人，后来的青田人“不仅语言不通，又没有生意上的经验，也缺少资金”，在这种情况下，先到的青田人“会帮助后者租房子，教他们简单的生意上的语言，教他们如何买卖”，对缺乏资金的，他们还会“帮助垫付，或者提供担保，先供货、货卖了以后再付款”②。在荷兰，青田县吴岸黄山村王志南“与广东人简谭合股开设水手馆，代荷兰轮船公司招募中国海员，国内外乡亲往投者甚多”③。

青田华侨经营的同质化，与旅欧青田人多为平民阶层有关。与商人群

① 温州市政协文史资料委员会编：《温州文史资料》第 7 辑，浙江新闻出版局，1991 年，第 4 页。
② 麻卓民：《早期旅比利时青田人》（下），《青田侨乡报》1999 年 10 月 21 日。
③ 陈慕榕主编：《青田县志》，浙江人民出版社 1990 年版，第 642 页。

体相比，青田平民阶层缺少资本，也不懂得经营，只能借助“亲”“邻”帮助以求立足。旅欧的青田平民阶层群体，大都效仿先赴欧洲的“亲”“邻”，甚至是以手把手的方式教授经营之道，很难创新经营模式。旅欧的青田人中也有部分中小商人，他们与大商人相比缺乏融合外部经济的能力，只能以相似的经营模式集中在某一行业内寻求发展。由于提卖业在欧洲尚有较大发展空间，1927—1939年，青田旅欧华侨人数虽然增长较快，但并未受到同质化的影响，人均年盈利额仍不断上涨。

与闽、粤华侨相比，旅欧的青田华侨形成相对滞后，在自身影响力、资本等方面有很大差距，且由于文化素质普遍不高，以个体形式很难在欧洲生存。但是，青田人以亲缘为纽带，以一战华工聚集城市为中心，建立了符合自身特点的经营模式，并取得了较大的商业成就。旅欧青田人的尝试奠定了改革开放后青田华侨大发展的基础，如果不是日本发动全面侵华战争以及二战的爆发，青田华侨的崛起在时间上会更早一些。

小结

青田华侨的形成具有特殊性，地处内陆的山民成为周游世界的华侨，在我国华侨史中是独一无二的，因此，关注青田华侨的成因问题是必须认真考量的因素。动因是指人行为的动机，是诱发、维持行为的基础。动因的产生有着极为复杂的机制，既有内因也有外部因素的影响。青田人的海外之行，就动因而言，是在内外因素共同影响下，逐渐形成的区域移民国际性流动。

青田华侨出国的外因，与青田地理环境、自然灾害以及区域经济状况有关。地理因素造成了青田持续性的缺粮现象，自然因素造成了青田民众的持续贫困，区域经济又促使青田人只能外出求财。青田人在家乡面临着生存困境，外出佣工的竞争优势也不大，在此背景下，青田石雕成为改变青田人命运的特产。青田石驰名海内外，不仅帮助青田人在上海、温州、杭州等国内大城市立足，也帮助青田人走出了国门，早期青田人前往的区域大都是青田石雕的销售地。

青田人出国的内因，与青田的侨乡社会关系、人文关系有关。青田人有着良好的认亲、互助传统，离开家乡的青田人也不会抛弃与故乡的亲缘纽带。正是内部的凝聚力，使得青田人成为一个打不散的群体，也为青田华侨的海外繁荣奠定了社会基础。

“亲带亲”“邻带邻”成为青田人自由出国谋生的主要表现形式，先出国的青田人在哪个国家，后来者也会去往哪个国家，这就造成了青田华侨分布的集中性。青田的人文关系也是该地成为侨乡的重要推力，青田人是具有鲜明阶层性的群体，不同阶层发挥了不同的作用。士人阶层有着丰富的政治、信息资源，他们为商人的经营提供了信息指引以及政治保障；商人群体有着敏锐的商业眼光，善于从小生意入手获取更高的利润；平民阶层数量庞大，虽然这一群体的文化水平较低，也没有太多商业头脑，但踏实刻苦的作风以及集群性，促使这一群体在参与海外市场的运行中，获取了远高于国内的利润。

总之，青田华侨的若干次出国潮，是建立在青田人自身动因基础上的，明确的目标使得青田人把握住了转瞬即逝的机遇，不仅成功实现了海外立足，也让华侨事业得到发展。

第三章
青田人闯荡世界之侨路

侨路是指侨民稳定的出国路径，是以目的国为终点形成的多条水陆通道。侨路一般具有路线最短、出行最方便等特征。侨路是华侨经济推动下的产物，只要华侨经济持续稳定存续，即便出现侨路调整也不会造成侨路的中断。开展侨路研究，对于厘清华侨闯世界移居海外发展具有重大意义，也为区分不同地域的青田华侨提供了依据。青田华侨因出行目的国较多，在华侨史中形成了若干条侨路，但随着一些国家华侨经济的消亡，相关侨路也被迫中断。以华侨经济为纽带，回溯青田人的若干次出国潮，我们可以重新勾勒出侨路兴衰的历程。

第一节　青田华侨闯世界的地域分布

目的国的华侨人数是衡量华侨经济规模的重要指标，也是侨路形成中相关要件的核心部分。青田华侨历经晚清及民国时期的发展，至新中国成立之初，其足迹已经覆盖了全球 44 个国家，很多单一国家旅居人数已达到数千人规模。其中，居住国青田华侨人数在千人以上的国家有法国、日本、俄罗斯、荷兰、德国和意大利。从区域分布来看，青田华侨的海外分布特征鲜明，即以旅居发达国家为主，中、西欧诸国是青田华侨最为集中的区域；其他区域虽有分布，但大都不稳定。

一、青田华侨闯世界探寻商机之地域

晚清及民国时期，青田先后出现了 8 次出国潮，为青田华侨海外人口

散播奠定了基础。在8次出国潮中，外出人口数量较大的有3次：一战华工出国潮、赴日劳工出国潮和30年代旅欧出国潮，每次出国人数高达数千人。上述3次出国潮的出国人数占总出国人数的80%，主要目的国为法国、日本、荷兰、意大利和德国。在青田华侨的出行动因中，经济因素通常居于首位，8次出国潮中以商业为目的的出国高达6次之多，即清末赛会出国潮、远东铁路开通后的俄罗斯出国潮、东南亚出国潮、巴西提卖出国潮、售卖石雕出国潮和30年代旅欧出国潮。在这6次出国潮中，除30年代旅欧出国潮和远东铁路开通后的俄罗斯出国潮外，每次出国人数相对有限，单次出国人数仅为几人到十几人的规模，但对于华侨经济的开辟具有重要意义。经历了8次出国潮后，青田华侨的海外足迹，已经扩展到了亚洲以外的欧洲、南北美洲、大洋洲和非洲地区。1992年，青田县侨联普查了民国时期青田华侨前往海外目的国的人数情况（见表3-1）。

表3-1 1911—1949年青田华侨前往国家和地区人数

国家或地区	人数	国家或地区	人数	国家或地区	人数
法国	3908	英国	57	阿根廷	5
日本	3286	捷克	56	埃及	5
俄罗斯	1902	马来西亚	56	印度尼西亚	5
荷兰	1900	匈牙利	54	加拿大	4
德国	1888	南斯拉夫	50	土耳其	4
意大利	1671	卢森堡	45	秘鲁	3
奥地利	480	保加利亚	44	海地	3
新加坡	278	缅甸	43	智利	2
美国	266	罗马尼亚	38	芬兰	2
巴西	118	丹麦	30	墨西哥	2
越南	101	印度	28	厄瓜多尔	2
波兰	94	瑞典	24	安道尔	2

（续表）

国家或地区	人数	国家或地区	人数	国家或地区	人数
西班牙	90	瑞士	10	圭亚那	1
比利时	74	挪威	6	总计	16710
葡萄牙	72	摩洛哥	1		

资料来源：《青田华侨史》编纂委员会编著：《青田华侨史》，浙江人民出版社 2011 年版，第 28 页。

1. 青田华侨在欧洲

民国时期，欧洲国家是青田华侨最主要的目的国，共有 12501 人奔赴欧洲谋生，约占总出国人口的 74.8%。在青田旅欧华侨的目的国分布中，法国、俄国、荷兰、德国和意大利位居前列，单一国家人数均超千人。其中，旅法华侨人数最多，共有 3908 人，占青田旅欧华侨的 31.3%；旅荷华侨 1900 人，占青田旅欧华侨的 15.2%；旅德华侨 1888 人，占青田旅欧华侨的 15.1%；旅意华侨 1671 人，占青田旅欧华侨的 13.4%。

从青田旅欧华侨聚集区的地理分布看，主要集中在西欧和中欧地区，少部分在北欧和东欧地区。首先，法国至荷兰一线的青田华侨聚居区最为稠密，几乎遍布各国的首都和主要城市，如法国的巴黎、里昂、马赛，比利时的安特卫普，荷兰的阿姆斯特丹、鹿特丹等；其次，德国至意大利一线的青田华侨也遍布各大城市，如德国的柏林、汉堡、多特蒙德、斯图加特、莱比锡，奥地利的维也纳，意大利的米兰、波伦亚、都灵及格罗塞托等。

欧洲的青田华侨多有移居他国的习惯，他们通过横贯欧洲的国际铁路前往其他国家，移动路线大都围绕法国至荷兰线和德国至意大利线，部分青田华侨经德国至莫斯科的铁路，前往东欧国家或回国。一些青田旅欧华侨因商务需要，也会前往大城市的周边区域居住，但留居时间通常非常有限。旅居中、西欧的青田人在当地留居时间通常较长，据不完全统计，3~5

年者居多，5~8 年者次之，居住超过 10 年以上者也有相当数量。其中，旅法和旅荷青田华侨的生活与经营活动最为稳定，两国也成为青田华侨聚集的核心区域。当时，在巴黎的青田人已成为旅法中国人的代称，而法国则成为 20 世纪前半期青田华侨最多、最具活力的国家，可以说是青田人出国的桥头堡、大本营。荷兰则是当时对青田人最为友善的国家。在世界经济危机爆发后，旅居荷兰的青田人（主要是海员）生活陷入困顿，有很多荷兰神父帮助青田人推销低投入、高收益的花生糖生意，而荷兰的洋媳妇也会照顾青田人的生意，帮助他们渡过难关。如青田人林松琦与荷兰女子结婚，洋媳妇与失业的兄弟姐妹一起协同贩卖花生糖；又如青田人郑子祥与荷兰妻子一起当上花生糖小贩，之后转营餐馆。[①] 在青田旅欧华侨所在国中，可以稳定居住的国家除法国和荷兰外，还有奥地利、卢森堡、比利时、西班牙（内战后）等。德国和意大利也曾是青田人主要的聚集国，二战爆发后，这些国家开始排斥、驱逐或逮捕青田华侨。1940 年，德国柏林警察局开始限制青田华侨的商贸活动，导致大量青田人离开德国。意大利在伊索拉·格拉莎索镇设立了格拉莎索集中营，200 余名青田华侨被关押于此，致使华侨遭受了很大损失，战后，青田华侨曾向意大利政府主张索赔。二战结束后，德国和意大利改变了排斥华侨的态度，青田华侨的数量才逐渐开始恢复。其他的欧洲国家，因经济相对落后或限制行商贸易活动等原因，青田华侨留居者数量相对较少，但仍不乏经营有方的成功者。

在欧洲国家中，俄罗斯是极少数不适合青田华侨留居的国家，这与该国迥异的经济观念有关。俄罗斯资源丰富，市场开发不足。该国政府鼓励外国企业在本国投资，但认为所获红利应当在俄罗斯消费，而不是将盈利带回母国。俄罗斯经济发展到一定程度后，往往会出台限制外国资本的政策，其中包含了无偿收归国有的条款。早期前往俄罗斯的青田华侨，主要受俄罗斯改革红利的吸引，此外，西伯利亚铁路的贯通也起到了推动作

---

① 《青田华侨史》编撰委员会编著：《青田华侨史》，浙江人民出版社 2011 年版，第 40—41 页。

用。俄罗斯自 19 世纪 70 年代起进行了系列改革，如废除农奴制、修订宪法、建立议会以及斯托雷平的土地所有制改革等，这些改革推动了俄罗斯的城市化建设。与城市迅猛发展相比，俄罗斯城市的商业配套体系发展相对缓慢，存在着商品相对稀缺的现象，这些因素也为青田侨商带来了商业红利。西伯利亚铁路自 1916 年通车后，因票价相对低廉，旅程时间大幅缩短，以及拥有更好的旅行体验，使得旅欧青田华侨纷纷改乘火车。这一时期，旅俄青田华侨曾达到 1902 人，约占青田旅欧华侨的 15.2%。至 20 世纪 20 年代末，苏联政府以工业化运动替代了新经济政策，经营活动或汇款至他国也被政府所禁止，青田华侨财富遭到剥夺，人员被驱逐出境。20 世纪 30 年代中期，苏联政府大幅提高了远东铁路的票价，从远东到欧洲需花费 12000 卢布，高昂的票价直接导致了该路线的中断。随着当时苏联华侨经济基础的丧失，青田华侨迅速离开该国，1931 年，苏联西部的青田华侨已经降至个位数。在 60 年后苏联解体时，部分青田人前往了俄罗斯的加盟共和国，但数量依然有限。

2. 青田华侨在亚洲

民国时期，青田共有 3797 人前往毗邻的亚洲国家谋生，约占总出国人口的 22.7%。其中，旅居日本和东南亚国家的人数最多，主要集中在日本、新加坡、越南等 7 个国家。对于青田华侨而言，亚洲国家是他们出国的第一站，也是大规模出洋的预热阶段。在青田华侨史中，有文字记载的最早出洋去向为南洋地区，此后，有一定数量的青田人前往了东南亚各国，总人数在数百人规模，主要集中在越南的西贡（今胡志明市）和新加坡，少数前往了马来西亚和印度尼西亚，最远到达了印度。其中，前往新加坡的 278 人，约占青田旅亚华侨的 7.3%，主要分布在其首都新加坡市，多从事木器加工业；前往越南的 101 人，约占青田旅亚华侨的 2.7%，主要集中于西贡市；前往其他国家的分布状况不明。去往东南亚的青田华侨，在出行时间方面相对较早，有文字记载的年份为 1892 年，最早旅居荷印（印度尼西亚）的周宝齐到达时间为 1913 年，而去往新加坡的青田华侨大致时间是

20世纪20年代后期，他们主要从事小商品贸易、石雕销售和木器加工业，但规模不大，发展空间也较为有限。因不具备比较优势，至20世纪30年代初，旅居东南亚的青田华侨大部分遭到破产或失业。

在亚洲谋生的青田华侨中，旅居日本的占绝大多数，共有3286人，约占旅亚青田华侨的86.5%。主要集中在京都、大阪、神奈川、千叶、茨城、枥木、群马、福岛、宫城等地，少数分布在青森、北海道和南库页岛（二战后归苏联）。旅日青田人的聚集区，主要集中在大阪及周边地区，东京与周边区县，以及日本北部地区。旅日青田华侨主要以做工为主，从事力工、搬运工、装卸工、洋车夫等工作，从事经营活动的占少数。在1927年之后，日本限制务工者前往日本，大批青田人多以经商名义入境，继续前往日本工厂寻求工作，但能顺利成行的人数相对有限。与旅欧华侨相比，日侨受排挤较多，如限制务工、限制开办饭店等，致使当地华侨经济始终处于停滞状态。虽有著名爱国华侨林三渔先生抓住日本土地增值的红利机遇，获得了丰厚利润，但毕竟只是个别案例。由于青田华侨在日本的盈利较低，自20世纪30年代起，大批青田华侨陆续离开日本，转而前往欧洲谋求生计。

3. 青田华侨在美洲

民国时期，前往美洲地区的青田华侨数量不多，仅分布在南、北美洲的少数国家。这一时期，共有406人到过南美洲或北美洲，约占青田总出国人口的2.4%，主要分布在美国、巴西等10余个国家。美国在19世纪是华侨的主要目的国，青田旅美华侨266人，约占所有美洲青田华侨的65.5%。在美国，以纽约的青田华侨最多，洛杉矶、旧金山次之，犹他州、宾夕法尼亚州和芝加哥市也有分布。自1882年美国开始执行《关于执行有关华人条约诸规定的法律》法案后，很多华人劳工被美国所排斥并被迫离开美国。在之后的半个多世纪里，华人不得在美国务工，也不允许移民美国，直到1943年，美国才给予华人每年105人的移民配额。因此，民国时期的青田华侨以务工名义前往美国几乎是不可能的事情，旅美青田华侨数量较为稀少。

但是，美国并不限制商人入境，一些青田商人在美从事经营活动也较为成功。早在1888年，山口村的林茂祥便前往美国销售石雕，因产品销路较宽，吸引了部分同乡赴美开店售石。至20世纪初叶，青田石雕商人在美国已经形成了一定规模，总人数大致有一二十人，其中，成就最大的是山口村的吴乾奎。早期赴美的青田石雕商规模普遍较小，所销售石雕虽然精美但认知度有限。吴乾奎借助在美国主办国际博览会的机会，大力宣传青田石雕制品，极大地扩展了石雕制品在美的影响，其经营的龙现公司成为美国最大的青田石雕进出口公司。青田石雕在美国的热销，并没有带动旅美青田华侨数量的增长，这与石雕销售业规模及就业吸纳能力弱有关。青田石销售总量有限，又被少数几家公司所垄断，难以扩大经营者数量，也在一定程度上造成了旅美青田华侨数量有限的状况。

在美洲，巴西是青田华侨第二大侨居国，据统计，旅居巴西的青田华侨总计118人，约占所有美洲青田华侨的29.1%，主要分布在该国的里约热内卢、圣保罗、愉港等城市。旅居巴西的青田人主要从事小提卖业，不仅常常忍辱负重，收入也极为微薄。其他的美洲国家，如阿根廷、加拿大、秘鲁等，青田华侨人数都比较少，一般不超过5人。这些国家的青田华侨一般只是路过或者暂居，长久居住者几乎没有，其最重要的原因是华侨聚集不成规模，无法发挥群体力量。

4. 青田华侨在非洲、大洋洲

非洲和大洋洲也聚集了少量的青田华人，其中，在非洲只分布于埃及和摩洛哥两个国家。据统计，民国时期共有青田华侨6人“光顾”过非洲，约占总出国人口的0.04%，其中埃及5人，摩洛哥1人。旅非的青田华侨目的国特点显著，埃及的苏伊士运河是前往欧洲的必经之路，而摩洛哥则是法国的殖民地，在法国的工厂里，青田华侨与摩洛哥工头也有过交集。前往上述国家的青田华侨，大都抱着碰运气的态度，试图在上述国家寻找到新的市场。埃及和摩洛哥虽然临近欧洲，但经济环境、法治环境以及社会环境均落后于欧洲国家。二战前，埃及还处于农业社会阶段，主要人口集中在农村，城市人口与工人阶层所占人口比例不大，青田华侨前往该国销售产品很难盈利。

大洋洲尤其是澳大利亚也是青田华侨目的国之一，至于是否有青田华侨长期旅居，现在尚无可供佐证的资料。曾有报道说，青田华侨集资前往澳大利亚经营，但以青田人主营的石雕或丝绸制品，在澳大利亚打开销路的可能性不大。虽然民国期间青田华侨旅非和旅澳的影响力不大，但也初步尝试了这些新区域与华侨经济对接的可能性，为 80 年代后青田华侨在相关区域的经济发展奠定了基础。

二、青田华侨闯世界探寻商机的特点

民国时期，青田华侨的海外分布虽然广泛，但特征较为显著：中、西欧国家是青田华侨主要聚集区；亚洲、美洲也有一定数量的华侨分布；非洲和大洋洲也有青田华侨的身影。

1. 青田华侨以发达国家为主要目的国

从洲际层面来看，青田华侨在海外的分布呈现出极不均匀的态势。青田华侨属于经济型移民，出国是为获取更高的经济利益，所前往的国家普遍为发达国家。民国时期，世界主要发达国家集中在中、西欧地区，此外，还有美国、南美洲的巴西和阿根廷，以及亚洲的日本。青田华侨的海外流动，整体呈现出由 GNP（国民生产总值）较低国家向高 GNP 国家流动的趋向，在目的国选择方面兼顾了商业竞争程度与自有资本等因素。

第一，目的国的经济因素在一定程度上主导了青田华侨的海外动向。青田华侨主要集中于中、西欧国家，占据了总出国人口的 74.8%。让青田华侨舍近求远，大批前往欧洲的直接动力是该区域发达的经济。1938 年，在中、西欧国家 GNP 统计中，西欧国家的法国为 936 美元、比利时为 1015 美元、荷兰为 920 美元、瑞士为 1704 美元，中欧国家的德国为

1126美元、意大利为551美元、奥地利为640美元、捷克为548美元。东欧国家相对较低，但也都处于300美元级别，而同期的日本仅为107美元。GNP数据通常与人均收入和消费水平紧密相关，GNP高的国家，人均消费能力强，市场更加开放，能为青田人带来更多的商机。因此，到非洲的青田华侨更少，很长一段时间只有6人，约占总出国人口的0.04%，且大部分只是暂留或者途经，来去匆匆，欲长期留居发展者微乎其微，这主要是由于非洲国家经济极其落后，几乎无经商的条件所致。

第二，商业动因是青田人选择海外谋生地的主要考量。青田华侨走出国门首先到达的是欧洲国家，这有偶然性的一面。据邹韬奋回忆，青田人赴欧颇有传奇色彩。清朝光绪末年，有青田人携家乡特产青田石雕一路贩卖，“不知怎的竟得由上海漂流到欧洲来，便在初到的埠头上的道路旁，把所带的青田石雕成的形形式式的东西排列出来”，就此做起了“生意”，不久还发了小财。消息传到家乡，“陆续冒险出洋的渐多，不到十年，竟布满全欧”[①]。这在青田是一个流传很广的传说，虽然其可信度无从考证，但大致说明了青田人的海外谋生是以商业为动因的。当然，青田华侨并不局限于欧洲，而是以商业机遇为导向，也喜欢前往其他未开发的市场。这是因为很多已开发的市场，如美洲国家和东南亚国家等主要是广东、福建华侨的聚居地，青田人的求生空间有限。因此，他们尝试前往与主要目的国毗邻的国家，如东欧、北欧国家，亚洲的朝鲜、荷印以及南美洲诸国，由近及远，陆续开辟了旅日、俄、东南亚诸国，南北美洲，甚至非洲和大洋洲的出国路线。多数美洲国家和东南亚国家，或为殖民地国，或为大国的附庸国，这些国家沿用着殖民地的经济模式，遭受着其他国家的经济剥削与掠夺，总体经济水平相对落后，很多还属于次发达或不发达地区，青田华侨前往这些区域的主要原因是他们带着创造财富的梦想，尝试在新区域中开辟市场。但是，由于这些地区的市场规模有限，旅居的青田人数量和产

---

① 邹韬奋：《在法的青田人》，载《韬奋文集》第2卷，生活·读书·新知三联书店1955年版，第81—82页。

业规模也普遍有限，长期旅居不发达地区的青田人，大都为破产后无力回乡者。

第三，青田人在对主要目的国的选择中，非常注重交通成本问题。民国时期的技术条件下，轮船长时间航行的危险性较大，因此，青田华侨较少选择去往路途遥远和交通方式较为单一的国家。比如，这一时期，美国经济也是非常发达的，但因限制华工入境，青田华侨中仅有极少数的商人符合美国的入境条件，加之中美路途遥远且旅费高昂，大多数青田人无力前往。一般认为，青田人单项旅程出行的花费上限在 600 块大洋，而香港至美国西雅图的船票价格高达 8000 块大洋（1932 年价格），这为青田华工或普通华商所不能承受。相比较而言，前往日本的船票价格极为廉价，仅要几十块大洋，全程费用不过百元而已。旅日青田华侨主要碍于自身经济状况，无力承担高昂的旅欧费用，只能选择旅费更为低廉的日本。在日本，华工工资普遍较低，日工资仅为 2~3 日元，但每月仍可获利 30~40 块大洋，已经超过在乡务农的全年收入。大部分青田旅日华侨，在日本辛苦打拼 5~6 年就能带回几百块大洋，这些钱除了用于日常生活、娶妻生子外，也为之后的旅欧之行积累了资金。

第四，次发达和不发达国家对于青田华侨的压迫与排挤，客观上推动了青田华侨向发达国家集中。青田华侨没有选择华人相对集中的日韩地区、俄罗斯远东地区以及东南亚国家，而是另辟蹊径以欧洲为大本营，并非完全是偶然因素和经济因素决定的，而是青田华侨的反复实践与比较后的结果。次发达国家和不发达国家之所以呈现出落后状态，与自身市场开放程度、政府政策和管理方式及民众自身文明程度有关。次发达国家属于发达国家的范畴，但因发展时间较晚或人口数量较少等因素，在综合国力或人均 GNP 方面与主要发达国家存在较大差距。当时典型的次发达国家有日本、俄罗斯、意大利、澳大利亚、波兰等国家。次发达国家和欠发达国家，对于华侨的政策往往缺乏稳定性，需要时以优惠政策吸引，不需要时则直接驱赶、没收财富甚至伤害人身。青田华侨史中若干次被无理驱逐与杀害事件均发生在次发达国家，极少部分发生在不发达国家。在经历了近 40 年的摸索与尝试后，青田人认识到了欧洲国家的优势，与其他国家相比，欧洲国家对于华人的包容性更高，市场开发程度较大，政策也相对灵活与公平。为此，自 20 世纪 30 年代开始，青田华侨以欧洲诸国为主要目的国。

2. 青田华侨集中于海外大都市并以零售业为主

青田华侨擅长经营，从事劳务工作仅是不得已的选择。在青田人看来，海外务工是没有归属感的，开店才意味着人生开始步入成功。

青田人择业初衷既有经济因素的考虑，也是一种趋利避害的行为。迈克尔·皮奥里（Michael Piore）双重劳动市场理论（也称为劳动市场分割理论）认为，青田人在目的国就业仅能起到补充劳动力的作用，即从事低收入、低保障、高风险的工作。这些工种是外国人不愿意从事的，但又是社会所必需的，所需劳动力只能由外来人口填充。如果青田人选择海外务工，将不可避免地从事辛苦而危险的工作，除了人身安全得不到保障外，工资收入也非常有限。若青田人尝试突破，从事更高层次的工作，则很可能与当地人争夺工作岗位，从而遭到居住国政府的排挤与驱逐。因此，从事零售业可以规避上述风险，提卖业也由此成了海外青田人改变命运的唯一途径。提卖属于上门推销经营的一种模式，它是由销售人员携带商品或样品走访顾客家中，在交流中提供服务或推销产品，青田人主要以小商品销售为主，这种模式也符合双重劳动市场理论。以小商品销售为主的提卖业是上门推销中的最低端业务，在欧洲，上门推销也是销售活动中的最低端业务。之所以将提卖业视为“双低”业务，与欧洲人的消费习惯紧密相关，欧洲人不愿意从事上门商品零售业务，并将这种推销员视为乞丐。与美国繁荣的上门推销业不同，欧洲人长期以来收入要低于美国，对于新事物的态度更加谨慎与保守；与美国人“大大咧咧”的性格不同，欧洲人对于商品的质地与品牌有着较高的要求，愿意从正规商店购买高价、优质商品。因此，欧洲人所能接受的上门推销活动，仅限于银行存储与保险等几种业务。这一时期，青田人普遍因上门推销而受到歧视，甚至当青田人坐到公园椅子上休息时，他身边的欧洲人会转身离开。青田人虽因职业遭受歧视，但客观上也为他们带来了利益，总体来看，收益大于歧视带给他们的痛苦。欧洲人普遍认为青田人贫困、鄙陋，却并不知道他们已获得丰厚利润，也因此没有排挤他们，使得青田人可以在欧洲站稳脚跟。提卖业虽然低端，但青田人的“独家经营”形成了非公司垄断，这不仅规避了欧洲国家的监管，也为家乡亲朋好友来欧洲提供了工作岗位。

青田人主要从事经营活动的城市，大都属于工业革命中后发国的大城市，像英国这样成熟的工业国，青田人是极难在其城市中生存的。青田人到达英国的时间甚至早于法国和荷兰，但在英国，青田人并没有存在感，这与英国完善的市场规则和商业法律体系有关。对于小提卖从业者所出售的商品，英国人是不感兴趣的，作为世界航运中心，英国并不缺乏获取各类新奇商品的渠道。但在欧洲其他国家，如法国、德国和意大利，青田人的经营活动还是迎合了当地民众的生活所需。以法国为例，作为当时世界上最为发达的国家之一，法国本土“工厂林立，制造精良，土地膏腴，农务发达”[①]，其广阔的海外殖民地的面积是本土的20倍。法国虽然早已步入发达国家行列，但贫富分化现象严重。在大城市与中心城市间、城市与乡村间，以及富人与贫民之间，生活状况有着天壤之别。著名作家雨果在《悲惨世界》中记述了19世纪中叶法国底层群众的悲惨境遇。进入20世纪之后，法国工人与农民的生活境遇虽有所改善，但区域之间的差异与贫困现象依然存在。在法国乡村，大部分农民竟然买不起鞋子，依然打着赤脚从事田间劳作。在欧洲国家的一些乡村与中小城市中，因普遍性贫困导致了地区购买力非常有限，因此，在这些地方上门推销虽有市场，但利润极低。在欧洲，真正具备消费潜力的群体大都集中在大城市，其各个阶层均有一定的消费能力，但不同阶层间所消费商品的差异性很大。青田人主要销售对象为居住国的中下层民众，所销售的商品大都以日用品为主，如衣服、鞋帽、女袜等；少部分为廉价装饰品，如仿制珠宝、人造丝织品等。由于行商不需缴纳或仅需缴纳很少的税款，也不必支付开店的费用，运营

① 陈三井：《华工与欧战》，岳麓书社2013年版，第13页。

成本相对较低，所售商品只要有利润便可以出售。青田提卖商所售商品价格低廉，非常适合欧洲国家中下层民众的生活需要，只要悉心经营，收入还是非常可观的。

3. 青田华侨在海外形成行业性聚集区

青田人在欧洲的聚集，除了社交需要外，行业性聚集特征明显。关于华侨社会的聚集现象，格雷夫斯（Graves）跨社会建构行动理论认为："国际移民在适应周围环境时，个人会有不同的资源可供使用，其中有他们自身的资源、核心家庭的资源、扩大家庭的资源甚至邻居朋友的资源，或更宽广的社会资源"，"在依赖族人的策略中移民是利用核心家庭以外的亲戚资源以适应环境；依赖同辈的策略则运用同辈及相同社会背景的人的资源进行调适；依赖自己的策略则依靠自己及核心家庭或外界非人情关系的组织资源。"[①] 这一理论强调了华侨在异国生存艰难的条件下，一般会聚居在一起，相互帮助、扶持、患难与共，以达到资源共享的目的。

将青田人在欧洲的聚集行为简单归结于相互扶助与资源共享，并不能全面体现出青田人的聚集特性。青田人的聚集带有鲜明的行业性集中特征，即旅欧青田人大多从事同一行业，形成了排他性质的行业独占，并以同乡为纽带组建了相对完整的产业链。其中，青田旅欧华侨的小提卖业最为典型，其销售模式与经营项目高度一致。先以石雕销售为主，中期转为销售日本制造的人造丝制品、人造珠宝等，后期主要经营风衣、男女衬衫、背带、连裤袜、皮夹等。在产业链方面，老华侨承担了货物采购的职责，并批发或赊购给新华侨销售，一些老华侨也与本土跨国经销商取得联系，将国内商品出口到所在国销售。这种行业性聚集行为，只要行业有足够的发展空间，就可以吸纳更多的同乡，从而大幅增加旅欧青田人的数量。这种

① Graves, Nancy B. & Graves, Theodore D., *Understanding New Zealand's Multi-Cultural Workforce*, Report to the Polynesian Advisory Committee of the Vocational Training Council of New Zealand, Wellington: Vocational Council 1977, p.8.

以乡情为亲缘纽带、行业集中为经济纽带的行为方式，是青田旅欧华侨所独有的特征。

邹韬奋先生曾记录了青田人欧洲聚居的状况：仅巴黎一地就有华人小贩近 2000 人，刚到巴黎的青田人大都聚集在巴黎里昂火车站附近“几条龌龊卑陋的小巷”，如“白玉洛”街巷、“拉奇诺”街巷，“穷苦和龌龊往往是结不解之缘的好朋友”，这些地方的法国人“便都避之如蛇蝎”[①]，于是逐渐形成了一个青田小贩的聚居区，被称为法国的“唐人街”。在荷兰，青田人主要聚居在阿姆斯特丹和鹿特丹，形成了两大“唐人街”，即阿姆斯特丹唐人街（简称“阿埠”）和鹿特丹唐人街（简称“鹿唐”）。在德国，青田华侨做珠宝、礼品生意的比较多，于是在汉堡红灯区附近就形成了“汉堡唐人街”，又称为“青田街”。在美国纽约，青田人聚居的地方有“中国城”等。邹韬奋先生的描述，进一步印证了青田人以行业为纽带形成的向欧美大城市汇聚的特征。

比较旅日和旅欧青田人的社群关系，可以发现二者存在显著的差异，旅欧青田华侨的群居模式更具优势。旅日青田人也有着群居的习惯，但彼此之间的职业关联性不大，居住一室的青田人所从事的工种可能多达十几种，如苦力、挑夫、人力车夫等。即便是从事相同工种的青田人，雇主也都不尽相同。旅日青田人从关系角度出发的确形成了群聚关系，但维系的纽带仅是松散的乡邻亲缘关系，无法形成群聚效应。相比较而言，旅欧青田人职业越发单一，大多以小提卖为业，形成了以乡邻为纽带的产业独占效应。正是这种行业性聚集特征，使得旅欧的青田人在海外站稳了脚跟，并带动亲朋好友、同乡大量涌入欧洲。这一模式的形成，不仅成为青田华侨在海外谋生存的标准模式，也为青田华侨的崛起奠定了经济基础。

纵观民国时期青田华侨的若干次出国潮，虽然历次均以获取经济利益为导向，但也通过趋利避害式的筛选，确定了部分适合他们生存发展的国

---

① 邹韬奋:《在法的青田人》，见《韬奋文集》第 2 卷，生活·读书·新知三联书店 1955 年版，第 81—82 页。

家。中、西欧国家是青田华侨的大本营，这些国家普遍具有市场经济传统，注重保护个人的合法财产，具有可抗辩的司法制度以及相对完善的社会保障体系。以历史经验为基础深耕欧洲市场，成为几代青田华侨不懈努力的方向，如今，旅欧青田华侨已经在餐饮业、旅店业、零售业以及跨国贸易等方面形成了优势，在欧洲，青田华侨的名片日益响亮。而且，青田华侨重视欧洲但不拘泥于此，一旦发现新目的国就继续寻求新的商机，这正是青田华侨的聪慧之处。民国时期，青田华侨曾前往一些相对落后的国家，虽然所去人数不多且少有盈利者，但通过尝试发掘了一大批具有留居潜力的国家。在 20 世纪 50 年代之后，这些曾经的尝试逐步开花结果，青田人在南美的巴西、阿根廷、智利、厄瓜多尔、秘鲁等国家，非洲的利比里亚、乌干达等国家均开创了新的商业版图。

第二节　青田华侨在海外探寻商机之路径

青田人的海外之行，在以商业为纽带，历经 8 次出国潮后，最终形成了四条主要侨路，即跨国贸易路线、俄罗斯远东铁路路线、旅日路线和 20 世纪 30 年代旅欧路线。在上述四条侨路基础上，青田华侨又开发出若干条支线，为日后青田华侨走向世界进一步奠定了基础。

一、跨国商品贸易诸条路径的开辟

1. 青田华侨对宁波和温州华侨海外商路的追随

晚清青田华侨的海外之行，主要是追随宁波和温州商人的脚步，前往东南亚和欧洲国家开展贸易活动，主要经营的项目以茶叶为大宗。随着青田石雕贸易的崛起，青田人转而主营石雕制品并借助万国博览会等将石雕销往美洲大陆。至 20 世纪 20 年代，青田商人初步形成了横跨亚欧大陆的西线侨路，以及经由日本前往美洲的东线侨路。

关于青田人从事跨国贸易的起始时间，大致可以追溯至 18 世纪 70 年代，出洋者全部为商行雇员。青田人在历史上有着外地佣工的传统，主要前往上海、宁波、杭州、温州等地，从事文玩业、苦力以及商业佣工。第一批青田人的出国记载，直接佐证的文献材料相对有限，所能引用资料多为青田民间的宗谱。据《谷口林氏宗谱》记载，林善德“以商业起家，兼石雕，虽往来贸易，走半亚洲”[①]，出国时间为1892年。宗谱中文字记载虽然简单，但也印证了早期青田华侨商人出国大多是以商业起家后从事跨国商品贸易。晚清青田出洋者大都有过为宁波、上海和温州商人佣工的经历，首次出洋行为与雇佣关系大多存在直接联系。一些青田人在出洋后受到启发，尝试单干而获得成功的案例比比皆是。以山口人吴乾奎为例，他早年为宁波商人所雇佣，到东南亚一带经营茶业生意，之后巧借世界博览会将茶叶销往了比利时和意大利，获利丰厚。可见，最早一批青田人的海外之行，在出国路径方面是没有创新的，大都继承了宁波和温州商人开创的海外贸易路线，其中，主要是宁波华侨的侨路。

宁波人开辟海外贸易路线的时间是在第一次鸦片战争之后，作为五个通商口岸之一，宁波在此时期成为国际贸易港。受西方列强对华贸易影响，宁波商帮逐渐转变为近代商人，并在 19 世纪 60 年代开始尝试从事国际贸易。宁波海外贸易商所出口产品有茶叶、纺织品、草编制品和衣服的花边等，主要销售区域为东南亚国家、欧洲国家和美国。商品进出口贸易额的迅猛增长，带动了宁波航运业的发展，并与美国、英国、法国、德国、日本、南洋群岛诸国建立了定期货物及人员航运服务。至 19 世纪 70 年代，宁波商人建立了宁波至南洋群岛诸国、宁波至英国及宁波至日本 3 条较为完整的商贸路线（也是宁波华侨的主要侨路）。其中，宁波至南洋群岛诸国的线路最为繁忙，这条国际货物路线从宁波港出发，通过“广州通夷海道”到达东南亚的目的国。“广州通夷海道”是指我国舟船从广东徐闻出发，经

① 《谷口林氏宗谱》，林氏家族收藏。

越南，马六甲、苏门答腊，航路一直延续到阿曼湾和波斯湾附近。“广州通夷海道”途经的国家有菲律宾、越南、柬埔寨、泰国、马来西亚、新加坡、印度尼西亚、缅甸、孟加拉国、斯里兰卡、印度等国，上述国家也多数成为青田人的旅居国。宁波至英国路线是宁波与欧洲国家的主要贸易路线，虽然在亚洲段与“广州通夷海道”高度重叠，但从贸易对象上可进行准确区分，后者主要与“东印度公司”和英国本土开展贸易。此外，宁波人前往英国多乘英国轮船或其他欧洲货轮，而宁波至南洋群岛诸国可以乘坐当地船舶。至于宁波至日本路线，因中日两国直线距离较近，易于我国东部沿海地区与日本开展贸易往来关系。温州因开埠时间较晚，港口缺乏腹地的支撑难以形成规模，一定程度上限制了温州港的发展。晚清至民国时期，温州商人海外贸易主要对象为日本，路线与宁波至日本路线相似。

2. 跨国商品贸易时期的东南亚路线

关于东南亚路线，青田当地有着七人下南洋的传说，可以确认姓名的有林善德和季兆鋆。据 1990 版《青田县志》记载，这七人下南洋主要是销售石雕，时间为 1892 年。

东南亚路线的开辟为青田人打开了出国的大门，也为日后旅欧海外之行奠定了基础。东南亚路线分为国内和国外两段线路，国内段起初“由县城至一都可乘汽船，由县城至二、三、四都均无舟车可乘坐，由县城至六下都可乘民船沿溪一带”①。青田人前往东南亚可以选择先去上海或者前往温州，之后的路线则为闽粤华侨开辟。在东南亚路线的国外段，可细分为宁波路线和温州路线。宁波商人前往东南亚国家，需从本地或上海出发，至福建或广东换船，经由香港前往时为法国殖民地的印度支那的西贡市（今越南胡志明市），再乘船到达荷印（今印度尼西亚）、马来亚等华人主要聚集区。而温州人则要到上海坐船或乘船去福建的汕头，再换船到香港，进而转往东南亚各国。青田人在路线选择方面，早期多采用宁波路线，

① 《青田县风俗调查表》，浙江省青田县档案馆馆藏档案，卷宗号：1-15-852。

1900年之后改为温州路线，这一变化与石雕贸易有直接联系。

3. 跨国贸易时期的美洲路线

晚清及民国时期，前往美洲谋生的青田人数量较为有限，主要集中在美国和南美的巴西。其中，旅美的青田人以石雕贸易为主，而旅居巴西的青田人则主要经营小提卖。青田人美洲线路的确立成因较多：一是对于美国来华贸易商路的继承；二是有美洲国家赛会的推动；三是来自南美经济繁荣的吸引。

我国旅美华侨的历史较为悠久，主要以福建人和广东人为主。在1882年之后，美国制定法案限制非商人身份的华人进入本国，此后，能进入美国的华人数量极为有限。青田人前往美国主要源于石雕贸易，在1900年之后，随着石雕贸易额的大幅增加，开始有青田商人尝试前往美国开展经营。据记载：山口村林茂祥于光绪年间（1875—1908年）镌销石雕于美国旧金山等地，而青田石雕在美国声名鹊起则是在1915年旧金山举办的“巴拿马太平洋博览会”（又称“万国巴拿马赛会”）。青田石雕艺人周芝山的“梅鹤大屏”“瓜盒”“牡丹瓶”等12件作品和金兼三的“小屏风”，均获博览会银牌奖章。此后，部分青田商人留居于美国经营石雕制品，其中规模较大的是吴乾奎经营的龙现公司。青田人赴美路线较为简单，一般从上海出发乘船先到达日本，再由日本转乘远洋船横渡太平洋到达美国。青田人赴美有两个登陆地可供选择：一是到达美国西海岸的旧金山或洛杉矶，二是经过巴拿马运河前往纽约。在“巴拿马太平洋博览会”期间，也有部分青田石雕商从欧洲马赛等港口乘船前往美国。

青田人前往南美洲国家，在时间上要迟于美国，大致在20世纪20年代前后。旅居南美洲的青田华侨，主要分布在巴西、阿根廷、智利等国。这批华侨大都从欧洲辗转到达南美洲国家，他们从欧洲港口城市出发，穿越大西洋，在巴西的里约热内卢或阿根廷的布宜诺斯艾利斯上岸，然后分赴其他国家。

4. 跨国贸易时期的欧洲路线

青田华侨旅欧在时间上可追溯至清末，旅欧路线以苏伊士运河的开通为界限，形成了两条通路。

一是好望角线。在苏伊士运河开通前，中国人经水路前往欧洲国家需要经过南非的好望角，然后乘船北上前往欧洲诸国。具体路线为，青田人从上海十六铺出发，乘轮船经中国香港、新加坡，然后经过马六甲海峡，绕道好望角前往欧洲。所前往的目的国有英国、法国和荷兰；所到达的港口城市有英国的南安普敦、利物浦或伦敦，法国的马赛，荷兰的鹿特丹、阿姆斯特丹等，这一路线前往欧洲需耗时两个多月。

二是苏伊士运河线。1869 年，苏伊士运河开通，此后，经水路前往旅欧的旅程发生了较大变化。青田人前往欧洲，经过马六甲海峡后，直接通过苏伊士运河进入地中海，相比好望角线航程缩短了 5500~8000 千米，所需时间减少了 30 天以上。苏伊士运河的开通，也扩展了青田人赴欧的目的国列表，意大利那不勒斯和法国马赛成为主要登陆地。

在 1869 年后，苏伊士运河线逐渐取代了好望角线，成为青田人赴欧的主要线路。当然，并不是所有青田人前往欧洲都会选择苏伊士运河线，受雇荷兰水手馆的青田水手和“藏舱”移民，因需要还会选择好望角线。

5. 青田人对出国路线的调整

在跨国贸易初期，青田海外贸易商依然处于探索与成长阶段，在海外路线上以继承宁波和温州商人的成熟路线为主。这一时期，随着石雕贸易的兴起，青田海外贸易商的规模与实力都有所壮大，他们也对海外贸易线路进行了局部的调整。

一是在成熟路线基础上融入了中国近代航运事业的新元素。近代长三角地区出现了航运中心由宁波向上海转移的过程，上海逐步发展成为世界性港口城市，其中，民用航运业发展迅猛，成为中国人前往海外的中心节点城市。在 20 世纪初，很多青田人选择以上海为海外之行的出发地，并将上海作为青田商人聚集的核心城市。

二是石雕贸易使青田华侨海外贸易重心发生转移，由东南亚转向了欧洲和美国，促使青田人优化了前往欧洲国家的线路。

三是广泛参与世界万国博览会，大大增长了青田海外贸易商的阅历，为贯通以往相互孤立的路线奠定了基础。在20世纪初期，青田海外贸易商已经开始尝试从欧洲前往美洲参加赛会。

整体上看，相比宁波和温州等地的华侨，早期青田华侨是出国的后发者，但通过融入自身需要完善了部分海外路线。

二、短暂繁荣的俄罗斯（苏联）侨路

1. 俄罗斯侨路形成的背景

俄罗斯侨路的形成具有多元特征，既有远东铁路建成带来的出行便捷，也有俄罗斯经济改革带来的市场红利，还有青田人对于世界革命的积极参与。

在远东铁路修建之前，俄罗斯的西伯利亚联邦区、远东联邦和我国的东北地区，大都属于未开发的区域。在这些区域内，“丛林密树，鳞次栉比，阳景罕曜”，而且“林中落叶，常积数尺许。泉水雨水至此，皆不能流，尽为泥滓，人行甚难”[①]，深山老林之中基本是“郁郁苍苍，如黑云之横天，连绵数十清里，殆无际涯”，身临其境，则“数千百年之古木，老树交枝，巨干矗矗，如千尺之老龙冲天，如百丈之巨蛇横溪，莽莽郁郁，白日为昏，虎狼跳梁之窟，麋鹿跋扈之乡，菁丛深邃，幽溪沈沈，真太古之风景哉”[②]。在远东铁路开通前，从我国东北地区穿越俄罗斯到达欧洲是非

① （清）长顺等修、李桂林等纂：《吉林通志》（一），卷六，天章志，清光绪十七年（1891）刻本，第33页。

② ［日］小越平隆著、［中］克斋译：《满洲旅行记》（下），穷集，清光绪二十八年（1902），上海广智书局刻本，第30页。

常困难的，因此，所谓 1935 年英文版《中国年鉴》记载的“在十七、十八世纪之交，就有少数国人循陆路经西伯利亚前往欧洲经商，初期前往者以浙江青田籍人为多，贩卖青田石制品”，这种说法可信度不高。

19 世纪后半叶，俄罗斯进行了一系列社会、经济改革，其市场红利持续到了一战前夕。大量获得解放的农奴涌入城市，莫斯科等城市出现了现代化工厂和工人聚居区，市民阶层也逐渐发展起来。俄罗斯的城市化带动了社会消费，新兴的市民阶层对于商品有了较大的需求，从而吸引了大批专司商业贸易的外来者。青田人在 20 世纪初进入了俄罗斯，他们大多从事皮具加工或开设服务性的小店，如洗衣店、杂货店、饭店等。在 19 世纪后期，俄罗斯帝国为了加强对远东地区的控制，谋划修建横贯东西全境的铁路。1891 年，俄罗斯动工建造西伯利亚铁路，1905 年，西伯利亚铁路初步具备了通车条件，1916 年完成阿穆尔铁路修建后，全长 9332 公里的西伯亚铁路全线贯通。此后，国内前往俄罗斯或欧洲国家的旅客，可以先到达哈尔滨，然后从哈尔滨乘火车直接奔赴莫斯科，再由莫斯科转车前往欧洲其他国家。其中，哈尔滨至莫斯科的旅程时间需要 10 天 10 夜，若转车前往欧洲其他国家，则还需要 10 余天的时间。有广告记载，“由东方乘西伯利亚铁路火车赴英国，一路甚为趣味。由此北路赴英国颇便宜，由东方至莫斯科，毋需呈验护照，如在旅顺无验疫耽搁外，二十五日内可到伦敦矣”[①]。1912年，留法俭学会学生前往欧洲，往往“由北京动身后，乘坐三等慢车，共换车十二次，历时二十余天而达巴黎”[②]。

俄罗斯是横跨亚欧大陆的国家，远东铁路的开通将欧洲与我国联通起来，客观上方便了沿线旅客的洲际出行，进一步缩短了中欧间的旅途时间，较乘船前往欧洲节省了 7~10 天，旅费也大幅度减少，从北京到巴黎，车票、饮食等全部包括在内不过银洋一百四十五元[③]。此外，乘坐西伯利亚铁

① 陈慕榕主编：《青田县志》，浙江人民出版社 1990 年版，第 645 页。

② 李宗侗：《旅法杂记》，《传记文学》第 1 卷第 3 期，第 36 页。

③ 齐如山遗著编委会：《齐如山回忆录》，载《齐如山全集》（八）下册，台北重光文艺出版社 1964 年版，第 69 页。

路的列车不需要检查护照，因而很受国内赴欧人员的欢迎。

2. 俄罗斯侨路的基本路径

青田人的俄罗斯侨路是由两条路径共同构成的：一是从欧洲出发乘坐火车前往莫斯科；二是远东铁路开通后，很多青田人选择在东北地区乘车前往俄罗斯。第二条路径的出现，在时间方面迟于第一条路径，有近 20 年的时间差，后者在 1910 年之后逐渐进入繁荣期。

青田人前往俄罗斯，既有俄罗斯改革红利的吸引，也受到俄罗斯招商宣传的影响。在 19 世纪末至一战前夕这段时间内，俄罗斯的欧洲部分是相对安定的，城市化进程较快，带动了民众的消费。青田商人从法国、德国出发，乘坐国际列车前往莫斯科，主要经营皮具与日用品，也有青田人销售石雕制品，如章旦人留庆云、方山人季富典、山口人季美楷等，前往俄罗斯的圣彼得堡、莫斯科等大城市销售石雕。早期的青田商人多是携带货物前往俄罗斯，在所带货物售罄之后，有的留在俄罗斯从事作坊加工或小买卖，有的则返回欧洲进货。这一时期前往俄罗斯开展贸易的青田人数量较为有限，主要原因是俄罗斯交通落后于欧洲其他地区，前往俄罗斯开展商贸活动较为不易。部分青田人在俄罗斯成了坐商并逐渐形成了一定的规模，仁庄孙山村的孙言川是其中的杰出代表。据记载，1917 年，孙言川曾帮助旅俄的青田籍和湖北天门籍同胞 200 余人返回祖国，以半数为青田人计算，早期旅俄的青田华商人数在 200~300 人。

1915 年前后，随着原东方铁路的贯通，欧洲与中国铁路被连接起来，青田人可以更便捷地前往欧洲。在哈尔滨至莫斯科铁路开通后，青田人可以从北京乘车前往莫斯科，再转车到达欧洲国家。在俄罗斯侨路形成后，青田人通过西伯利亚铁路前往欧洲的人数迅速增加，但其目的国还是以欧洲国家为主，留居俄罗斯的青田人并不多。这种现象的产生，除了俄罗斯自身经济因素的影响外，还与一战后俄罗斯动荡的时局有关。自一战爆发后，俄罗斯在军事上遭遇了一系列失败，经济方面也濒临崩溃，国内犯罪时有发生，有多名青田华侨在俄罗斯遭遇了“背死狗”的手段被匪徒杀害。

此外，俄罗斯海关还经常扣留青田人的货物，比如华侨杨廷丰的货物就曾被扣留半年之久。

选择俄罗斯侨路的青田华侨以目的地区分，可分为前往俄罗斯和过境前往欧洲两类。其中，前往欧洲的青田华侨，大都选择客货分离的方式，即在出国前将货物通过海运发往欧洲国家，本人则乘坐火车经由俄罗斯前往欧洲目的国。之所以采用人货分离的方式，与海运的便捷性以及俄罗斯货运效率较低有关。采用海运在成本方面略高，但在运输便捷性、运量和运输安全性方面却大大优于陆运，尤其是在大批量运输石雕制品时优势更为明显。此外，国际海运较为成熟，承运船主在诚信与保障性方面都优于陆运。前往俄罗斯经营的青田人，一般因为货运量不大或者考虑运输的便捷性，会采用人货共运的方式。通常情况下，以俄罗斯为目的国的青田人会携带一两个皮箱，主要携带青田石雕或日本出产的手工制品，货物重量一般不超过 200 斤。

“十月革命”爆发后，俄罗斯侨路出现了短暂的停顿，随着“新经济政策”的实施，这条侨路重新变得热络，还拓展出若干新分支。这一时期，铁路与陆路被连接起来，在彼得堡的青田人尝试通过陆路前往芬兰等北欧国家。在俄罗斯，青田人的主要集中区位于莫斯科，部分华侨开设了小杂货铺或小加工厂，经营得当者的存款能达到 7000 元大洋。仁庄镇罗溪村的郑秾、山口黄坑底村的蒋阿成、油竹的陈协丰，都是这一时期选择俄罗斯侨路的代表人物。后来，他们有的回国从事革命事业，有的长期留居并娶妻生子。不需要护照也是俄罗斯路线的吸引力之一，对于没有外出护照又要出国的青田人而言，这无疑是一种天降的福利。在青田华侨的出国花费中，护照费用是“大头”，要花费 150~200 元不等。俄罗斯侨路形成于 19 世纪晚期，一直维持到 1930 年，其中，1900—1920 年通过该路线出国的青田华侨人数较多，1930 年后，经由俄罗斯侨路的青田华侨人数急剧下降。

3. 俄罗斯侨路的消亡

俄罗斯侨路的繁荣持续到 20 世纪 20 年代后期。1928 年，斯大林公开宣布停止实施新经济政策，在全国范围加速开展农业集体化和社会主义工业化运动。随着俄罗斯商业政策的逆转和铁路票价的提升，俄罗斯侨路在30年代初宣告终结。

俄罗斯侨路的消亡并非偶然现象，而且具有一定的历史必然性。它与俄罗斯对国际经济贸易的特殊认识有关。自沙俄时代开始，俄罗斯虽然欢迎外国人来俄从事经营活动，但认为外商所赚取的财富应当在俄罗斯消费，对商人将财富输送回母国的行为，视为一种掠夺行为，也就是说，华侨将赚取的财富带回国内是对俄罗斯的掠夺。在这一思想影响下，俄罗斯在经济获得恢复后便限制现金出境，以此保证华人获取的工资或财富在俄罗斯使用。20年代中后期，俄罗斯对华人汇款进行限制，导致旅俄华工侨汇成本大幅增加。至1929年，因中东路事件发生，以及苏联经济管制措施日益严苛，苏联政府开始没收华人的商店，并禁止华人将外汇寄回国内。

1929年，青田华侨形成了东西双向的离苏潮。东向离苏潮的路线，即青田华侨从远东地区回国，到达哈尔滨后，再返回青田。《时报》对于青田东向离苏的过程进行了详细报道：赵廷昌等47人在莫斯科的工厂被没收，并被驱逐经赤塔回国，而且，因财产被没收，他们只能步行回国。驱逐让青田华侨蒙受了巨大的经济损失，这批华侨人均损失为8000元左右。西向离苏潮有两条路线：一是取道芬兰，然后前往北欧诸国以及德国；二是前往波兰，再转往东欧国家或德国。1929年，《时报》曾有如下报道："旅俄华侨退出俄境，均来芬兰另谋生计。"[①] 青田人留居北欧国家的人数相对有限，多数人选择前往德国，据统计，1934年挪威华侨8人，瑞典华侨50余人，芬兰华侨10余人。[②]《民国日报》对青田人前往德国的动向进行了报道，"由华来德之小贩商人有关领署请领护照者……申请数量增加"[③]。

在1930年以后，青田华侨基本放弃了在苏联的经营活动，除了入籍者

---

① 《时报》，1929年9月16日。

② 《挪威瑞典芬兰华侨调查》，《海外月刊》1934年第21期，第56页。

③ 《民国日报》，1929年10月31日。

外，几乎都离开了苏联。1931 年，赤塔总领馆登记侨民，旅居西伯利亚的侨民人数为 2155 人，其中浙江籍仅有 4 人，占总人数的 0.2%。

三、绵延不断的旅日路线

青田华侨的旅日路线与温州华侨相似，依时间先后形成了两条侨路，相关侨路的变化与日本华工政策的改变有关。

第一条侨路存续期是从 20 世纪初叶至 1923 年日本关东地震为止，该侨路为温州华侨开辟，青田人最早的旅日时间大致在 1912 年前后；第二条侨路存续期是从 1927 年至 1937 年抗日战争爆发为止。其中，经第一条侨路前往日本的华侨占大多数，而经第二条侨路前往日本的青田人仅有数百人而已。两条侨路在国内的旅程基本是一致的，都是从青田的鹤城大埠头出发前往温州，在温州乘招商局的轮船前往上海。到达上海后需要办理旅日手续，最初，青田人多在温州开设的客栈办理手续，后期则转到了青田人吴同春或陈鹤鸣开设的客栈内办理。相对而言，第一条侨路存续期的旅日手续简单，费用也相对较低，日方对于希望入境的中国人几乎不加拦阻。自 1918 年开始，日本依照国际法中相关原则，甚至免除了对中国人的护照审核，青田人的赴日旅程变得更加便利。

在第一条侨路存续期，青田人乘船的目的地多为日本的神户港或东京，费用每人“各缴 15 元 4 角的旅费，昌兴及东洋公司即一律（同上），唯三菱船只需 13 元 5 角，各代办中以沈（陈）鹤鸣最为公允周到，故各人缴付15元4角旅费后，亦有不再带银洋即动身者”[①]。青田华侨在日本入境后，主要分散于日本的关东地区和东北地区，如神奈川县、京都府、新潟、栃木、群马县、茨城县、千叶县、福岛县等地。去日本还可以走“中—朝—日”线路，如青田县前仓乡车村的胡锡珍，1908 年出生，全家八口人，只有一亩来地。迫于生计，他便乘“广路”轮船到达上海，居住在“吴同春

① 《申报》，1923 年 7 月 17 日。

客栈”，因在上海找工作困难，吴同春劝说胡锡珍出国去日本，表示“听说东洋有工作，有饭吃，日子还混得过去”[①]。由于日本限制工人前往，1926年，胡锡珍先到达山东烟台，借道朝鲜，在仁川上岸，直至釜山，再从釜山出发乘船前往日本，先后在长崎、东京等地挑煤、挖泥、修海塘、拉洋车及做泥水匠，每天能赚1.5~3日元。到日本后，胡锡珍还面临着与朝鲜工人的竞争，朝鲜工人的报酬和华工相似，甚至高于华工。八年后，胡锡珍回国，转赴欧洲谋生发展，后因其经营的皮革制品畅销世界而成为爱国侨领。

在第二条侨路存续期，也有少数青田华侨乘火车到达了日本青森县，在青森港乘渡船越过津轻海峡到达北海道的函馆市。极少数华侨选择继续北上，乘船到达了南库页岛地区，并在那里生活到了二战结束。

第一条侨路在1922年之后便逐渐消亡。当时，日本开始立法取缔华工，但依然允许小商贩留居。1922—1923年，日本开始非法遣送华工回国，其中涉及的青田人统计情况如表3-2所示。

表3-2 1922—1923年被日本遣送回国的青田人

地名	日期	中国人总数	其中青田人的人数	被遣返的理由
神奈川县	1922年3月18日	43	27	售卖雨伞、青田石、中药的小贩，后从事建筑工、搬运工工作
京都府	1922年8月19日	23	1	从事河道改修、建筑工地的劳动
神奈川县	1922年10月11日	59	47	售卖雨伞、青田石、中药的小贩，后从事建筑工、搬运工工作
福岛县	1923年5月31日	12	2	从事铁塔的钢铁架构劳动
	1923年8月21日	24	7	从事铁路建筑工地劳动
总计		161	84	

资料来源：根据日本外务省记录《支那劳动者入国取缔关系》统计。

① 《丽水文艺丛刊》，1983年第4期，第5页。

1923年的关东大地震是第一条侨路宣告瓦解的时刻。1923年9月1日，日本关东地区发生7.9级地震，波及一府六县，面积2万平方公里，共造成伤亡约25万人，房屋倒塌2万间，经济损失300多亿美元。中国旅日华工在这次震灾中也蒙受重大损失，仅横滨一地，“中国街严重毁坏，则蒙难者虽非全部，恐至少亦有三四千人矣”①。温、处两地旅日华侨受灾人数达4000左右，其中“处州人占其大半”②。对于这次地震灾害，中国政府与人民给予了大力支援，但是为了转移国内矛盾，日本政府仍把矛头指向了旅日华侨，在日本军国主义分子的煽动和怂恿下，日本在乡军人、警官部队、青年团及浪人们乘震灾之机，疯狂残杀华工，尤以温、处两地被害华工为甚。当时被屠杀的在日华工“当在千人以上”，其中“以温属工人为多，总数约有七八百人”③。一批侥幸活下来的青田旅日华工则失去了自由生活的权利，被强制遣送至千叶县习志野简易兵营关押，财物全部被掠去。从9月17日到11月18日，日本政府分期分批把我国旅日受灾侨民遣返回国，温、处两地受灾侨民被遣返的就有4445人④，其中可考的青田人就有近千人（见表3–3）。

表3–3　青田、永嘉、瑞安三县灾侨回国人数

日　期	船　号	灾侨人数	到达地点	备　注
1923年9月13日	新铭丸	285	上海	
1923年9月17日	熊野丸	10	上海	温籍（共载625人）
1923年9月23日	千岁丸	624	上海	
1923年10月6日	飞鲸丸	1094	上海	其中青田籍445人

① 《民国日报》，1923年9月7日。

② 《民国日报》，1923年10月14日。

③ 温州市政协文史资料委员会、浙江省政协文史资料委员会：《东瀛沉冤——日本关东大地震惨杀华工案》，《浙江文史资料》第57辑，浙江人民出版社1995年版，第24页。

④ 温州华侨华人研究所：《温州华侨史》，今日中国出版社1999年版，第36页。

（续表）

日　期	船　号	灾侨人数	到达地点	备　注
1923 年 10 月 7 日	千岁丸	501	上海	
	阿兀占拿	418		
1923 年 10 月 12 日	山城丸	62	上海	
1923 年 10 月 14 日	长顺丸	522	上海	
	山江丸	480	温州	青田人占 8/10
1923 年 10 月 25 日	飞鲸丸	294	上海	
1923 年 10 月 26 日	山城丸	104	上海	
1923 年 11 月 18 日	近江丸	51	上海	其中初籍 40 人
合计		4445		

资料来源：《民国日报》《申报》1923 年 9 月 14 日至 11 月 23 日，转引自吴晶主编《侨行天下——青田华侨文化研究》，大众文艺出版社 2006 年版，第 78 页。

从此，青田人留居日本做工或当小商贩的人数骤减，移居日本的热潮也因此而退去，青田人出国日本潮转入低谷，如油竹人朱有典从日本回青田后再也没有出国。这次排华活动的背后原因，是第一次世界大战后至 1922 年日本出现严重的经济危机，社会矛盾日益尖锐，而这个时期正是温、处两地山区人民赴日的高峰期。日本政府为了缓和国内矛盾，转嫁经济危机，以极其凶悍卑劣的手段驱逐华工出境，使两地华工陷于水深火热之中。“日本的所谓‘大陆政策’，完全以中国为对象，对华侨横施压迫，当为实现其国策而来，驱逐排斥。”①

抗日战争期间，少数华侨依然留在了日本，青田华侨逐渐向日本北部转移。这一时期，青田华侨打通了前往南库页岛的侨路，一些青田华侨留居到了二战结束，他们在日本的流动明显趋缓，幸运者与当地的日本女子结婚建立了家庭，大部分则在作坊里一天一天地苦度日子。

① 《朝鲜征收华侨入口税问题之检讨》，《侨务月报》第 1 卷第 9 期，1934 年 9 月。

四、日渐辉煌的欧洲侨路

1. 一战华工开启了欧洲侨路新篇章

一战期间，英、法等国军队伤亡惨重，于是各国政府希望招募外国劳工从事战争后勤工作，以解放本国劳动力短缺、兵员不通的问题。在国内，梁士诒提出了“以工代兵”的构想，在“求所以间接增助我友邦战斗实力之中，仍处处不忘我国人生计”的原则下，允许英、法在国内招募工人。

相比其他时段出国的华工，一战华工的招募属于国家行为，他们的出国手续齐全，海外生活、薪资待遇较高。受高薪的驱使，此次被招募的华工超过了 14 万人，其中，青田籍华工超过 2000 人，是青田之前出国者总和的数倍。据青田华工叶元清回忆：“1917 年底，我刚满 17 岁，苦于无法谋生，正好碰上招募劳工赴法国参加欧战。像我这样十七八岁的青年，不想失去开创前途、谋求新生活的好道路，就一呼而拥地去报了名。凡报名的，几乎全部录取。”①

在招募之前，中法签订了华工出国合同，明确设定了维护华工利益的条款。比如“藉以营生，并为养家”“对于专门手艺，工资尚可增加”等涉及华工工资方面的事宜；同时规定华工“又恐流落他乡而预定盘川，重虑欺凌而保持平等，寻工觅主，由陶（指法国谈判代表陶履德）负责饱食暖衣，毋须自愁”“即有罢工影响，于我无干，且遇疾病星期，惟吾有给”②。此后，北洋政府以法国为模板，与英国签订了招工合同，除把工作期限由五年修改为三年外，其余条件与惠民招工所订大同小异③。自 1916 年始，英、法等协约国在中国各地招募华工，并设有比较严密的组织机构，中方

---

① 叶元清：《因招工我到法兰西》，《欧华杂志》第 2 期，1995 年 10 月 15 日。

② 岑学吕编：《三水梁燕孙（士诒）先生年谱》（下册），《近代中国史料丛刊》（第 75 辑），台北台湾文海出版社 1972 年版，第 449 页。

③ 陈三井：《华工与欧战》，岳麓书社 2013 年版，第 21 页。

则提出了不可“有怀营利之目的”，也不可“视工人为一种之商品者”[①]。英、法两国为招募到工人，做了较多准备工作，以确保公招活动的万无一失。

在一战华工中，山东籍华工数量较大，威海卫成为运输华工的主要港口，此外，还有天津、青岛以及上海等都输送过华工前往欧洲。青田籍华工主要在温州、宁波、杭州或上海被招募，统一前往上海后分批前往欧洲。一战劳工前往欧洲的路线有三条。第一条是乘船到达中国香港、新加坡，穿越马六甲海峡和苏伊士运河，然后行经地中海到达法国南部；第二条同样乘船经过中国香港和新加坡，但穿越马六甲海峡后绕道非洲好望角，经大西洋到达法国西部；第三条航程更远，先横渡太平洋抵达加拿大的温哥华，然后从陆地横穿加拿大到达哈利法克斯，最后乘船越过大西洋到达法国。个别批次的华工，还会经巴拿马运河，然后穿越大西洋抵达法国，“此一路程仅需时三十九日”[②]。尽管第三条航路安全系数最高，可以躲避德国潜艇，但时间上要多花半个月，因此，青田华工走第一条路线者居多，也因人数众多逐渐形成了势力。战后，大批青田华侨选择留居在法国，多数人改为从事商业活动。

2. 欧洲诸国内陆路线的开辟

20 世纪 20 年代，留居法国的青田人数量超过 2000 人，逐渐形成了以从事提卖业为主的华侨群体。随着青田旅法华侨数量的增加，华侨之间的竞争摊薄了利润，同时也引发了青田华侨与居住国民众的矛盾。

1926 年 11 月，法国政府发布了关于侨工的限制令，曰“但凡欲工作之工人，必须先向其公会登记，而后由公会介绍予工作”[③]；1929年，大萧条席卷全球，“近年以来入境华人日益增加，值此各国经济异常困难，现

① 陈三井：《华工与欧战》，岳麓书社 2013 年版，第 12 页。
② 同上书，第 60 页。
③ 陈里特：《欧洲华侨生活》，海外月刊社，1933 年，第 72 页。

欧洲多数政府严禁外侨作此小贩生活"[①]。此后，法国政府又规定了"侨工依上项合同及请求居留证之事项全具备者，亦不允继续作工于其国"，不仅"入法境时未具有劳工部之合同者被其驱逐"，而且"参加欧洲大战赴法之华工未经遣送回国有继续作工法国之合同者，就在巴黎一区参战华工被驱逐者有三十五人之多"[②]，同时，非参战华工及除在巴黎外之参战华工"被收回居留凭证而限期出境"，这种情况"不下有千余人"[③]；即使那些没有被驱逐的华工"亦大都处于失业状态中"，其中有"因困于生活无处居住而露宿者"，也有"因饥饿而疾病而死亡者"[④]。1931年，法国制定了"限制外侨流动商之训令"[⑤]，规定外侨流动工商业者"须有流动商业证或流动之检查簿等"，同时规定"目前不论在任何情形之下，不应发给此项检查簿"[⑥]，也就是说，禁止新的流动商入法；如若拥有流动商业证，还需具备以下三个条件："（一）须有固定住址；（二）须有商店或存货所；（三）须有商业登记证及营业证者"[⑦]。这样的苛刻规定，使得青田华侨中"资格完备者无一人焉"，这就意味着青田流动商贩"时时有被其警察或宪兵拘捕入狱之危险"。据旅欧浙江侨务协进会统计，自1931年8月直至1932年6月，旅法流动商被拘禁入狱者"达四百十九次之多"[⑧]。

受到法国限制华侨政策的影响，旅法的青田华侨出现了分流，一部分前往法国周边的荷兰、卢森堡、比利时和西班牙；一部分前往了中欧的德国、意大利和瑞士，极少数前往了东欧和北欧国家。分流他国的青田人主要乘坐火车出行，当时，法国的巴黎、比利时的布鲁塞尔和荷兰的安特卫普特都是欧洲铁路交通的中心城市。在这些城市的火车站乘车，可以到达

① 《葡萄牙公使馆呈报：奉令劝阻小贩被诱赴欧卷》，浙江省青田县档案馆馆藏档案，卷宗号：1-8-28。
② 陈里特：《欧洲华侨生活》，海外月刊社，1933年，第126页。
③ 同上书，第127页。
④ 同上书，第127—128页。
⑤⑥ 同上书，第131页。
⑦ 陈里特：《欧洲华侨生活》，海外月刊社，1933年，第131—132页。
⑧ 同上书，第130—133页。

德国的柏林、慕尼黑和法兰克福，意大利的都灵、米兰和罗马，也可以前往北欧和波兰。以德国铁路交通为例，从荷兰出发到达德国的杜伊斯堡后，有北线、中线和南线三条路径可供选择。向北可以到达不来梅、汉堡、基尔港，然后前往丹麦；中线可以从杜伊斯堡出发，然后前往埃森、汉诺威、沃尔夫斯堡，最终到达柏林，如果选择出境则可以前往波兰；南线从杜伊斯堡出发，前往科隆、波恩、法兰克福、斯图加特，最终可以到达地中海沿岸的意大利港口城市的里雅斯特港。青田人若要前往东欧国家，有的时候还需要借助马车和汽车等其他交通工具。

在青田人开辟的欧洲诸国内陆线路中，经过反复尝试已经形成了出行的最优方案，如华侨在回国路线中大多选择前往意大利，而不是在所在国寻找港口回国。1939 年，《总汇报》报道了 300 余位旅德华侨回国的消息，他们先乘火车前往意大利的里雅斯特港，然后乘船回国。无独有偶，同年回国的旅法华人 150 余人，同样集体前往意大利然后乘船回国。1945—1948 年，陆续回国的若干批青田华侨也是先前往意大利，然后乘船归国。

第三节　青田华侨闯出国门求生存之方略

民国时期，青田地区家庭财富的分布严重失衡，贫富差距非常明显。形成了以少数富商、政府要员和大地主为主的富裕群体，海外侨商、本地坐商和中小地主构成的小康群体，以及数量庞大的由华工、雇农、佃农组成的底层群体。不同群体因自身经济实力的差异，在选择出国的方式上也显示出差异性。

一、青田华侨闯出国门之经费筹措

1. 青田华侨闯出国门的主要花费

青田人闯出国门的海外之行，成本准入门槛较高，一般家庭需要卖掉田产或借贷才能凑齐出国的费用。在出国费用中，船票、火车票、食宿费、护照代办费等是主要花费项，单项花费少则十几元，多则数百元。

一是代办跨国的手续费。在出国的费用中，中间人的代办费是一笔额外支付的费用，青田人在上海因人地生疏，常不得已委托同乡代办出国手续。民国时期，青田人在军界和警界均有一定影响力，在上海，陈尧（少将军衔）的个人影响力较大，他也是上海青田同乡会的会长。依托陈尧与上海政界的关系，一些青田人在上海开始了出国代办业务。青田人开设的代办服务，大都依托于青田人在上海开设的钱庄，这些钱庄除了办理侨胞汇款业务外，还兼办客栈、护照代办等业务。青田人在上海开设的公合昌钱庄、公达利钱庄及同昌钱庄等，都是此类性质的服务机构，并在温州也设有代理机构，为其招揽顾客。杨定杰、陈鹤鸣、胡进超等青田人在上海的“包客”生意最为红火，经他们办理的出国手续用时短，诚信度较高，很受青田人的欢迎。经营出国代办业务的青田人，阅历较为丰富，他们会根据出国者的经济状况和特点，为他们介绍适合前往的国家。华侨胡锡珍出国前，全家八口人只有一亩地，因凑不出更多盘缠，出国前仅携带了220块大洋。陈鹤鸣根据胡锡珍的经济状况，推荐他前往日本务工，并帮助其办理了出国手续。关于代办手续费的收取，根据前往目的国的路程远近，以及国内、国际环境的变化，花费不尽相同。比如，在20世纪20年代，到日本，每人得向“包客”交付80至90块银圆（包括中途伙食、住宿及交通费用）；到欧洲各国，每人向“包客”交付300块银圆或1000法币。[①] “包客”的对象多为首次出国的青田人，这类出国者对于出国流程完

① 温州市政协文史资料委员会编：《温州文史资料》第7辑，浙江新闻出版局，1991年，第15页。

全不熟悉，只能求代理人全权办理出国手续，因此，花费也最高。对于有过数次出国经验的青田人，他们只需要支付护照代办费即可，船票和住宿均可自行解决，其中，去欧洲的护照代办费要 100 块大洋。

二是船票费、火车票费及食宿费。船票在青田人的出国花费中所占比例最高，前往日本的船票要花费几十到 120 块大洋不等，前往欧洲单程花费为 300 块大洋（包船上食宿）。“藏舱”的花费要少很多，主要省去护照代办费和船票费，但仍需支付 200~300 块大洋（包食宿）给水手长。火车出行的费用一般要低于乘船出行，主要原因是 1915—1930 远东铁路得到了俄罗斯政府补贴。国内的车、船票花费和到达上海的食宿花费，较出国相对低廉，从青田至上海，再从上海出国最多需要 1 个半月，花费在 30~40 元之间。

2. 青田华侨闯出国门的凑款办法

民国时期，青田人出国花费为 100~600 块大洋，这笔开销对于以农业生产为主的家庭而言，是难以支付的。前往欧洲的路费需要 600 块大洋（20 世纪 30 年代币值），前往日本也需要 100~200 块大洋，“藏舱”前往欧洲需花费 200~300 块大洋。可见，通过正规手续前往欧洲的花费，相当于农业家庭20年的收入，相当于中小商人3~5年的收入。自家积蓄、亲戚凑、卖地、借款等方式，成为青田人出国凑齐出国路费的主要来源。

一是卖地。在青田人的家庭财富分配中，购置土地是积蓄财富的主要手段，其主要优势是土地具有保值功能，还有不被劫掠、收取地租补贴家用的价值。青田人所持有的土地，除了位于青田河滩平原外，主要集中在温州的永嘉县，青田或温州的地价为 20~30 块大洋 / 亩。卖地成为一般家庭支付出国费用的主要方式，一般可以支付出国费用的 60%~100%。

二是借款。一些少地的家庭，卖地不足以支付出国费用，还需要向亲戚借钱才能凑齐路费。青田家庭所持有的现金普遍不多，凑齐 100~200 块大洋，需要向多家亲戚借款。

三是民间借贷。如果急需现金，土地一时无法出售，亲戚也没有现金，民间借贷就是获得出国资金的一种重要途径。青田有着悠久的民间借贷史，在 20 世纪 20—30 年代，当地不仅钱庄林立，还有很多民间借贷人。民间借贷需要支付较高的利息，所借资金的数量也有所限制，通常为出国所需的三分之一到一半。以夏松宽的借款账册为例，其中部分借款为出国所用（见表 3-4）。

表 3-4　民国时期青田人夏松宽的借款账册（部分）

<table>
<tr><th>姓名</th><th>时间</th><th>币种</th><th>借款日期</th><th>借银</th></tr>
<tr><td>叶智清</td><td>1933 年</td><td>意银</td><td></td><td>169 方</td></tr>
<tr><td>夏心平</td><td>1933 年</td><td>意银</td><td></td><td>333 方 20 文</td></tr>
<tr><td>留迁章</td><td>1932 年</td><td>意银</td><td></td><td>100 方</td></tr>
<tr><td>徐立棋</td><td>1932 年</td><td>意银</td><td></td><td>70 方</td></tr>
<tr><td>张一高</td><td>1932 年</td><td>英镑</td><td></td><td>3 英镑</td></tr>
<tr><td>夏迁非</td><td>1935 年</td><td>意银</td><td></td><td>11690 文</td></tr>
<tr><td>孙子非</td><td>1933 年</td><td>意银</td><td></td><td>56 方</td></tr>
<tr><td>利宝</td><td>1934 年</td><td>意银</td><td>5 月 17 日</td><td>230 方</td></tr>
<tr><td>明典</td><td>1935 年</td><td>意银</td><td>9 月 17 日</td><td>260 方</td></tr>
<tr><td rowspan="3">何超群</td><td>1935 年</td><td>意银</td><td rowspan="2">3 月 10 日</td><td>250 方</td></tr>
<tr><td>1936 年</td><td>意银</td><td>9 方</td></tr>
<tr><td>1940 年</td><td>意银</td><td>2 月 22 日</td><td>20 方</td></tr>
<tr><td rowspan="6">华金玉</td><td>1937 年</td><td>意银</td><td>3 月 13 日</td><td>500 方</td></tr>
<tr><td>1940 年</td><td>意银</td><td rowspan="5">3 月 8 日</td><td>800 方</td></tr>
<tr><td>1940 年</td><td>意银</td><td>200 方</td></tr>
<tr><td>1940 年</td><td>意银</td><td>180 方</td></tr>
<tr><td>1940 年</td><td>意银</td><td>150 方</td></tr>
<tr><td>1940 年</td><td>意银</td><td>84 方</td></tr>
</table>

（续表）

姓名	时间	币种	借款日期	借银
华金玉	1940 年	意银	3 月 8 日	98 方
	1940 年	意银		150 方
	1940 年	意银	3 月 15 日	50 方
	1940 年	意银	3 月 24 日	150 方
王松财	1939 年	意银		220 方
万德元	1936 年	意银	7 月 12 日	40 方
朱镇西	1941 年	大洋		100 元
胡光珍	1936 年	意银		100 方
丁堂	1940 年	美金	正月初九	2 元
		意银		35 方
郭耀仲	1939 年	英镑	9 月 8 日	20 磅
裘志超	1939 年	意银	九月初九	1640 方
		金	九月十日	20 磅
吴全典	1936 年	意银	8 月 11 日	45 方
陈岩芳	1939 年	意银	七月二十日	60 方

资料来源：依据夏松宽后代收藏《民国时期夏松宽的借款账册》整理。

夏松宽的借款账册中反复出现了“方”。“方”是青田人对于货币的特有称谓，不代表实际价值，只有与特殊国家联系起来才能体现价值，如银等同于元、意银等同于里拉、英金等同于英镑、法银则为法郎。在夏松宽的借款账册中，超过半数的出国者没有偿还借款，这在一定程度上也反映了出国者的盈利状况。

四是到日本打工，赚前往欧洲的路费。对于青田的贫民而言，自身不具备借贷或卖地的资源，出国只能采取循序渐进的方式，先去日本赚前往欧洲的路费，再去欧洲赚“大钱”。在 20 世纪 30 年代，旅日侨路逐渐遭到封闭后，依然有青田人试图通过朝鲜前往日本，赚取前往欧洲的路费。一些青田人被驱逐或逮捕，血本无归。1934年《申报》曾有报道："我国工人直接赴日，每于进口时为日方禁止登岸，乃绕道由朝鲜阜山赴日，希免取缔亦为日察觉……浙籍之青田县工人仍络绎而来。"① 即便到了1937年，仍有青田华侨被日本驱逐的报道："一月四日旅日被逐华侨十三人均隶浙江籍，一月二十五日旅日被逐华侨三人，均浙江籍。"②

二、青田华侨闯出国门的出行方式

民国时期，"当时出国的人多，手续容易办。出国像'走亲家'，今天还在家，明后天走了，人家都不知道，不像今天出国有人送，热热闹闹的"③。为了支持一人出国，一般都是集全家之力，甚至是全家族人之力，这时，路费就成为阻碍他们出国的最大障碍，但为了出国，很多人不得不铤而走险。总之，青田人出国主要有两种途径：一种是不正规的途径，即"藏舱"暗走；另一种是正规途径，即办理护照"明走"。

1．"藏舱"暗走闯出国门

"藏舱"是一种很不正规的出国途径，出国者不用办理护照和出境手续，只要交200块大洋给同乡介绍人，就可以在他们的安排下上船出国了，出国者一般要假扮水手，被藏于货仓、水手间或蔬菜间等便于藏身的地方。可以说，"藏舱"正是抓住了出国者想省钱的心理，投其所好而出现的一种出国途径，但对于出国者来讲，在路途中必然要承受很多苦难，包括身体及精神的，甚至是生命危险。

---

① 《外部咨浙劝阻青田人由朝鲜赴日》，《申报》1934年1月26日。

② 《国际劳工通讯》1937年第4卷第3期，第37页。

③ 叶中鸣：《青田侨乡探源——青田侨乡调查之一》，中国人民政治协商会议浙江省青田县委员会文史资料研究委员会编印：《青田文史资料》（第2辑），1986年，第70页。

经水路出国者一般都要从上海南市十六铺出发，这里是办理“藏舱”的秘密地点，之所以秘密，是因为当时政府不允许，必须在地下秘密进行。办事机构一般设立在上海的一些客栈里，它们在全国其他地方又设有联络点，以方便招揽生意，温州就是这种联络点的重要地区。青田人出国一般都是通过温州联络点联系出洋的，温州联络点的联络人员大都是从各县招募的同乡熟人，以便免去出国者的不信任感。接受“藏舱”的大都是货轮的“水手长”。一般来说，远洋货轮除船长、大副几个领头是外国人外，其他的工作人员基本都是中国人，或是浙江人，或是广东人，只要能分得一点好处，他们是愿意积极配合的，这就为“藏舱”提供了可操作的空间。

青田人想要通过“藏舱”的途径闯出国门，只要找到温州的联络人员，事情基本就可以搞定了。联系人会把他们带到上海，住进秘密机构所在的客栈里，然后交 200 元，等待上船即可。出国者一般都是被安排在深夜上船，并且要求换上水手的衣服，被藏于货仓、水手间或蔬菜间等地方，归侨叶茂青及其他 5 位同伴出国时，就被安排在水手宿舍里，后为了应付船长检查，又被藏于蔬菜间中[①]。他们的食宿都由水手长来安排，是相当差的，几乎过着非人的生活，经常吃水手剩的饭菜，基本没有睡觉的地方，如果被安排在水手宿舍里，还可以借助他们的床睡一会儿，但还会经常遭到他们的辱骂；如果被安排在蔬菜间等地方，那就要闻着烂菜叶子的味道度过漫长的“旅途”了。船长一般情况下是不会检查整个船只情况的，只有在中途船只靠港的时候才会例行公事地去检查，这几乎成为惯例，因此，水手长一般都会早作安排，把出国者藏于更加隐蔽的、船长不愿意去的地方，比如蔬菜间。等船到了目的地，水手长会在深夜把“藏舱”者领到青田华侨开的客栈里，至此，才算完成了所有的“藏舱”程序。

至于水手长和办事机构间的利益分配问题，一般情况下都是比较均衡的，即各个方面都可以接受，叶茂青及其他 5 位同伴出国时，每人 200 块

① 叶中鸣：《青田侨乡探源——青田侨乡调查之一》，中国人民政治协商会议浙江省青田县委员会文史资料研究委员会编印：《青田文史资料》（第 2 辑），1986 年，第 71 页。

大洋的费用，水手长共得480块大洋的辛苦费，其余的归上海码头办事机构人员所得[①]。当然，他们也有“油水”分配不均的时候，这种情况下内部矛盾就比较激烈，得到“油水”少的人往往会向国外起埠码头发电报，海关稽查人员就会把出国者原船押解回国。还有更危险的情况，有时水手长或者大副为了少惹麻烦，竟然把出国者抛入海里，据叶茂青透露，“有一次，水手将人藏在大油锅里，不慎走漏秘密，大副将藏人的油锅丢到海里去了”[②]，何等凄惨。

2. 办理护照合法“明走”海外

办理护照“明走”是一种比较安全的出国途径，它需要出国者事先办理好正式出国手续的证件，即护照，然后到其他国家谋生，这是受到法律保护的出国途径，没有被遣返回国的风险。通过这种方式出国的华侨理应受到居住国法律的保护，但“弱国无外交”，侨民同样受到居住国的歧视，甚至是凌辱，这在青田人海外谋生的过程中是常有之事。

办理护照首先需要借助上海钱庄这种综合性的服务机构。它们除了办理侨胞汇款业务外，还兼办客栈和护照等业务，青田人在上海开设的公合昌钱庄、公达利钱庄及同昌钱庄等，都是此类性质的服务机构，它们一般在温州也设有代理机构，为其招揽顾客。有这样的钱庄存在，出国办理护照是相当容易的，不需要出国者与任何机构接触或者有任何的走动，只要住进以上钱庄开设的客栈，再交上300块大洋，钱庄工作人员就会给出国者办妥一切相关事宜，包括出国需要用到的护照、船票等。但是，在客栈住宿的费用是要另算的，这就为客栈谋取私利提供了可乘之机。为了赚钱，他们“往往故意拖延时间，待你住上三、五个月，从房租、饮食费上

① 叶中鸣：《青田侨乡探源——青田侨乡调查之一》，中国人民政治协商会议浙江省青田县委员会文史资料研究委员会编印：《青田文史资料》（第2辑），1986年，第71页。

② 同上书，第72页。

赚到可观的金钱后，才给你弄到护照”[1]。一些钱庄也开始经营出国者的服务项目，即向他们提供贷款，比如“如果你食宿费及出国费用支不出，他们可以给你结算记账，由钱庄给你贷款，你到外国赚到钱，再汇款缴清本利”，[2]这是一种很全面的服务流程。

钱庄这样做，除了从出国者垫付的本利中得到利息外，还可以把出国者变为自己的老顾客，钱庄则成为他们的老主顾。出国者在国外遇到汇款等与国内有关的事宜，都要找老主顾，以示诚信。如果公达利钱庄贷给了某出国者出国的费用，自然也就成为该出国者的老主顾。公达利钱庄办理汇款的同时，还办理邮购业务，如若出国者需要国内的特产、书刊之类的物品，只需向老主顾发一封信件或者电报，钱庄就会在最短的时间内帮助办到，这样就达到了老顾客与老主顾的双赢，老顾客得到了方便，老主顾赚到了钱，同时还可能得到赞誉，扩大钱庄的名气。

总之，“藏舱”暗走和办理护照“明走”这两种出国谋生的基本途径，是各有利弊的。前者所需费用虽然稍微低一些，但危险性极大，很多时候由于缺氧、缺食、缺水，到了目的国已成僵尸而被抛进大海；后者虽费用较高，但危险性相对较小，而且还会有钱庄帮助垫付出国的费用。事实上，对于当时的青田人来讲，费用的高低是大部分人考虑的首要因素，其他影响因素，比如安全性，只能排于其后。这样，我们就不难看出，青田出国者选择“藏舱”暗走途径的多一些，选择办理护照明走的则少一些，事实也是如此。

当然，护照对青田人也并非万能的，一是旧中国的国际地位很低，即便有了护照，出国人员也不能完全得到保护；二是民国时期护照发放相对混乱，国际认可度也不高，在一些国家有护照也会遭到当地警察的驱逐。

---

① 叶中鸣：《青田侨乡探源——青田侨乡调查之一》，中国人民政治协商会议浙江省青田县委员会文史资料研究委员会编印：《青田文史资料》(第2辑)，1986年，第72页。

② 同上。

3. 巧用护照，周旋海外

青田华侨在出国之初有其被动的一面，但随着海外生活经验的积累，他们想出不少应对困难的技巧与办法，护照的灵活使用便是其一。

青田人早期的海外出行手续并不繁杂。一战前，出国到其他国家是不需要护照的，在任何国家留居，亦无限制，“国与国间旅行需要护照，乃是第一次世界大战期间才开始的”[①]，各个国家实施的时间也不尽相同。随着护照制度的逐步实施，护照成为出国者必备的证件，即出国通行证，但由于民国时期尚未形成比较严格的护照制度，也使得护照的出国通行证作用大大减弱。

自 20 世纪 30 年代开始，青田赴欧洲的人数快速增长，达到了年均数百人的规模，这一时期，申领护照也逐渐成为难题。一方面，欧洲国家加紧了检查力度，如比利时认为，“华侨小贩往来无定，有于今日在荷国，明日转德国者，有今日在德国明日转往法国者。但彼等来往恐以商业良否为转移”[②]。因而制定规则：“政府安抚一般失业人口，通过检查护照等，把证照不全的华侨全都驱逐出境。”据旅欧浙江侨务协进会统计，浙江籍华工主要为青田、温州人。1935 年，20 余名青田、温州华侨被驱逐回国。另一方面，由于青田人在海外频频引发外交纠纷，民国政府希望规避外交风险，也不愿意承担保护华侨的责任，常采用停发护照的方式阻止青田人出国。起初，民国政府外交部禁止上海、浙江两地办理温、青华侨的出国手续，即便有代办也不给青田籍人办理出国护照。为了顺利出国，青田人转向广州提交出国申请，后被民国政府外交部察觉，下文禁止国内机构为温、青华侨办理出国手续。既然国内机构办理护照受阻，青田人就又转向国外使领馆申领护照，直到被民国政府外交部再次禁止，例如“驻横滨神户长崎各领事馆停发此项人民出洋护照”[③]。此外，当时的国内舆论也不支持青田

---

① 李书华：《碣庐集》，台北传记文学出版社 1967 年版，第 3 页。
② 徐斌：《欧洲华侨经济》，台北海外出版社 1956 年版，第 28 页。
③《奉令劝阻小贩被诱赴欧卷》，浙江省青田县民国政治档案，卷宗号：1-8-28。

人出国。《大公报》曾专门刊文指出“《青田籍工人出国当局设法防止》请各发照机关停发温州人或青田人出国护照；请各国邮船公司以后弗装温州人出国；告知中国驻外使馆注意：如发现温州工人在外国上岸，得随时随地交原船押回云。”[①]

在正常办理护照的途径均被切断后，青田人又有了新的应对办法，比如，将某A的护照照片撕下换成某B。由于西方人对于东方人的相貌、姓名以及发音等不熟悉，有的西方人将东方人视为一体，因此，在国外常可以蒙混过关。在旅欧华侨中，换照片是常态，在他们看来，“弄到什么护照，就叫护照上写的名字。所以他们往往是今天姓张，明天姓王，居无定处，行无定名。这护照是世袭的，一个人走了或者死了，另一个人就继承。”[②]《申报》就曾报道了三名温州商人（亦有可能是青田人）携带奥地利护照旅行的情况。他们在途经法国时被勘验护照，法国人检查护照没有发现问题，又认为护照照片存在可疑之处。三人随后被送交法国巡捕房审讯，均供认在上海获取了正规护照，但更换了护照上的照片，后来，三人均以伪造护照照片的嫌疑送交法庭审理。实际上，西方人发觉温、青华侨护照存在造假的问题，大都是从护照照片上的钢印处发觉的，后贴上去的照片与原版粘贴照片并卡钢印的效果完全不同。此后，西方国家也注意查验温、青华侨护照上的照片，对于伪造者，除了逮捕外还要遣送回国。

出现了新问题，温、青华侨自然又有了新对策。他们向使馆报称护照丢失，要求使馆补办新护照，由于手续齐全还有代办参与，多数报称丢失者都顺利申领到了新护照。新护照与旧护照内容无差异，但所用照片由某A悄然换成了某B，这样一来，以报护照丢失的名义，便可以为多人申请到“正规”的护照。此外，温、青华侨经营的护照代办机关神通广大，常使县人“即赤手空拳，亦可得出航海外之机会”[③]。

① 《大公报》(上海)，1937年4月24日。
② 季羡林：《留德十年》，东方出版社1995年版，第129页。
③ 刘士木、徐之圭合编：《华侨概观》，中华书局1935年版，第12页。

巧用护照多发生于欧洲国家。实际上，在1935年之前，利用管理漏洞的方式出国早已被温、青华侨所熟知。以旅日为例，日本在1924年起开始限制中国人前往日本，当时从温州或上海前往日本的青田华侨，被遣返的概率很高。于是，有的青田人便转到朝鲜半岛，从釜山前往日本。

三、青田华侨闯出国门费用之偿还

青田人如何短时期内赚钱、回本、偿还不菲的出国费用，是每个出国者必须思考的问题。

青田华侨闯出国门的主力是生活困苦的平民，陈寅庚回忆说："青田人出国完全是由于在国内活不下去，出国时也不知道目的地在哪里，为了免得在家里等死，只得抛妻弃子流亡出去碰运气。"① 平民家庭生活拮据，出国大都需要东拼西凑，甚至借贷卖地，出国又背负着娶妻、致富的重担，因此他们在海外拼搏的时间一般较长。从1992年青田县侨联对149位老归侨的调查就可见一斑（见表3-5）。

表3-5 1992年青田县17个乡镇149名老归侨海外打拼时间

姓名	出国年份	归国年份	年限	姓名	出国年份	归国年份	年限
叶进飞	1914	1938	24	朱延岩	1929	1947	18
刘焕清	1929	1947	18	朱禄岩	1930	1940	10
王正典	1927	1938	11	陈国岩	1930	1940	10
金汉光	1930	1942	12	王秀元	1931	1946	15
周德标	1931	1939	8	陈国进	1931	1947	16
陈召南	1931	1946	15	王凤辉	1934	1946	12
叶长庚	1932	1964	32	麻奏银	1935	1946	11

① 青田县侨联档案资料，卷宗号：12-8-206。

（续表）

姓名	出国年份	归国年份	年限	姓名	出国年份	归国年份	年限
叶吾科	1936	1946	10	朱成国	1935	1945	10
王进琪	1928	1937	9	林金楷	1921	1926	5
留元昌	1917	1929	12	彭洪庚	1921	1932	11
林三喜	1918	1932	14	韩成进	1921	1935	14
张志伍	1919	1933	14	吴迪告	1923	1939	16
林景石	1937	1946	9	吴益明	1924	1930	6
朱大坤	1918	1945	27	杨星光	1930	1947	17
程岩进	1918	1924	6	陈宗绪	1936	1947	11
朱有典	1919	1924	5	留佐南	1918	1948	30
王则仁	1923	1933	10	徐德前	1922	1931	9
王平垟	1924	1934	10	阮岩明	1922	1932	10
吴林溪	1924	1949	25	留连群	1925	1946	21
王成岩	1926	1934	8	留德元	1926	1949	23
陈福进	1927	1939	12	孙木权	1926	1931	5
叶洪典	1927	1939	12	孙祖彬	1929	1947	18
朱钱岩	1927	1937	10	阮克成	1931	1939	8
朱翼乾	1928	1938	10	陈上岩	1931	1938	7
麻志兴	1929	1937	8	徐守谦	1931	1946	15
叶岩连	1929	1939	10	孙抱成	1933	1935	2
何恒美	1932	1941	9	王志真	1930	1941	11
吴元水	1922	1931	9	胡泽进	1932	1947	15
邱岩言	1927	1933	6	陈松照	1932	1942	10
孙正飞	1927	1939	12	夏康	1917	1927	10

（续表）

姓名	出国年份	归国年份	年限	姓名	出国年份	归国年份	年限
高池茂	1927	1937	10	金进岩	1925	1949	24
孙旭光	1928	1936	8	张春镖	1931	1940	9
高池山	1930	1936	6	杨银道	1932	1938	6
高铭乾	1930	1937	7	夏岩禄	1933	1943	10
孙吾宗	1930	1943	13	杨碎典	1936	1947	11
高池寅	1930	1940	10	应足典	1936	1948	12
高池焕	1932	1946	14	杨松林	1938	1947	9
高铭良	1933	1944	11	陈克勋	1922	1938	16
高铭文	1933	1946	13	傅王岩	1923	1934	11
张方兰	1934	1947	13	张清芳	1927	1942	15
高铭藩	1935	1946	11	周仲岩	1930	1946	16
张德兰	1935	1945	10	吴长松	1931	1946	15
邱方言	1938	1945	7	王龙岩	1932	1946	14
刘法水	1916	1921	5	吴岩土	1933	1947	14
郑尚立	1927	1943	16	陈然清	1933	1947	14
郑朋秀	1937	1947	10	王贵仁	1921	1935	14
朱明彩	1918	1938	20	卓学林	1921	1945	24
张德宝	1923	1939	16	厉阿训	1921	1931	10
杨岩清	1930	1936	6	周成兰	1927	1937	10
留进兰	1925	1937	12	王叶成	1929	1936	7
孙有权	1933	1940	7	朱王福	1929	1935	6
吴明祥	1936	1942	6	王名标	1930	1937	7
徐进权	1939	1945	6	厉训典	1934	1940	6

（续表）

姓名	出国年份	归国年份	年限	姓名	出国年份	归国年份	年限
叶信贤	1921	1934	13	陈志元	1935	1949	14
季林宗	1923	1933	10	王岩奎	1936	1942	6
叶明进	1924	1935	11	卢作训	1910	1915	5
陈芳权	1925	1983	58	陈岩贵	1926	1944	18
赖志进	1926	1935	9	徐成斋	1930	1945	15
陈海标	1928	1937	9	柳朝方	1933	1947	14
叶凤土	1929	1940	11	赖全溪	1935	1945	10
林英岩	1930	1938	8	周跃祖	1937	1948	11
林锡考	1930	1939	9	吴佐章	1930	1936	6
黄忝仁	1931	1938	7	陈岩选	1930	1935	5
周呈夫	1935	1947	12	徐心田	1930	1935	5
叶茂清	1935	1940	5	陆作春	1933	1938	5
金达芳	1937	1947	10	郭周敖	1927	1985	58
厉进元	1918	1934	16	叶佐青	1928	1946	18
陈上禄	1920	1946	26	王岩方	1930	1937	7
吴祚侯	1921	1927	6	叶王星	1931	1948	17
吴呈福	1923	1934	11	郭理武	1932	1938	6
吴成福	1924	1945	21	徐银德	1934	1948	14
陈志彬	1925	1939	24	蒋志清	1930	1946	16
吴灿超	1927	1932	5	叶秀贤	1936	1946	10
刘枝才	1928	1946	18	朱新恩	1936	1947	11
吴敏树	1928	1947	19				

资料来源：《青田华侨史》编纂委员会编著：《青田华侨史》，浙江人民出版社 2011 年版，第 22—27 页。

从表 3-5 可以看出，青田县 17 个乡镇的 149 名老归侨，在海外打拼的时间都在 5 年及以上，其中，10 年以上（含 10 年）者达 100 人，占全部统计人数的 67%；超过 20 年的有 13 人，占全部统计人数的 8.7%。一般认为，超过 20 年才选择回国的华侨在海外大都不成功，但也有个例。有的华侨回到青田后赚到了不少钱，如有华侨曾在新大街青田人禾王朝大酒店对面购入商用门市房 3 间，年租金可达 60 万元。

一般来说，在海外打拼时间五年以上者，才能赚回出洋的费用。青田华侨在海外赚回出洋成本和路费，以单程 600 块大洋计算，往返路费则为 1200 块大洋，若还想带回千余大洋，总计需要赚到 2200 块大洋。以华工一天可以积攒下 1 块大洋计算，至少需要 6 年的时间才能具备回国的基本条件。从事小贩经营，获得的收入会高一些，但所需成本也明显高于打工者，若小贩赚取 2000 块大洋的利润，则需要销售价值 5000~6000 块大洋的货物。以青田小贩每天可以赚取 10 法郎（约合 2 块大洋）纯利，销售货物利润率按 40% 计算，青田小贩每天销售货物约合 5 块大洋，需要 2.7 年。将理论计算的预估值与华侨出洋的实际状况进行比较，可以发现，预估值远比实际情况乐观。因为预估值没有计算青田华侨小贩在从事经营活动中可能遭遇到的风险，比如遭到逮捕、没收货物以及罚款等。在二战期间，部分青田华侨被意大利政府关入了格拉莎索集中营，华侨货物损失普遍都在 3000~10000 美元。理论上，青田华侨可以在 5 年左右的时间赚到回国所需的资金，但种种人为或非人为因素可能会让这个周期延后至 10 年。

在海外打拼时间短者还有可能会欠下债务。有部分青田华侨海外打拼时间不足 5 年，如金田乡的吴贵光 1924 年出国，1925 年就回国了，海外打拼时间仅 1 年，又如港头乡的王学贵 1924 年出国，1926 年就回国了，海外打拼时间仅两年。[①]这样的案例虽然不少，但并不意味着他们赚回了出国的往返路费，短期前往海外的青田人，大都是因为不适应海外生活或遭

---

① 《青田华侨史》编纂委员会编著：《青田华侨史》，浙江人民出版社 2011 年版，第 26—27 页。

遇变故回国的，这部分华侨一般没赚到钱，有的还欠下了一大笔债务。

所以，青田华侨一旦走出国门，除了首先要赚回需要偿还的往返路费外，还需赚回自己在海外日常生活的支出费用，再则需赚回贴补国内家庭的费用。为此，绝大部分华侨在海外会持续打拼 10 年以上；在 5 年以下或更短时间，不但出国费用不能回本，还可能会背上债务。

小　结

民国时期，青田华侨闯世界、寻求谋生的基本方式，有政府的行为，也有个人的因素，他们这个群体的形成，是当时的时代背景下多种因素共同作用的结果。其中，华工应召出国是政府性质的活动，政府行为的影响作用较大，个人因素处于次要地位，其在劳工待遇方面相对来说是有保障的，也正是这些应召出国的华工，战争结束后留在海外，奠定了青田华侨的基础。而对于自由出国的华侨来讲，个人因素在很大程度是起决定性作用的，政府行为相对处于次要地位，这就决定了其在出国方式、华侨待遇等方面是得不到保障的。

至民国时期，青田华侨的分布是广泛而又集中的。所谓“广泛”指的是青田华侨分布的国家较多，达 40 多个，跨越欧洲、亚洲、南美洲、北美洲、非洲等；所谓“集中”是指青田华侨在每个国家内部的分布是相对集中的，基本都形成了青田华侨聚居区。从青田华侨分布的各大洲来看，欧洲人数最多，亚洲次之，美洲排第三，非洲最少；从国家分布来看，法国最多，日本次之，经济实力较强的美国与前两者相差甚远，还有的青田华侨则主要分布在其他欧洲国家。这样的分布是各方面因素共同作用的结果，其中起较大作用的主要是国家的发达程度，此外，路程的远近也是重要的影响因素。

总之，青田华侨的出国方式在很大程度上影响了其分布。由于民国时期青田华侨良好的认亲、互助传统，“亲带亲”“邻带邻”成为自由出国谋生的主要实现形式，这种投奔性质的出国造成了青田华侨分布的相对集中性，先出国的华侨在哪个国家，后来者也会到哪个国家去。青田华侨在民国时期的出国路线，无论是海路还是陆路，也基本上形成了比较固定的路线，至于选择海路还是选择陆路则主要以奔赴之国家而定。他们到海外谋生的基本途径也都有固定的模式，“藏舱”暗走是不“合法”的途径，但由于费用低，青田人出国采取此途径者较多；办理护照“明走”是正规的途径，但由于花费相对较高，较之“藏舱”途径在选择人数上稍事逊色。

在之后的发展过程中，随着出国方式的多元化，青田华侨的迁徙与流动也呈现出分布越来越广泛的总体态势。

第四章 青田华侨海外经营的崛起

至民国时期，青田华侨已成为欧洲社会中具有影响力的外来群体，但他们还不能完全融入欧洲国家的社会体系，也无法分享其现代国家福利。旅欧的青田华侨大多选择参与最底层的经济活动，既避免了与居住国民众发生经济冲突，又保证了自身从欧洲资本主义国家分享经济红利。20 世纪 20 年代后，旅欧的青田华侨集体性转向了提卖业，在欧洲赚取了国内无法企及的商业利润，并形成了独具特色的经营模式。

第一节　青田华侨由工到商的职业转变

青田地区自古便有着外出做佣工的传统，当地民众普遍掌握了多种传统专业技能，如雕刻、木器加工、建筑、打铁等。这些技艺不仅是青田人做佣工的一技之长，也成为其走出国门谋求生存的“资本”。青田人做海外佣工，在一定程度上挤占了居住国民众的就业机会，因而佣工行为逐渐遭到排挤被禁止，迫使其另谋出路。

一、青田华侨海外务工的工作状况与待遇

1. 青田华侨的海外务工状况

青田华侨中的务工人员，主要是一战留欧未返的战时华工，人数在 1500 人左右。青田一战劳工选择继续留欧，与战争结束后的欧洲国家重建有关。如法国因劳动力紧缺，战后急需恢复经济，政府鼓励华工留法继续

为其建设服务并出台了相应的政策，所谓“对于满约之华工，若厂主愿意继续留用，该部便将对于华工所负的一切权利，完全让渡与厂主，至将来应该如何组织，概由华工与厂主自行接洽商量”[①]。这些留下的一战劳工多数继续务工，主要有两种去向：一种是“参战来法愿将其作工合同延长，续住法境作工者”，这些人以“黄河流域华侨为多”，而且在“飞机厂、汽车厂等工厂作工为多，工金亦较佳”；另一种是“与自由来法经营流动商业，与法政府及任何工厂无作工合同，由商改业为工者”，其中“以青田温州华侨为多”，工作“以采矿、人造丝、铁厂、砖厂、留声机片厂、瓷器厂等工厂作工为多，飞机厂、汽车厂极其少数，其工价亦较廉”[②]。

当时，法国古雷诺汽车公司、布罗尼飞机制造厂、阿丁人造丝厂及古洛梅砖瓦厂等都有许多青田籍华工。这些青田华工根据所在工厂的不同，待遇有所差别，但绝大多数从事的都是高强度、低收入的工作。“1932 年，在巴黎西郊碧映古雷诺汽车制造厂和布罗尼飞机制造厂约有 200 名华工，他们在法国时间较长，工资相对较高；在巴黎西郊阿丁人造丝厂有近 100 名华人，工资相对较低，而且容易伤害眼睛；古洛梅砖瓦厂也有近 100 人，其中浙南人占一定比例（这里提及的浙南人主要是青田人），他们工资更少。”[③]“浙江青田县来的有许多华工，在巴黎里昂火车站旁边附近木工厂里做工，很得厂长欢迎。”[④]另外，部分青田华侨转道荷兰，成为荷兰各远洋公司的海员。民国前期，荷兰的海上贸易已称雄于亚欧各国，由于其商船频繁往来于世界各地，所以需要大量装卸货物的劳工，在本国劳工无法满足的情况下，转道荷兰的青田华侨因能吃苦耐劳且工资低廉而成为该国船主招募的重要目标。如 20 世纪 20 年代前期，就曾有数十名青田侨胞在同乡王志南的介绍下，在英国蓝烟囱远洋公司所属的荷兰商船上当海员。

① 陈三井：《华工与欧战》，岳麓书社 2013 年版，第 141 页。
② 陈里特：《欧洲华侨生活》，海外月刊社，1933 年，第 72 页。
③ 同上书，第 8 页。
④《四十一个月的勤工俭学生活》，载清华大学中共党史教研组编：《赴法勤工俭学运动史料第二册（上）》，北京出版社 1979 年版，第 307 页。

20世纪20年代前后，日本也是青田华侨出洋谋生的主要目的地，青田赴日华侨最多时约3000人，这些人基本都是小商贩和劳工，主要分布在东京、大阪、名古屋、神户等地。青田旅日劳工分苦力和普通工两种。苦工主要从事挑煤和挖土工作，东京小名木川沿岸、芝浦、南千柱、王子等处挑煤工居多，挑煤工在东京至少九百人①。另有部分华侨到铁工厂、玻璃厂、镀金厂、铅笔厂、自来水笔厂、制瓦厂、纺织厂及藤椅厂、木器厂等工厂或家庭工场工作②。在20世纪20年代后期，前往日本的青田劳工大都转往了欧洲。

关于旅欧青田华侨中务工人员的数量，因这一群体从事职业的易变性，很难精确统计出人数。据《申报》记载，“惟滞留法国者尚有千人左右，多娶有法妇，生有子女，且能恃其专长，勉强糊口维生”③；据《青田县志》记载，“战后大多定居欧洲，其中在法国1000多人”④，另有记载，“当时留下的好像有上千人，多数是青田人”⑤。其中，部分转往德国、荷兰、意大利、奥地利、美国和巴西等国的青田人未被计算。如在20世纪20年代，部分青田华侨从欧洲前往巴西，据巴西华侨郭炳强回忆，由欧洲前往巴西的青田华侨有90人，其中有确切名单的88人⑥。因此，考虑到漏记的因素，大致可以推测出务工者的峰值数量在1500人左右。

2. 青田华侨的海外务工环境

青田华侨在海外的工作条件较差是不争的事实，这与他们“只能干重活、脏活、贱活和工薪不高的活”有关，相比较而言，欧洲务工的环境会略好一些。

---

① 中华民国侨日共济会：《共济》，1923年，第11页。
② 同上。
③《申报》，1937年3月12日。
④ 陈慕榕主编：《青田县志》，浙江人民出版社1990年版，第642页。
⑤《因招募华工我到法兰西——浙江青田籍华工叶清元口述》，《欧华侨志》试刊号第2期，1995年10月15日。
⑥ 吴晶：《侨行天下》，大众文艺出版社2006年版，第350页。

青田旅欧华侨的工作地点，大都“设于人烟稀少，交通不便之处者”，而且“往往工作极苦，工金低廉，为其本国工人所不乐为者”[①]，如砖工厂、采矿公司等“工作太重，工资又低”，人造丝厂“因制丝之化学品性既甚猛，臭气异常，且易伤目，而工资亦轻”[②]。青田华工在法国雷诺公司等企业里主要是做搬运、提货、卸装、打扫等工种，在哥本哈根机场里分派干的是厕所淘粪等脏活，在海船里是擦洗甲板、船舱和添煤烧炉等，此类工作一般都是当地人不愿干的活。吴旭亮于1930年在国民党驻法总支部之《华工在工厂内作工之痛苦报告》中的描述，正是当时旅法华工的真实写照：

> 现在我们做工的工厂，是个人造丝的工厂，如因染色漂白等部分工作用化学品多，所以我们在该厂内的工人，个个工人都是受蒸汽的熏陶，害过眼病的，当我们害到眼病时，半分钟也不能开眼，在不能开眼的时候，还是要闭起眼来作工，一点不能停顿，否则若被工头看见，即饱以老拳，倘若因痛到太不能忍受时，稍加申辩，则不论道理如何的正确，则以反抗工头命令的名义，把我们工位开除了！我们有时若因眼痛向其请假时，工头必回答说：“工厂要工人，不是为要来请假的，快回去做工”。有时我们因为实在痛得太厉害，而请假又不准许，甚至因眼痛不能忍受，跌倒地上，不能起立时，工头看见又曰：“岂有此理，装病怠工”！“开除”！“罚金”！还有法国人，同我同厂做工的工贼，常常打我们，骂我们，更还有时要我们代做他们名义下的工，若是我们表示不愿意时，他们要利用其流利的法语，报告工头说我们“损坏机件”，“停滞出品”，“怠工”等，所以工头听到一面之词，我们又不懂法语，就是懂也不准我们申辩，就饱以老拳。[③]

---

① 徐斌：《欧洲华侨经济》，台北海外出版社1956年版，第41页。

② 陈里特：《欧洲华侨生活》，海外月刊社，1933年，第75—76页。

③ 同上书，第77—78页。

在法国，青田华侨主要在轮船厂、汽车厂、砖板厂以及水泥厂等需要低级劳动力较多的工厂工作，最重、最苦、最脏、工资最低是他们工作条件的显著特点，甚至有的死于工作现场。如在20世纪20年代法国歌梅驿的Lambert水泥厂，有700余名青田华工受雇于此，他们工作条件异常艰苦，经常赤脚在矿山上工作，甚至有生命危险，开矿时的塌方致使不少青田华工丧命。旅法青田华侨叶吾科分别在轮船厂、汽车厂以及砖板厂做过工，据其回忆，这些工厂的条件与水泥厂大致相类似。在日本，劳工更是苦不堪言，被辱骂或挨打是常有之事，做工的辛苦自不必说，凌晨就开始工作，还经常被工头克扣工资，即使这样，很多青田华侨连这样的工作也找不到。从本质上讲，当时的青田华工之所以争相到如此恶劣的环境中工作，甚至是冒着生命危险，不过是因为这些工厂有比较稳定且比国内高很多的收入罢了。

青田海员主要分布在英、荷、丹、葡、德、法、比等国。在荷兰轮船公司的青田海员，“以升火、司煤等部分工作为多”，此项工作“热度高至百二十度以上，为普通欧洲工人所不能忍受者，其不合于卫生，碍及身体之健康，更无疑矣”，其他的“悉为业洗濯，扫地，炊饭，服侍及船上货物之上下等工作”[①]。据荷兰第二院的相关资料记载，1927年，全荷兰11家轮船公司共雇佣了中国水手3224人，其中2397人在船上的锅炉房中担任最艰苦的“烧火工”工作，占总数的77.5%[②]。

3. 青田华侨的海外务工收入

青田华侨海外务工的收入较低。当时，荷兰各远洋公司支付给中国船员的工资，一般仅相当于其欧洲同行的60%左右，而且一些远洋公司还借口中国人饮食习惯不同，将中国船员的伙食标准降低了约三分之一。当时荷兰一份海员工会的资料介绍：荷兰水手长的月薪是115荷兰盾，而同一

① 陈里特：《欧洲华侨生活》，海外月刊社，1933年，第78页。
② 李明欢：《欧洲华侨华人史》，中国华侨出版社2002年版，第89页。

家公司付给华人水手长的月薪只有 73 荷兰盾；荷兰普通水手的月薪是 100 荷兰盾，而华人水手只能拿到 60 荷兰盾（见表 4–1）。

表 4–1 中荷船员月工资及伙食待遇比较

工种	荷兰人	中国人	中国人 / 荷兰人
水手长	104.5~115 荷兰盾	73 荷兰盾	≈66%
水手	91~100 荷兰盾	60 荷兰盾	≈60%
司炉工	95.5~105 荷兰盾	60 荷兰盾	≈60%
伙食标准	24 荷兰盾	16.5 荷兰盾	≈69%

资料来源：荷兰海员工会月报《瞭望》，1932 年 8 月 6 日，转引自李明欢：《欧洲华侨华人史》，中国华侨出版社 2002 年版，第 89 页。

从表 4–1 可以看出，同一种工种，华人的工资要比荷兰人的工资约低三分之一，而且工作时间也相对较长，一般都是 12 小时，几乎没有休息日，因此，“彼等因有勤苦耐劳之性质，大得其政府与人民之欢迎”[①]。雇用中国水手，成为各远洋公司老板们赚取超额利润的诀窍之一。20 世纪上半叶，华人海员占在荷华侨总数的三分之二，这些华人海员大多数是来自广东、福建农村的贫苦农民，青田华侨也占不少。

外国企业招收华工还有一种考虑，就是借以压制本国工人的罢工运动。20 世纪初以来，欧洲工人的组织性、纪律性日益提高，经常组织各种罢工运动。20 世纪初，欧洲海员已经团结起来，有组织、有领导地为捍卫自己的合法权益而斗争。为了破坏罢工，他们招募华人船工来顶替，中国船员“没有阶级觉悟，但吃苦耐劳，随遇而安，不惧酷暑严寒，而且勤劳节俭”，工厂的华工“性训易于管理，招用华工混杂其内，可使与其本国工人语言隔膜，无形限制其本国工人罢工等事”，更重要的是“我华工安分守己，绝无怠工，损坏机器，及出产品停滞等情形，故亦颇为其资本家所欢迎”[②]。

① 陈里特：《欧洲华侨生活》，海外月刊社，1933 年，第 73 页。
② 同上书，第 75—76 页。

相比而言，旅日的青田劳工待遇更差，不仅比旅欧劳工收入少，与日本当地劳工比也相差较远。青田旅日劳工日工资仅2元，而日本劳工则是5元[①]，但是他们要做比日本劳工多好几倍的工作。文成旅日华侨胡遇舍曾回忆道："1922年，我在日本名古屋瓦斯局做苦力，一天干活十几个小时，但一天所得工资只有一元七角日元，除去吃饭、住宿费等，每天只赚一元日元。"旅日华侨张宝仓说："1928年，我在东京充当苦力，每日工资只有二元，除掉生活费用，每日只剩余一元日元。"[②]在20世纪20年代中期之后，旅日劳务的优势便逐渐丧失，除了特别贫穷的青田人外，离开日本的趋势变得不可逆转。

与青田华商相比，青田华工出现的时间较晚，出现的时段也相对集中，主要是1910—1930年间。与其他地区的华工相比，青田华工仅是华商的中间状态，是积累商业资本的早期阶段。

早期前往欧洲的华工，主要前往各大轮船公司从事海员工作，海员的收入并不固定，多"以与船务公司所订工作合同之久暂而定"[③]。1928年之前，如果海员与船政公司订立三个月的工作合同，"可得金磅一一〇，合国币千元许"；随着欧洲国家失业率急剧攀升，1931年，海员与船政公司签订同样的合同，其工资"减至金镑八〇"；直至1936年，在相同的情况下，海员所得"有减至金镑五〇者矣"[④]。青田海员主要集中在荷兰，王志南设立了"5号水手馆"，近千人前往荷兰寻求海员工作[⑤]。20世纪30年代，荷兰航运业出现了解聘潮，大量海员失业，轮船公司也解聘了大批青田籍海员，导致他们无钱返乡，流落到其他欧洲国家。

一战华工是以务工为目的出国的青田华侨的重要组成部分，这批华工

---

① 《青田华侨史》编纂委员会编著：《青田华侨史》，浙江人民出版社2011年版，第69页。

② 温州市政协文史资料委员会编：《温州文史资料》（第7辑），浙江新闻出版局1991年版，第15页。

③ 陈里特：《欧洲华侨生活》，海外月刊社，1933年，第62页。

④ 同上。

⑤ 方鸣：《青田人在荷兰》，北京雅昌彩色印刷有限公司，第50页。

主要前往了法国。青田的一战华工并非都是在青田本地招募，一部分是在上海被招募的。青田仁庄罗溪村的郑稌到上海佣工，并于1914年赴法国做战时劳工。根据合同，一战华工需在国外服务5年，日工资5法郎，每天工作10小时[①]，华工受法律保护。青田华工大部分从事修建工事，也有一部分前往工厂，但所从事工作大都是简单的体力劳动。战争结束后，法国政府宣布，华工去留自愿，如若回国，每人发给奖金，由法国政府安全护送回国；如若想继续留在法国，则政府赠予永久居住的房地，并无条件协助就学、就业，同时还颁发荣誉国民证，享受免费在政府各医院就医、清贫救济、子女永久免费教育等特权。但有的旅欧华工，“赚到三、两千元（指银圆）后即回国买田置地过活，不再出国。”[②]

一部分青田人选择留在法国，其中多数人“被雇服役于战后复兴事业”[③]，少部分从事了商业、餐饮、水手招募等行业，如“开旅馆的夏岳山，开饭店的吴耀廷与周明岩、开酒吧的夏成仁，做批发生意的叶秀甫，养豆芽生意的吴端孝，开赌家的林岩权等”[④]。

20至30年代，旅欧的青田华侨中有部分人前往工厂，因为职业门类的不同和技术水平的高低，其收入存在较大差异。这一批青田华工基本可以分为以下几类：特别技能华工“每月收入在二〇〇〇法郎以上，合国币四百余元”，机器工人或有普通技能工人“每月收入在千五百法郎以上，合国币三百元许”，粗工“每月之收入自六百至千五百不等[⑤]。法国工厂的工人工资大多按工作时间来计算，不同的工厂工资标准也有所不同（见表4–2）。

① 夏凤珍：《从世界看浙南非法移民》，南开大学出版社2008年版，第3页。
② 浙江省青田县侨联档案资料，卷宗号12–8–206。
③ 刘士木、徐之圭合编：《华侨概观》，中华书局1935年版，第24页。
④ 麻卓民：《早期旅法青田人概况》，《欧洲时报》2002年11月20日。
⑤ 陈里特：《欧洲华侨生活》，海外月刊社，1933年，第63页。

表 4-2　法国华工作工工厂及工资

工厂名称	工资
亨怒雷诺工厂	每小时五法郎至八法郎
施通雪铁龙工厂	每小时五法郎至八法郎
瓷器工厂 Usine de M.C.	每小时三法郎至五法郎
辈助标致汽车厂	每小时三法郎至五法郎七十五生丁
人造丝厂 Usine de la soie d'Argcutcuil et desauit Choumon	每小时二法郎七十五生丁至五法郎零五生丁
砖瓦厂 Usine Lombert fréres a' Cormeiles-en Parisis et a' Voujous. Uisine de Plate etarriére a'grolay	每小时一法郎七十五生丁至三法郎二十五生丁
铁厂 Usine de fer	每小时二法郎二十五生丁至四法郎五十生丁
沙都工厂 Urine de Chatau	每小时二法郎三十生丁至四法郎七十生丁
采矿公司 Compagnie de I'Cxportation de mine	每小时七十五生丁至二法郎零五生丁

资料来源：陈里特：《欧洲华侨生活》，海外月刊社，1933 年，第 73—74 页。

法国也有少数工厂采取计件的方式计算工资，即“以产品件数之多寡为工资之标准者，平均每人每小时亦可得三法郎至六法郎许之工资”[①]。

在欧洲华工潮之后，青田出现了赴日务工的风潮，与旅欧华工相比，旅日华工收入相对低一些（见表 4-3）。

① 陈里特：《欧洲华侨生活》，海外月刊社，1933 年，第 75 页。

表 4-3　1929 年日本各国工人工资比较表　（单位：日元）

工人国别	石工	炼瓦工	木工	裁缝	泥水工	瓦匠	伐木工	铁匠
中国	2	2.5	2	1	2.5	2.5	2.5	2.5
日本	2.5	4	3.7	1.5	4	4	4	3
朝鲜	4	2	2	0.7	3	2.5	3	2.4

资料来源：《朝鲜仁川中日鲜劳工工资比较表》，《中央侨务月刊》1929 年第 2 期。

旅日华工收入明显低于日本籍工人，大致与朝鲜籍工人相当。旅日的青田华工多从事建筑工、搬运工、拉洋车等稍有技术性的工作，收入 3~4 日元，每日大致可以攒下 1 日元。

在 20 世纪 30 年代之后，以佣工为职业的青田华侨数量锐减，虽不至于绝迹，但其比例可忽略不计。

二、居住国对青田佣工的行为限制

一战期间，英、法等国招募了大批华工弥补战时劳动力不足，战后初期，由于社会重建对劳动力的需求，它们对华工采取了较宽松的政策。随着战后西欧经济的复苏和本国劳动力的恢复，各国政府加强了对华工的限制：一是采取各种措施严格限制华工入境；二是对已经入境者在政治、经济和文化等方面实行歧视和压迫政策。在法国，对华工的政策经历了一个长期演变的过程。

1926 年 11 月，法国政府发布了关于侨工的限制令："但凡欲工作之工人，必须先向其公会登记，而后由公会介绍予工作"[①]；1929年，席卷全球的大萧条，"近年以来入境华人日益增加，值此各国经济异常困难，现欧洲

① 陈里特：《欧洲华侨生活》，海外月刊社，1933 年，第 72 页。

多数政府严禁外侨作此小贩生活”[①]，但此时“尚不严厉”；1929年之后，取缔华工“即一日严重一日”，甚至“侨工依上项合同及请求居留证之事项全具备者，亦不允继续作工于其国”，不仅“入法境时未具有劳工部之合同者被其驱逐”，而且“参加欧洲大战赴法之华工未经遣送回国有继续作工法国之合同者，就在巴黎一区论参战华工被驱逐者有三十五人之多”[②]，同时，非参战华工及除在巴黎外之参战华工“被收回居留凭而限期出境”，这种情况“不下有千余人”[③]；即使那些没有被驱逐的华工“亦大都处于失业状态中”，其中有“因困于生活无处居住而露宿者”，也有“因饥饿而疾病而死亡者”[④]，实属悲哀。

如前文所述，法国政府“于1931年有限制外侨流动商之训令”[⑤]，提出了更加苛刻的条件，依此规定，几乎没有青田华侨具备相应流动商贩的资格，时刻会有被拘捕入狱的危险，即使没有入狱，工作也是非常难找的，有如下描述：

> 自经济恐慌问题发生以后，我华工觅工情形因此大变，……大都处于失业状态中，而其在各处觅工者，仍比比皆是。……竟候至数星期不得一工者有之，至数月不得一工者亦有之，……工厂内签工者，见华人候工者如此之众，故借此而获大利，譬如工厂内有一极劣之工位需工人时，则候工者先时仅需纳二百法郎之酬金于工者，始能补入，循以为例，后竟每人增纳至四百法郎者，……至于失业华工候月之久，费九牛之力，纳数百法郎之酬金谋得一极劣之工位后，有不及三日或五日即仍被开除工位者。[⑥]

① 《葡萄牙公使馆呈报：奉令劝阻小贩被诱赴欧卷》，浙江省青田县档案馆馆藏档案，卷宗号：1-8-28。

② 陈里特：《欧洲华侨生活》，海外月刊社，1933年，第126页。

③ 同上书，第127页。

④ 同上书，第127—128页。

⑤ 同上书，第131页。

⑥ 同上书，第75—76页。

除法国外，其他欧洲国家的青田华工也遭遇了类似的惨状，如荷兰轮船公司的华人烧火工月薪，从1920年80~100荷兰盾减至1930年的50~60荷兰盾[①]；在英国谋生的三千名华侨，“自世界经济危机爆发后，就有三分之二的华侨失业”[②]；据青田档案记载，在捷克，“近以捷克经济凋敝，外侨营业取缔极严，……营业执照……请愿人必须呈验本人出生地官厅或警局发给之品行证明后方可发给”[③]。德国政府“对于外来小贩，暗中限制极严，华侨此项负贩（青田温州小贩），影响甚大。即或偶有所获，大都节衣缩食，或数人共赁一室，以图节省租金。”[④]

另外，欧洲资本家利用中欧之间生活水准的巨大差距，在欧洲工人举行罢工斗争时，雇佣大批缺乏阶级觉悟的中国劳工，顶替本土罢工工人的位置以破坏罢工，将中国工人置于与欧洲本土工人相互对立的地位，使华工受到来自欧洲劳工同行的排斥和仇视。在英国海员1908年、1911年、1916年的三次罢工运动以及荷兰海员1911年的罢工运动中，资本家船主都通过从邻国引进华工海员来打击分化本国的罢工海员，被利用的华工因而背上了“工贼”“败类”的恶名，被欧洲工人所仇视。这更加剧了整个20世纪上半叶西欧华人在欧洲社会的孤立地位。当时的欧洲虽然资本主义经济已经比较发达，但“西欧物质上之幸福，仅限于资产阶级，贫困者不能染指也。至于往欧洲谋生之华侨其困苦更为难堪”[⑤]。

三、青田华侨身份由华工转向小商贩

青田华工身份的转变，并不是指那些转为从事大宗商品或批发生意的

---

① 《青田华侨史》编纂委员会编著：《青田华侨史》，浙江人民出版社2011年版，第39页。

② 樊亢、宋则行：《外国经济史》（近代现代），人民出版社1987年版，第9—10页。

③ 《调查侨民品行及经商能力情形卷》，浙江省青田县档案馆馆藏档案，卷宗号：1-8-5。

④ 《旅德华侨之状况》，《南大与华侨》1931年第9卷第4期，第50页。

⑤ 陈里特：《欧洲华侨生活》，海外月刊社，1933年，第34页。

青田人，而是数量庞大的从事提卖业的街头小贩。大宗商品贸易商出现于1890年之后，是伴随着石雕贸易的兴起，在青田华侨商人中专司跨国贸易的特殊群体，这类商人群体的人数极少。青田小贩出现于20世纪20年代之后，最初是由华工转为小贩，主要集中于法国，之后扩散至荷兰、德国、意大利及西班牙等国家，二战前，整个欧洲都遍布了青田小贩的身影。

青田华工向小贩的转化是较为迅速的，大致到了20世纪30年代，旅欧的青田人中以务工为主的人数已是微乎其微了。青田人集体性转为小贩，与当时法国占领德国鲁尔区有一定关联。法国占领鲁尔区后，因德国的“消极抵抗”策略，运往法国的工业品数量减少到原来的五分之一，而德国的输入性通胀使得法国物价每月上涨两倍。这对在工厂打工的青田人而言无疑是一场灾难，除了生活更加困难外，辛苦积攒下来的积蓄也大幅度贬值。由于通胀的影响，法国出现了零售商品短缺的现象，这为青田华工转向小贩创造了必要条件。此外，小贩收入相对较高，法国的青田小贩自述：“我每天能做五法郎，就有三法郎可剩，能够一天生活；能够做十个法郎，就可贮蓄了；并且我有时能够做到二十法郎以上的。”[①] 当时，二十法郎相当于四块大洋，是普通华工海外务工收入的2~4倍，小贩的不菲收入也可以应对通胀的影响。在诸多转型的华侨中，王岩郎的案例最为典型。他先在巴黎苏托爱尔汽车制造厂当机械螺丝工，一天可以赚40法郎，除去生活费可以积蓄20~35个法郎。在积攒了一定原始资本后，王岩郎转作小百货生意，前后去了十几个国家。在1932年至1936年12月间，他从波兰汇入上海中国银行的波币共3.2万什铁，约合8000块大洋。

早期的青田小贩所能销售的商品种类较为有限，青田石雕成为促成这次转型的重要商品。青田石雕对青田华侨的转型有两大意义：一是独家销售，利润率极高；二是经过世界博览会的宣传，外国民众认知度较高。青田石进货成本极低，每担不过几十个银圆，折合每斤石雕不过2~3角钱，

---

① 《四十一个月的勤工俭学生活》，载清华大学中共党史教研组编：《赴法勤工俭学运动史料》第2册上，北京出版社1979年版，第313页。

却可以卖到十几个法郎（2~3 块大洋），利润率达到了 800%~1000%。欧洲国家相对富有，对于外来文化有一定的好奇心理，大一些的青田石雕可以作为生活用品，小件又可以作为玩具，如石头乌龟，可以吹口哨的小鸟、小石猴等。但是，青田石制品也有显著的缺陷，这类石材属于叶蜡石，石制酥脆、易碎。欧洲普通民众购买青田石雕后，逐渐发现了它的缺陷，在新鲜感消退后，青田石逐渐丧失了它的异国魅力。在 20 年代后期，青田石在欧洲销路开始转差，在 30 年代初又恰逢世界经济大萧条，普通民众很难有余力消费这些产品，青田石也逐渐被青田小贩所抛弃。

青田小贩在抛弃青田石后，开始尝试经营小商品，如德国产的人造丝小地毯、桌毯、椅毯；意大利产的首饰、项链、耳环；法国产的连裤袜、男女衬衫、背带、皮夹等。一些有实力的小贩开始经营批发商店，主要批发对象为新到的温、青华侨。在整个 20 世纪 30 年代，青田小贩所销售的商品，大都是以性价比去吸引顾客。如青田人销售人造珍珠项链，这些产品看起来和真的珍珠制品相似，但材质为塑料或植物果实球外涂化学材料，所卖的价格十分便宜。青田人销售的日本制手绢和丝巾也很有代表性，这些制品是由人造丝制作，因价格便宜而很受欧洲底层民众喜爱。此外，青田人在寻找商机方面也较其他地区的华侨更为敏锐，“来自广东的花生糖小贩一般只滞留在市中心，等待荷兰人的光顾，而青田小贩则心性机灵，行动勤敏，来到远离市中心的郊野乡村，或者等候在大工厂门外，趁男女工下班外出的时候，一举投其所好，故销路扩大，销量大增，但青田小贩的劳苦也是加倍的”①。

到了 20 世纪 30 年代，青田小贩的收入有了很大提升，“平均每月每人可收入一〇〇〇法郎，合国币二百元许”②，其中，有三年以上留居史或多次旅欧史的华侨收入较高。周德标是其中的代表人物，他第一次出国是在 1927 年，1935 年回乡时带回了 5000 大洋；第二次出国是在 1936 年，三

① 往仁：《荷兰老华侨》，《申报》1947 年 3 月 4 日，第 7 版
② 陈里特：《欧洲华侨生活》，海外月刊社，1933 年，第 65 页。

年后又带回了5000块大洋，并在温州购地200亩。[①]当青田人做小贩积累了一定财富后，他们也会邀请亲戚或同乡前往欧洲，而这些先赴欧洲的青田人则转为工厂老板或小商品供货人。如青田籍旅法华侨胡锡宽，于1941年7月创办一间皮革工场，其雇用的同乡也获得了丰厚的利润。这些先赴欧洲的青田人，除了雇用同乡外，还向他们传授经营的“诀窍”。正是这种传、帮、带的关系，在旅欧的青田华侨中虽有每月“入不敷支出者”，但这种情况“惟在极少数耳”[②]。

总的看来，青田人由华工转为小贩的尝试是成功的，这种以乡邻、血亲为纽带的集体性行业独占，既降低了后来同乡、亲邻的入行门槛，又可以复制成功经营，迅速打开新市场的大门。

第二节　青田华侨经营模式的形成

民国时期，青田华侨在海外的经济活动起初是以青田石雕为媒介的。随着青田石雕在海外的知名度越来越高，以及青田人从事石雕行业的人数增加，诸多青田人携带石雕走出国门，开始在国外谋求发展；随着石雕市场的饱和，青田华侨开始转行，由于文化素质低等原因，起初主要从事拎卖、苦力等比较低端的行业；随着资本的逐步积累，他们开始从打工者、小商贩蜕变为不同领域或行业的老板，从事的行业开始向多元化和较高层次发展。

一、赛会经济打开青田华侨经营的大门

19世纪中期，随着资本主义世界市场的形成和全球贸易体系的建立，

---

① 叶肖忠：《青田华侨·首卷》，上海印书馆2014年版，第41页。

② 陈里特：《欧洲华侨生活》，海外月刊社，1933年，第65页。

各种形式的国际博览会成为促进国际贸易的新颖形式。为了更好地宣传青田石雕，扩大影响、打开销路，青田华侨早在19世纪中叶和20世纪初就把石雕打入了国际博览会。早期万国博览会成为青田人和青田石雕走向世界的一个重要平台。咸丰三年（1853年）至1915年，早期青田华侨曾先后7次携青田石雕及其他物品参加大型国际赛会并多次获奖，此举不仅提高了青田石雕的知名度，而且拓展了青田侨商的视野，坚定了其越洋谋生的信念（见表4–4）。

表4–4　早期青田华侨：携石雕参加国际赛会状况（1853—1915年）

时间	参赛人	参赛地	参赛物品	获奖状况
咸丰三年（1853年）	不详	南美洛易赛会	青田石雕	获奖
光绪十九年（1893年）	裘国定	意大利都灵赛会	青田石刻	不详
光绪二十二年（1896年）	不详	欧洲万国博览会	青田石雕	不详
光绪二十五年（1899年）	旅法青田华侨	巴黎赛会	青田石雕	不详
光绪三十一年（1905年）	林著斋、傅廷奎等20余人	美国圣路易斯万国博览会	青田石雕	金奖
光绪三十二年（1906年）	林毓萱、周凤、林子屏、林天如、林严齐、林秀芬、毛顺兴	意大利米兰赛会	石雕、茶叶及其他省市特产	获奖
民国四年（1915年）	陈琪等	巴拿马太平洋国际博览会	青田石雕	银奖

资料来源：《青田华侨史》编纂委员会编著：《青田华侨史》，浙江人民出版社2011年版，第10页。

在光绪二十五年（1899年）巴黎举办博览会时，清政府“费国币十五万两，自建会亭，置赛品，占地较大，沪之丝货、古玩，粤之磁器、杂货，青田之石货，许置会亭趸售”[①]。光绪三十一年（1905年）美国圣路易斯“万国博览会”上，华商来赛者三十余人，有青田侨民在会场开设“青田石”销售店，陈列“青田石雕刻，文具、人物、花卉，颜色鲜艳”[②]。光绪三十二年（1906年）意大利米兰赛会上，中国赴赛物品有青田石器、茶叶，江西与广东的瓷器，宜兴的泥器，温州、上海的竹木器，杭州的扇子，扬州的漆器，上海的牙器等，其中，青田石器约占总价值的60%[③]，青田石器“色体均属可观，外人颇增好尚，工作求精，亦属畅销之品。无如雕琢粗率，品物分列，而花样从同”[④]。民国四年（1915年），在美国旧金山举办的“巴拿马太平洋国际博览会”上，青田阜山人陈琪为该届赛会监督兼筹备事务局局长，陈琪对故乡的民间工艺品石雕特别关注，将青田石雕陈列在美术馆里，突出了石雕艺术品的地位。这次陈列的石雕由两位著名的石雕艺人金兼三和周芝山精心雕刻，金兼三的青田石雕小屏风和周芝山的青田石雕“竹林七贤”等13件作品，获得博览会银牌奖[⑤]，华侨运销美国的青田石雕自此声名大振。

在各种国际博览会上的屡次出现和获奖，提高了青田石雕的国际知名度，也为青田石雕拓宽国际市场开拓了更广阔的道路。自光绪二年（1876年）至1916年，青田华侨在欧洲各国大都是靠贩卖石雕赚钱。石雕卖完了，可再由国内寄发。当时，温州与上海都设有营运公司，一箱石货从上海托运，无特殊事故，45天就可到达法国的马赛港[⑥]。

1916年后，由于一战阻碍了交通，在欧洲的青田石雕销售逐渐减少，

---

① 陈琪、陈辉德：《新大陆圣路易博览会游记》，光绪三十一年（1905年），第6页。
② 同上书，第190页。
③ 郭慧选编：《光绪三十二年中国参加意大利米兰赛会史料》（下），《历史档案》2006年第4期。
④ 同上。
⑤ 陈渔光、苏克勤、陈泓：《陈琪文集》，江西文艺出版社2012年版，第267—268页。
⑥ 叶中鸣：《青田侨乡探源——青田侨乡调查之一》，中国人民政治协商会议浙江省青田县委员会文史资料研究委员会编印：《青田文史资料》（第2辑），1986年，第66—67页。

但在美国的销售却兴旺起来，1915—1932 年是青田华侨在美国推销石雕的兴旺期。宣统二年（1910 年）前，意大利石雕由于质量好、销路广，几乎占领了美国石雕市场。青田石雕 1915 年在博览会上获银奖后，销路大增，远销欧洲、美洲、亚洲各国，尤以美国和英国为最多。周芝山、朱定山、金兼三等参加国际博览会后，留在美国开设了石雕商店。1923 年春，金茨真会同金质成等人组织了一批青田石雕艺术品运往美国，参加芝加哥万国博览会，并获芝加哥奖杯和大会奖状。1928 年，金茨真再度赴美，同在美国的弟弟金寞真一道，经营浙东贸易公司，将大批浙东南货物销售到美国市场，其中，青田石雕制品占了很大比重。金冥斋、裘振珊等也都是当时著名的石商，他们与黄松轩在美国开设石雕商店。黄松轩、周怀宣等还在青田山口村设立了收购石雕制品的公司，收购石雕装箱邮运至美国，这些公司甚至能发行公司票，它们在一定范围内可以与国币同时流通使用。

据 1931 年《工商半月刊》披露，当时每年销售国外的石雕约一万箱，质量分三等，三等的每箱成本三十元，二等的每箱成本六十元，头等的每箱成本一百二十元，全年总产值达七十万元[①]。另据《重修浙江通志稿》记载，“战前生产镌刻品约三千箱……百分之九十销行国外，以美国为最多，约占百分之八十，欧洲南洋日本次之，均由邦人直接经营，青田人在欧美营此业者殊不少也”[②]。石雕贸易的繁兴也促进了青田石雕业的壮大，清代青田石雕艺人有一千多人，到 1931 年，专以采石为业者“数近百人”，专以雕刻为业者“共二千二百余人”[③]。青田山口村共 597 户，2700 多人，以石雕为业者就有 1000 多人[④]。林茂祥是早期赴美华侨中有文字记载的难得个案，20 世纪 80 年代发现的《林茂祥墓志铭》载，“林先生茂祥……幼时性

① 叶中鸣：《青田侨乡探源——青田侨乡调查之一》，中国人民政治协商会议浙江省青田县委员会文史资料研究委员会编印：《青田文史资料》（第 2 辑），1986 年，第 68 页。

② 夏启整理：《青田石雕的历史沿革》，中国人民政治协商会议浙江省青田县委员会文史资料研究委员会编印：《青田文史资料》（第 1 辑），1985 年，第 7 页。

③ 《工商半月刊》，1931 年第 3 卷第 1 期。

④ 陈慕榕主编：《青田县志》，浙江人民出版社 1990 年版，第 283 页。

好金石，及长，雕刻尤擅特长，其手作被海内外收藏家视为珍宝，争相登门追求。……及壮，负有远志，携销其作品于海外，以其惟妙惟肖，艺术独具一格。……屡获巴黎国际博览会、南洋劝业会、巴拿马太平洋国际博览会等金奖”①。

19 世纪中叶之后，青田石雕作品在欧美国际博览会上的屡次获奖，尤其是华侨在欧洲经销青田石成功的“传闻”，给青田人指出了一条充满希望、摆脱贫困的道路，大批青田人为了改变困苦不堪的生活状况，纷纷奔赴欧洲谋生。陈里特于 1927—1933 年对莫斯科、德国、荷兰、法国的 276 位青田华侨进行调查，其中原为农民的占 62%，石雕艺人占 11.2%，文盲占 83%。可见，这些青田早期华侨的政治、经济或文化背景都不可能成为其出国的依赖，只有青田石雕能够成为其到达异国他乡一段时间内赖以生存的资本。青田已故老华侨林子才遗留了一本小册子，里面有一首以青田鼓词形式写成的“十字歌”，其开头四句是“一字青田出石岩，山口王君创利先。聪明雕巧成古董，雕成古玩进洋关。先到洋关卖青石，哄骗洋人是古岩。洋人买去当宝贝，敢（感）动后人阵出番”，这四句鼓词既是林子才于民国初期在荷兰谋生那段亲身经历的真实写照，也是对青田人凭借石雕出国谋生的生动描绘。

关于在欧洲谋生的青田华侨状况，诸多在海外留学的知识分子都留有文字记载，如邹韬奋就有这样的描述：

> 据熟悉青田人到欧“掌故”的朋友谈起，最初约在前清光绪末年，有青田人某甲因穷苦不堪（青田县为浙江最苦的一个区域，民众多数连米饭都没的吃），忽异想天开挑着一担青田所仅有的特产青田石，由温州海口而漂流至上海，想赚到几个钱以维持生活，结果很不得意，不知怎的竟得由上海漂流到欧洲来，便在初

---

① 周望森：《一件珍贵的侨史资料：青田老归侨林茂祥墓志铭析述》，《浙江师范大学学报》（哲学社会科学版）1987 年第 2 期。

到的埠头上的道路旁，把所带的青田石雕成的形形式式的东西排列出来。欧洲人看见这样从来未见过的东西，有的也被唤起了好奇心，问他多少价钱，某甲对外国话当然是一窍不通，只举出几个指头来示意，这就含混得厉害了！有时举出两个手指来，在他也许是要索价两毛钱，而“阿木林”的外国人也许就给他两块钱。这样一来，不久他便发了小财。这个消息渐渐地传到了他的本乡，说贫无立锥之地的某某，居然到海外发了洋财了，于是陆陆续续冒险出洋的渐多，不到十年，竟布满了全欧！最多的时候有三、四万人，现在还有两万人左右，在巴黎一地就有近两千人。①

二、青田石雕走向国际市场

至民国时期，青田石雕工艺繁盛，进一步走出国门，远销海外，主要表现在如下三个方面。

首先，青田石雕由原来笔墨纸砚类的实用品逐渐转为神像、中国著名风景等供人欣赏的工艺品。虽然之前也有这样的趋势，但这一时期的此种转变成为普遍现象，真正成了我国工艺百花园中的一朵鲜花。另外，这一时期的石雕制品欣赏性明显高于实用性，即使是实用性的石雕制品也带有艺术性的成分，这主要是为了满足石雕市场化、国际化的需要。这一时期的青田石雕工艺水平极高，经常在国际石雕大赛中获奖，1915 年，在美国巴拿马太平洋国际博览会上，青田石雕艺人周芝山的“梅鹤大屏”等 12 件，以及金兼三的“小屏风”，共计 13 件作品，在与 31 国、20 万家参赛者 280 天的角逐中，均脱颖而出，获得该届博览会的银奖奖章②，这足见青田石雕雕刻工艺的高超。

---

① 邹韬奋：《在法的青田人》，载《韬奋文集》（第 3 卷），生活·读书·新知三联书店 1955 年版，第 81—82 页。

② 陈慕榕主编：《青田县志》，浙江人民出版社 1990 年版，第 283 页。

其次，青田石雕海内外市场繁荣，蒸蒸日上。民国时期，随着青田石雕在国内外大赛上频频获奖，其知名度越来越高，石雕市场也随之得到拓展，在海内外很多大城市都可以看到青田石雕的影子。在国内，上海是当时当之无愧的国际性大都市，市场广阔、商业繁荣，其中，专门经营青田石雕的商店就有多家，如“金玉相图书店”、“奇石斋”及“冻石公司”等；温州由于地缘之便，也有 20 多家商店专营青田石雕。在海外，欧洲、美洲及亚洲各国市场上都有青田石雕，其中以英国、美国为最多。据统计，民国时期，青田县每年的石雕制品产量约一万箱[①]，从当时的海外销售额就能略见一斑。如 1929 年，有 2500 箱青田石雕自温州运往上海，再转销美国，头等货 100 银圆 / 箱，次等货 45~50 银圆 / 箱，国内外贸易总值约 100 万银圆[②]，这足见青田石雕市场规模之大。

最后，从事石雕工艺的人越来越多，且涌现出了一大批能工巧匠。国内外市场上对青田石雕的供不应求，吸引了大批青田人转而从事石雕行业，据统计，清末青田县从事石雕行业者有 1000 多人，至 1931 年，则增至 2200 余人[③]，增长了一倍多，且采石匠近百人并未计算在内。青田县的各个村落中，山口村的此种状况最为显著，全村共 597 户，2700 多人，以石雕为业者就有 1000 多人[④]，约占总人口的 37.04%，将近一半的人口从事此行业，可见，石雕真正成了青田县人新的谋生手段。由于国内市场的狭小，很多青田石雕远销海外，这无形中也增强了青田人的移民意识。随着从事石雕工艺人数的大幅度增加，也涌现出了一大批能工巧匠，他们都有自己的“独门绝技”，如尹阿岩以人物著称，金精一以山水著称，张仕宽以葡萄山著称，金南恩以浅刻著称，董瑞丰以梅花著称，项琴石以牡丹著称，等等。

---

① 陈慕榕主编:《青田县志》，浙江人民出版社 1990 年版，第 283 页。
② 青田县志编纂委员会编:《青田县志》，浙江人民出版社 1990 年版，第 283 页。
③ 陈慕榕主编:《青田县志》，浙江人民出版社 1990 年版，第 283 页。
④ 同上。

三、青田商人垄断提卖业

从 20 世纪 20 年代初开始，青田人移民欧洲的人数大增，有限的青田石雕市场再也容不下如此多的从业者。新到欧洲的青田人绝大多数放弃石雕销售转向其他小商品、实用品的兜售。如此多的欧洲青田华侨成为流动小贩，销售居住国的各种小商品，以至“当时人习惯于将那些沿街叫卖的华人小贩都叫做‘青田小贩’”①。1916年至抗日战争结束这段时间，石雕在欧洲销路日渐低落，侨民们纷纷改行，转向批卖人造石珍珠链、东洋瓷器、卡领带、地毯、烟嘴等日用品，一部分人进入工厂做工②，如西班牙的青田华侨“初时卖些青田石雕小玩意，以后便就地取材，卖些珠链、领带以及一些小夹子之类的皮革制品”③；比利时的“青田老客都是做小贩生意的，他们以贩卖领带、仿珍珠项链、小工艺品以及小型的皮革制品为主”④。

1. 青田华侨的提卖业状况

青田华侨把这种商品贩卖称为“拎卖”。这种经商方式即每天背着一个大包，里面装满所需要的货物，挨家串户，送货上门，任其挑选购买。他们或者“手拎肩挑或提着篮箱，走街串巷，上餐楼进剧院，以手势比划到处叫卖，与中国旧时货郎相似”⑤。这种拎卖没有地域的限制，而是逐利而为，因此也就没有固定的谋生国家，今天在一国的某地，明天会转战到另一国的某地，这样的转移对他们来说是家常便饭。这种拎卖在很大程度上是一种非法经营，他们大多数人没有正式营业执照，只领到临时执照

---

① 邹韬奋：《在法的青田人》，载《韬奋文集》（第 2 卷），生活·读书·新知三联书店 1955 年版，第 82—83 页。

② 叶中鸣：《青田侨乡探源——青田侨乡调查之一》，中国人民政治协商会议浙江省青田县委员会文史资料研究委员会编印：《青田文史资料》（第 2 辑），1986 年，第 66—67 页。

③ 麻卓民：《早期旅西班牙青田人（一）》，《青田侨乡报》1999 年 10 月 21 日。

④ 麻卓民：《早期旅比利时青田人（下）》，《青田侨乡报》1999 年 10 月 23 日。

⑤ 郭秉强主编：《巴西青田华侨史》（内部发行），1996，第 8 页。

或无证买卖，有的还不得不违背当地市场管理的制度，冒险“私下偷售货物”[①]。

（1）旅欧青田华侨的提卖业

20 世纪二三十年代，绝大多数的青田华侨都从事提卖业，职业结构呈现很高的单一性。来欧洲经营商业的大部分是浙江永嘉（温州）和青田的商人（行商）[②]，战前，“在荷兰的华侨约近三千人，其中有粤人，有青田人，以青田小贩为最多，当时在荷兰卖花生糖的青田小贩竟达八、九百人之多”[③]。旅法的青田华侨，以“各种各色的小贩为生”[④]。一般估计，20世纪30 年代，在荷兰“青田、温州华人约 500~600 人，其中 400 人为流动小商贩，其余是苦力、船工”[⑤]。据法国官方人口普查显示：1926年，全法有38名华人流动商贩，1931 年增加至 423 人，1936 年 565 人。但有关人士多认为“实在人数应当是远远超出这数字”[⑥]。据调查，在650名青田阜山老归侨中，“从事拎卖零售业有 623 人，从事其它职业的只 27 人，仅占 4.15%”[⑦]，即使从事的是拎卖以外的行业，也与提卖业有很大关系，因为他们中的绝大多数是从提卖业转行过去的。

旅欧青田华侨还有一部分半工半商业者，主要是旅俄的青田人，从事制作皮包、皮箱等行业，“其销货既不设有商店若固定商人者，又不如沿街换卖之流动商人者”，他们上午在市场上营业，下午在家操作。其制造品之

---

① 邹韬奋：《出了世界公园》，载《韬奋文集》（第 2 卷），生活·读书·新知三联书店1955 年版，第 60 页。
② 徐斌：《欧洲华侨经济》，台北海外出版社 1956 年版，第 7 页。
③ 邹韬奋：《荷兰的商业首都》，载《韬奋文集》（第 2 卷），生活·读书·新知三联书店 1955 年版，第 175—176 页。
④ 邹韬奋：《在法的青田人》，载《韬奋文集》（第 2 卷），生活·读书·新知三联书店1955 年版，第 82 页。
⑤ 李南星、陈彬：《浙江省旅荷华侨史略及其他》,《浙江华侨史料》1987 年，第 65 页。
⑥ 李明欢：《战前中国人移民西欧历史考察》，《华侨华人历史研究》1999 年第 3 期。
⑦ 史澄：《浪迹天涯怀故国　蹉跎八旬报春晖——青田县阜山乡华侨史调查摘要》,《浙江师范大学学报》（哲学社会科学版）1991 年第 1 期。

原料，1924 年前，因购自当地，成本颇低，“故获利亦甚厚”；至 1926 年，因成立手艺业联合会，劝令半工半商业者入会，“一切皮革皆由该会供给，并禁止私人自由交易，不久即所有出品全归该会转卖，所应得之工值若干，亦由该会发给，自是获利甚微，其后，又因苏俄政府捐税过重，无法维持，而先后倒闭者亦甚多。”[①]

（2）其他国家的提卖业

日本、巴西的青田华侨最初也大多赖此为生。青田旅日华侨最初多贩卖当地石制品和温州雨伞，销路不好后转换了产品，代卖六神丸、人参糖、樟脑、草鞋、钱包及自来水笔等商品。巴西青田华侨提卖业的发展则独具特色。1910 年前后，旅巴青田华侨大多数来自欧洲。初到巴西的青田人同样以提卖业作为主要的谋生方式，称为“提包业”，就是在大包里装满各种小商品，沿街、挨户兜售。最初主要是贩卖从欧洲随身带来的珠链，后来从单一的珠链扩大到装饰品和日用品，包括绣花台布等，并根据时间、季节的不同销售不同的货品，以适应当地人民的需要。

巴西青田华侨的提卖业在伍春和等人的开拓和带领下，逐渐形成了有别于其他国家的一种经营模式：一是从街头叫卖慢慢地转变为送货到户，并初步建立了固定客户群；二是付款的方式机动灵活，甚至允许分期付款。这种灵活的营销手段博得了顾客的欢迎，也使巴西青田人的提卖业搞得有声有色，日益壮大。据老归侨反映，当时，拎卖生意好的每天可赚几十到上百美元，很多没有开店的青田华侨几乎全部加入“提包”的行列。仁庄人伍春和是于 1926 年抵巴西做“提包”生意的，在漫长的“提包”生涯中，他建立起一张庞大的客户关系网，最多时共有 300 户，其中约三分之一是与他有 10 多年交情的老客户，他竟能背出 50 多户客户的电话号码。一年 365 天，他每天一早出门，摸黑回家，从不间断[②]。

---

① 陈里特：《欧洲华侨生活》，海外月刊社，1933 年，第 80 页。
② 郭秉强主编：《巴西青田华侨史》（内部发行），1996 年，第 46 页。

（3）青田华侨提卖业的职业操作

青田华侨所从事的各职业中，“当以流动商为最苦”，他们“食无定时，居无定所，固无论矣”，而且“每年三百六十日中，不论风、霜、雨、雪均需在小埠间旅行操作，自晨至夕不能有一小时之间断”[①]。从他们的作息也可以看出其辛苦程度，每天“在天未破晓即须起床炊饭”，饭后即“手提约重二十基罗，内贮商品之大皮箱一只，往各工厂门前守候工人上工时将商品陈列地上而唤卖”，而且“起床须如此之早也，中午亦如是，夜间亦然”，在工人没有上工之时，旅法、比、意、西、荷等国的青田华侨就已经“提商品往咖啡店酒店间贸易”了，旅德、奥、匈、约、瑞士、瑞典等国的青田华侨则“往往沿家唤售”[②]。陌生的环境及语言不通，也增加了青田华侨经商的难度，由于他们“既不谙欧洲任何一国之语言”，而且“多数在国内时未受相当教育者”，所以每人均带有其所在国之全国交通地图及车船开始与停泊之时间表，作为“彼等旅行之耳目也”[③]。

青田华侨周德标的回忆与上述情况大同小异，如“出门前要弄到一张当地的交通图，离开旅馆要随身携带该旅馆的信封，因上面印有该旅馆名字和街道门牌号码，以防迷路。每天一早就起来烧饭，赶在工人上班之前，把商品摊放在工厂旁的路边以招揽生意。在上下班空当，就提着箱子在影剧院、歌舞厅、咖啡馆周围兜售，或沿街巷挨户叫卖”[④]。

2. 青田华侨提卖业持久存在的原因

青田华侨从事提卖业，一不懂语言，二无资本，三无场地，竟能在海外持久存在，主要原因有二。

其一，这是由早期青田华侨的现实状况与提卖业的行业特点决定的。提卖业既不需要现金投入，也不需要专用设备和固定场所的前期投入，甚

---

① 陈里特：《欧洲华侨生活》，海外月刊社，1933年，第91页。

②③ 同上。

④ 《青田华侨史》编纂委员会编著：《青田华侨史》，浙江人民出版社2011年版，第50页。

至不需要懂外语。只要向先期到达侨居国的乡亲借一点小本钱或现货，再加上一只篮或箱，就可以在大街小巷、民众的家门口、酒楼和餐馆等各种场所操作，靠打手势，比比画画进行商品交易。正如叶骏所阐释的那样，青田华侨初到法国巴黎，异国他乡，人地两生，语言不通，“更没有亲戚朋友和老乡在那里创办了实业能为他们提供打工机会”。只能靠自己白手起家，“干些风险小、投资少（因为他们到巴黎时，大多数都是身无分文）、流动性大（便于躲避警察的抓捕）的活，主要是当小商小贩”；只能靠“摆地摊、走街串巷和沿南行的火车线流动，贩卖皮夹、皮带、领带、头巾、蓖梳、纽扣等小商品度日”①。青田华侨档案中也有相应的记载，即“我侨来欧，多属小贩，既未携资经商，又不能合股开店，所籍以谋生者，只每日手携货品，在街上或登门求售，此种生活极其困苦”②。

其二，这种灵活性的服务业适应于欧洲国家国民社会生活的需要。拎卖行业当时得到了欧洲国民的普遍默认，他们购买东西的心态主要可以分为三种情况：一是商品符合他们的品位，因而买之；二是为了方便而购买送货上门的商品；三是他们接受、认可提卖业，内心怜悯小商贩。此三种情况，前王村华侨王贵文也可印证：行商小贩虽然是小本经营但获利尚厚，在法国，他们“每日提箱奔跑叫卖，只须赚的一个法郎，就是等于中国的两毛钱，每月即等于中国的六块钱，倘能赚得到三个法郎，每月即有十八元，这在他们的本乡青田固不必想，即在今日的中国，在他们这样的人，也谈何容易”③。

由于低投入甚至是无投入的特点，提卖业成为青田华侨在异国他乡赚取第一桶金的首选行业。至20世纪二三十年代，欧洲经济逐渐复苏，在欧

---

① 叶骏：《早期的沧桑岁月——在法兰西的温州人之一》，《欧华侨志》1997年11月15日。

② 《葡萄牙公使馆呈报：奉令劝阻小贩被诱赴欧卷》，青田县档案馆馆藏档案，卷宗号：1-8-28。

③ 邹韬奋：《在法的青田人》，载《韬奋文集》（第2卷），生活·读书·新知三联书店1955年版，第82—83页。

洲创业的华侨越来越多，当时“约有25000名青田华侨在欧洲定居生活”[①]，刚开始主要还是从事提卖业；直到30年代，提卖业在青田华侨中仍广泛存在。

四、青田华侨多元经营格局的形成

青田华侨经贩卖青田石制品和走街串巷的提卖业，积累了一定资金后，或经营商业贸易，或从事餐馆业等服务业，或从事产品加工业等，形成了多元经营的格局。

1. 青田华侨的商业贸易

“坐商”是这一时期青田华侨经济的主体。在当时，旅欧华商可分为“固定商与流动商二种”[②]，坐商即所谓的固定商，主要为行商小贩提供货物。欧洲华侨的坐商大致又可分为两种类型。一种是“与欧人直接贸易”者，其“所售之商品以花边、山东绸、古董等物为主”[③]，直接出售给侨居国的人。由于此种类型要求经营者“资金要雄厚，商品要充足”[④]，因而人数不多，以“黄河流域及粤商人为多”[⑤]，而浙江青田人“只有三家，资金较少，经营范围也小些”[⑥]。另一种是“不与欧人直接贸易专营二层批发生意，将其商品转售于流动华商”[⑦]者，即所谓的二层批发商，“其所售之商

① 陈里特：《青田人出国到欧洲经过》，中国人民政治协商会议浙江省青田县委员会文史资料研究委员会编印：《青田文史资料》（第6辑），1995年，第5页。

② 陈里特：《欧洲华侨生活》，海外月刊社，1933年，第80页。

③ 同上。

④ 陈里特：《坐商》，中国人民政治协商会议浙江省青田县委员会文史资料研究委员会编印：《青田文史资料》（第6辑），1995年，第18页。

⑤ 陈里特：《欧洲华侨生活》，海外月刊社，1933年，第80页。

⑥ 陈里特：《坐商》，中国人民政治协商会议浙江省青田县委员会文史资料研究委员会编印：《青田文史资料》（第6辑），1995年，第18页。

⑦ 陈里特：《欧洲华侨生活》，海外月刊社，1933年，第80页。

品，以瓷器，珠类等为大宗”[①]，他们多是起家于流动商贩，是在大战以后，赚了一些钱，转业经营坐商的，人数较多[②]，以“青田、温州人为多”[③]。

由于大多数的青田华侨都从事行商贩卖业，所以，青田商人从事二层批发具有天然的优势。青田二层批发商人大多由流动商贩起家，介于“外国商店与流动华商之间”，实质上是“外国商店与流动华商间之一经手人”，具体说来就是“向外国商店购置商品，完全依流动商者之定货单，临时采办”，这样他们“既无存货难销之虞，更无商品不足之顾虑”[④]，所以，此种商业“无论较之任何商业为稳定，且绝无亏本之危险”，受到有一定资本的青田华侨的青睐。青田批发商所经营的货物极为丰富，第二次世界大战前，一般以中国药材、南货、旧戏装行头为主，货源来自国内，同时组织一些法国本地小百货和日本及其他国家的日用品，如日本瓷器和木帘、罗马尼亚的珠子等。后因战争阻隔而货源不继，改卖法国产品，如橡皮、围裙、领带、皮革、皮夹之类的日用品。

二层批发商与流动商贩之间的交易大致情况如下：流动商贩先带货出门经营，卖完后再发函向批发商续订，函中要表明所需商品名称及数量，至于费用则视情况而定，他们之间的金额汇兑“可以多付一些，也有时可以欠一些，可以记账”[⑤]，批发商收到函后，把商品通过邮局寄给续订者。这些批发商不只与同一地域的流动商贩交易，与不同地域甚至其他国家的同乡也有交易。如巴黎的青田批发商，时常与西班牙、意大利、安道尔、希腊及南斯拉夫等国家的同乡做生意；再如柏林的批发商，同样有把商品

---

① 陈里特：《欧洲华侨生活》，海外月刊社，1933 年，第 80 页。

② 陈里特：《坐商》，中国人民政治协商会议浙江省青田县委员会文史资料研究委员会编印：《青田文史资料》（第 6 辑），1995 年，第 18 页。

③ 陈里特：《欧洲华侨生活》，海外月刊社，1933 年，第 80 页。

④ 同上书，第 82 页。

⑤ 陈里特：《坐商》，中国人民政治协商会议浙江省青田县委员会文史资料研究委员会编印：《青田文史资料》（第 6 辑），1995 年，第 20 页。

发售到捷克斯洛伐克、匈牙利、奥地利等国去的[①]。

在早期从事百货、珠玩、瓷器、茶叶、丝绸等商品（以国货为多）的进口、批发、零售业务的华侨中，比较有名气的华侨有：法国的陈龙祥、叶寿甫，荷兰的王志南、吴桂南、朱光，德国的林南勋，英国的林南圃，瑞典的杨明轩以及巴西的周继文等。第一次世界大战前夕，在德国柏林开设商店兼做批发生意的青田人除方山杨益兴外，还有阜山的叶林斋、叶益清叔侄和林南勋、林伯勋、林蓉勋三兄弟。20 世纪二三十年代，青田人在米兰有 5 家货行，以吴锡科、陈锡青的货行规模最大，他们各雇佣了七八十名工人，在意大利崭露头角。从 20 年代后期开始，有青田坐商开始经营大型的、以面向当地顾客为主的百货商店，其中一些较正规的商店，“其店面之装置，全与西人商店相若”[②]。时至 30 年代初，全法国总计有中国人开设的古董店五处，出售中国丝绸、瓷器、地毯、南货、药材的大小杂货店约 25 家[③]。20 世纪 30 年代，章旦横坑的郑冠荣曾在德国斯图加特开过批发商行和两间饭店，青田东堡侨胞陈玉兴在德国西部经营瓷器、茶叶和纺织品进出口生意，还有方山杨益兴、城镇项叔度也开始经营批发货行。

2. 青田华侨的服务业

除商业贸易的升级外，面向欧洲华侨群体的各种服务业也是青田华侨经济多元化的重要组成部分。

随着 20 世纪二三十年代赴欧华侨和留学生的增多，当地华人群体达到一定规模，为了满足当地华人的生活需要，出现了主要面向华人顾客的各种生活服务行业，如“在法国巴黎十二区和里昂火车站一带，有华侨开设客栈、面馆、洗衣馆、理发店、杂货店等，人们日常生活所需要的东西，

① 陈里特：《坐商》，中国人民政治协商会议浙江省青田县委员会文史资料研究委员会编印：《青田文史资料》（第 6 辑），1995 年，第 20 页。
② 陈里特：《欧洲华侨生活》，海外月刊社，1933 年，第 82 页。
③ 同上书，第 82—89 页。

应有尽有”[①]，20世纪20年代初仅一家商户由温州人开设，其余皆为青田华侨开设，据调查，“当时里昂车站附近的拉奇诺巷和白玉洛巷，青田人的行业已经比较多，如开旅馆的有夏岳山，开饭店的有吴耀廷、周明岩，开酒吧的有夏成仁，做批发生意的有叶秀甫，养豆芽的有吴端孝，开赌家的有林岩权”[②]。在英国利物浦和伦敦，也有华侨开设杂货店、洗衣馆、中国餐馆[③]。30年代初，由于当时旅荷的青田人增多，为适应同乡来荷谋生的需要，青田籍旅荷华侨在鹿特丹和阿姆斯特丹开设小客栈、餐馆、面馆、理发店、成衣店、洗衣馆、批发行、杂货店等服务性小店[④]，以满足同乡日常生活所需。

满足居住需要并能提供就业信息的客栈和水手馆在服务行业中占很大比重。水手馆的老板一般与轮船公司有合作关系，前者向后者推荐船工，后者则向前者提供一定的报酬，同时，水手馆老板还可以赚取华工的食宿费。华侨陈体志20年代初就在马赛开设客栈和水手馆，从事代理轮船公司雇用华人的工作，为初到法国的青田人办理入境手续和代为安排前往目的地等事宜。据统计，阿姆斯特丹30年代青田人经营的事业大约有19家，其中客栈5家、面馆3家、批发商7人；30年代海牙有青田人200多人，经营事业约18家，其中客栈9家[⑤]。由于荷兰华人海员较多，这些客栈基本都是供海员水手平时居住的“水手馆”。比如，王志南与广东客家人简谭合伙在阿姆斯特丹开设五号水手馆，该馆可容纳100多人，负责海员住宿和介绍安排海员工作。西班牙青田华侨金光奎于1930年冬在马德里租了一座房子，用中文打出“华侨公寓”的牌子，为早期旅西青田人解决居住难题，

① 陈彬：《旅欧洲青田侨胞经过情况》，中国人民政治协商会议浙江省青田县委员会文史资料研究委员会编印：《青田文史资料》（第6辑），1995年，第5页。

② 麻卓民：《早期旅法青田人概况》，《欧洲时报》2002年11月20日。

③ 邹韬奋：《英国的华侨》，《韬奋文集》（第2卷），生活·读书·新知三联书店1955年版，第145页。

④ 陈彬：《旅欧洲青田侨胞经过情况》，中国人民政治协商会议浙江省青田县委员会文史资料研究委员会编印：《青田文史资料》（第6辑），1995年，第5页。

⑤ 同上书，第12页。

也接待其他中国侨民。华侨公寓每天收取房租一个比塞塔，这是旅西华侨史上华人开设的第一所旅馆，也是旅西华侨的第一家企业。华侨公寓一直到西班牙内战开始，中国人撤离马德里后才停办。

3. 青田华侨中餐馆的异军突起

中餐业也逐渐成为欧洲华人谋生的主要行业。二战前的中餐业绝大多数都是面向华人群体的。最初的中餐馆绝大部分类似于今天所说的“大排档”，都是简易的中餐小食店，顾客主要是华人船员、小贩和工人，还有一些中国留学生，也吸引了一些囊中羞涩又希望一饱口福的当地穷学生和居住在附近的当地社会下层人士。这些中餐馆往往成为华人同乡聚会的场所。德国汉堡有两三家由中国人开设的小餐馆，“房屋狭隘，且欠清洁，徒供中国往来水手及业洗衣者之作种种不良娱乐地而已”[①]。夏成溪1933年在德国慕尼黑开设一家中国餐馆——青田饭店，据说，蒋纬国和许多中国留学生都曾在该餐馆用过餐。

还有少数中餐馆则是并不逊色于当地其他高档餐馆的豪华型餐厅酒楼。这些中餐馆从中国聘请高级专业厨师，装修富丽堂皇，而且像当地其他高档餐馆一样，提供彬彬有礼的西式服务。这些中餐馆满足了当地上流社会的美食需求，在当地的高档餐饮业中占有一席之地。20世纪初，巴黎出现了两家著名的高档中餐馆。1932年，开设五号水手馆的王志南在荷兰海牙增开“益同酒楼”，顾客盈门，遂成为20世纪二三十年代荷兰中餐业的领军人物和青田华侨中的首富。

巴西青田华侨也通过中餐业实现了第一次经济转轨。1918年，陈聚丰开设“聚丰餐馆”，这是里约热内卢首家由青田华侨创办的餐馆，继而，徐志仁、叶秀明、邱仁丰等人于1925年下半年在里约热内卢某大街合资经营小规模、以送餐为主的“平松餐馆”（无店面的家庭餐馆）；1930年前后，徐志仁等3人经过几年辛苦经营，积累了一定的资本，发展到3人分

---

① 《旅德华侨之状况》，《南大与华侨》1931年第4期，第51页。

别独立店面营业，其中，徐志仁的“凤兴餐馆”顾客盈门，成为当时巴西餐馆业中的佼佼者；吴仲儒与金元典合资开设餐馆，孙逢王、留艺泉、裴芝贤、林竹明等也相继开设了中餐馆，这一时期可谓巴西青田华侨餐饮业的鼎盛期，但是由于该时期人力和财力的不足，基本都是低档次的小餐馆[①]。

随着欧洲各国的中餐业迅速发展，餐馆业逐渐成为海外青田人的经济支柱。40年代中后期，青田人占伯珠、叶进和、周岩朝、夏宏范等十余人和一个比利时人合股在比利时阿卫斯开了一家中餐馆，店名叫“中国楼”；杨岩禄夫妇开设的“华光饭店”闻名于荷兰全国；旅居德国的郑冠荣在斯图加特先后开设“中国饭店”和“白宫饭店”；陈特浩在丹麦经营的“中国楼”也吸引了当地很多高层人士。

4. 产品加工行业的崭露头角

除了直接面向华侨日常生活的服务行业，青田华侨群体中还出现了一些小型家庭工厂，这些工厂最初都是为商贩供货的。在比利时，20世纪30年代初期，小贩队伍已形成相对稳定的数量，在此基础上，具有经济头脑、已有一定资金基础的青田人占伯珠开始创办小型皮件加工厂，其产品主要供给同胞拎卖，成为比利时最早的华人家庭小工厂，30年代后期，其已拥有十几台机器，形成相当的生产规模[②]。在意大利，早在20世纪20年代，青田华侨周仲芳就于勃罗尼开办了华东制造厂，主要生产领带以及人造珍珠，同时在其他行业也有涉足，如百货批发、房地产等。在巴西，起初青田华侨拎卖的珠链主要从土耳其人的珠行批发，20世纪20年代中期，青田华侨吴仲儒看到了商机，率先开办家庭染珠作坊，并且搞“加工—批发”一条龙服务，很快就抢占了珠链市场，之后，同乡季宗光、吴本起、金元典、朱克勋等也都开办起同样的作坊。另外，还有一些为华侨生活服务的

① 郭秉强主编:《巴西青田华侨史》(内部发行)，1996年，第13页。
② 麻卓民:《早期旅比利时青田人》(下),《青田侨乡报》1999年10月21日。

小型工厂，如莫斯科潘仲衡的面粉加工厂，荷兰陈宪明、王银钗夫妇的豆腐厂，林松琪、刘振飞的制面厂和荷兰青田人的花生糖作坊。

第二次世界大战后，西欧国家从战时经济转向民用经济，急需恢复发展战争造成的奇缺民众生活用品的生产和服务性行业。战后，欧洲又处于相对安定和平的时期，所以青田华侨以少量的资金办起了餐馆，并经营了对设备、工资要求不太高且当地垄断资本不能囊括的皮革业或服装业等。在此背景下，欧洲青田人的小商贩型经济逐渐转变为服务业、商业和实业等多种经营的经济。在华侨人数较多的几个国家里，经营的主要范围为：英国是餐馆、洗衣、海员，法国是皮革工厂、餐馆、劳工，意大利是小型工厂和百货店，荷兰是海员、餐馆、杂货，西班牙是小型工厂、餐馆、劳工。这些小型工厂和餐馆“并不能在当地经济界占有极重要的地位，但是和以前街头叫卖的情形来比较，已经进步的多了”[①]。

此外，法国、意大利等国青田华侨的皮革业有很大发展。法、意的皮革制品早已为欧洲人所喜爱，在二战以前，法、意皮革业基本是犹太人的天下。第二次世界大战期间，法国的犹太人受到极其惨烈的迫害，其一统皮革业天下的局面被打破，这对于青田华侨来讲是进入该行业的契机，诸多旅法青田华侨抓住了这一商机。如旅法华侨潘元禄，刚开始只是一皮革厂的场工，积累一定的资本和技术后，开始与人合股开办皮革厂，有利的社会环境为其提供了良好的保障，产品很是畅销，1943 年单干后，他更加勤奋努力，不久工厂便初具规模，正式进入皮革业[②]。二战之后，巴黎的华人皮革工厂主“十九都浙籍，不属于永嘉（温州），便出生于青田”[③]。旅居意大利的青田华侨因地制宜，利用大工厂的皮角次料生产小皮件，拾遗补缺，在夹缝中讨生计。二战后，意大利青田华侨“沿街叫卖者仍有但大多

---

① 徐斌：《欧洲华侨经济》，台北海外出版社，1956 年，第 9 页。
② 龙海二：《一片丹心报国恩》，《浙江华侨史料》第 5 期，第 49 页。
③ 徐斌：《欧洲华侨经济》，台北海外出版社，1956 年，第 11 页。

数都是两三个同乡一起合伙开设皮革工厂”[①]。胡锡珍于1945年二战结束后，在米兰与王薛芳合股创办皮革工厂[②]，经过多年艰苦奋斗，讲求商业信用，终于由小型皮业作坊发展成为具有一定规模的皮包工厂[③]。新中国成立前，约有1700名青田人在意大利谋生，其中就有数百人从事这一行业。

早期青田华侨在餐馆业、商贸业、制造业等各方面的发展，使青田人开始走出小贩经济的圈子，逐步过渡到相对稳定的多元化、近代化经济模式，青田华侨的生活也开始从飘忽不定走向安居乐业。这些青田人有了扎实的根基，跻身于中产阶层，为华侨整体发展积累了一些经验，也为此后青田华侨事业的发展打下了重要的基础，对20世纪后半叶的中餐、服装加工、皮革乃至国际贸易等支柱产业的发展起到了开创性的作用。但是，总体来看，二战前绝大多数青田人仍然从事小商小贩活动，只有少数人积累了一定资金后开设了规模很小的餐馆、商店和小型加工厂。

第三节　青田旅欧华侨的经营项目与阻力

持续崛起的华侨群体，大都有着强大的华侨经济作为后盾，诚如闽粤华侨之于东南亚地区。青田华侨崛起于欧洲诸国，受浙南地区人口数量的限制，以群体性垄断经营为主，形成了相对独特的华侨经济模式。民国时期的旅欧青田华侨，已经确立了以经营为主的华侨经济模式，为此后青田华侨的发展奠定了基础。这一时期，旅欧的青田华侨在海外谋求生存的探索中，也遭遇了异国文化冲突的挑战以及来自“工业文明”国家的歧视。

---

① 孙耀光、黄易采编著：《意大利、希腊共和国华侨概况》，台北正中书局1988年版，第17页。

② 《县侨办关于华侨名人略传、侨务企业先进材料》，浙江省青田县档案馆馆藏档案，卷宗号：12-40-36。

③ 胡小玲：《忆祖父胡锡珍》，《青田侨报》2011年6月14日。

一、青田旅欧华侨的商业分布

1. 青田旅欧华侨的海外经营状况

民国时期，旅欧华侨来源较为繁杂，从赴欧目的而言，有务工者、求学者、经营者之分；从籍贯划分，主要来自浙、粤、闽、湘、鄂、鲁等省。其中，从事商贸、经营活动的人数不多，主要经营“杂货店、古玩铺、瓷器铺、餐馆等”[①]（见表 4–5）。

表 4–5 民国时期部分欧洲国家之华侨从事行业

国别	商业类别	侨民籍贯
英国	洗衣、南货、饭店、药店	粤浙闽
法国	饭店、瓷器、旅馆、药材	浙粤闽湘鄂
葡萄牙	旅馆、杂货、饭店	青田、宁波、粤
荷兰	杂货、饭店、旅馆	粤、青田、宁波、温州、闽、鲁
比利时	饭店、旅馆、咖啡店	粤、宁波、青田、温州
德国	饭店、瓷器、珠茶	青田、粤、宁波、温州、闽、鲁
意大利	瓷器、山东绸、百货公司	青田、闽、温州、鄂
土耳其	饭店、珠茶、百货公司	新疆、青田
丹麦	饭店、旅馆、山东绸	粤、宁波、青田、闽、鲁、鄂
捷克斯拉夫	瓷器、珠茶、钱庄	青田、温州、天门
波兰	瓷器、饭店	青田、温州、鲁、天门
西班牙	瓷器、钱庄	青田、温州
奥国	瓷器、山东绸	温州、鲁、青田
瑞典	丝茶、山东绸	青田、温州

注：商业类别和籍贯以多少为序。
资料来源：刘伯周编：《海外华侨发展史概论》，华侨图书印刷公司 1935 年版，第 52—53 页。

① 刘士木、徐之圭合编：《华侨概观》，中华书局 1935 年版，第 57 页。

从表 4–5 可以看出，民国时期，华侨在欧洲的以商业谋生者中，经营饭店、旅店及杂货店的人数最多。从事经营活动的华侨中，所售商品与其在国内所在地域具有一定关联。比如，山东籍华侨主要经营山东绸、湖北天门籍华侨主要经营纸花、新疆籍华侨主要销售珠茶。青田华侨在欧洲起初以销售青田石雕为主，后期从事的经营活动则囊括了旅馆、杂货、饭店、咖啡店、珠茶、瓷器、百货公司、山东绸等多个行业。青田侨联 1982 年的调查显示，在 1203 名归侨中，“行商小贩 1036 人，占总调查人数的 86.1%；做工 149 人，占 12.4%；海员 8 人，占 0.7%；皮革业 7 人，占 0.6%；餐馆业 3 人，占 0.2%”[①]。由此可见，小提卖取代了石雕销售，已成为青田人的主营业务。

另外，从 1927—1933 年欧洲各国华侨开设的商店情况来看，华侨的职业状况也可见一斑（见表 4–6）。

表 4–6　1927—1933 年欧洲各国华侨开设的商店情况

所在地	商店性质	商店家数	所在地	商店性质	商店家数
英国	洗衣店	160	英国	饭店	3
英国	南货店	7	英国	药店	3
英国	古董店	1	法国	饭店	16
法国	古董店	5	法国	南货、药材	7
法国	瓷器、地毯	14	法国	旅馆	8
法国	理发	3	法国	洗衣	3
法国	修脚	1	法国	酒店	2
法国	咖啡店	3	法国	钱庄	1
法国	杂货	4	法国	点心店	3
法国	豆腐店	2	法国	皮件厂	2

① 陈慕榕主编：《青田县志》，浙江人民出版社 1990 年版，第 646 页。

（续表）

所在地	商店性质	商店家数	所在地	商店性质	商店家数
法国	小菜店	2	法国	消费协作社	2
德国	饭店	8	德国	南货	4
德国	瓷器、珠、茶	7	德国	山东绸、花边	3
德国	古董店	1	德国	洗衣馆	20
德国	丝绸、毛毡	5	荷兰	饭店	15
荷兰	水果店	5	荷兰	什货店	17
荷兰	理发店	5	荷兰	旅馆	13
荷兰	山东绸、花边	3	荷兰	花生糖公司	22
荷兰	领带公司	1	荷兰	小菜店	3
苏联	茶	53	苏联	绸、缎	2
苏联	山东绸、花边	3	苏联	照相馆	37
苏联	饭店	8	苏联	理发店	13
苏联	皮件	94	苏联	铜器	3
苏联	木器	11	苏联	铁器	1
苏联	成衣	5	苏联	小菜店	105
西班牙	瓷器、珠、木帘	2	西班牙	钱庄	1
葡萄牙	珠料制造厂、批发所	1	葡萄牙	什货	3
葡萄牙	饭店	2	葡萄牙	旅馆	7
奥地利	瓷器、茶、珠、毡等	1	奥地利	山东绸、花边	1
匈牙利	瓷器、茶、珠、毡等	1	捷克斯洛伐克	钱庄	1
丹麦	饭店	5	捷克斯洛伐克	瓷器、茶、珠	1
丹麦	旅馆	3	丹麦	山东绸、花边	2
丹麦	瓷器、丝花	2	意大利	山东绸、花边	1

（续表）

所在地	商店性质	商店家数	所在地	商店性质	商店家数
意大利	百货公司	1	意大利	饭店	1
意大利	钱庄	1	意大利	瓷器、珠、茶	1
土耳其	瓷器、茶、珠、木帘	1	土耳其	百货公司	1
比利时	饭店	8	比利时	旅馆	4
比利时	咖啡酒店	3	瑞典	丝茶、古物等	2
波兰	瓷器、毛毡	1	保加利亚	丝绸、瓷器	1
南斯拉夫	瓷器、青田石刻	1	罗马尼亚	华货商务通讯处	1

资料来源：陈里特：《坐商》，中国人民政治协商会议浙江省青田县委员会文史资料研究委员会编印：《青田文史资料》（第 6 辑），1995，第 21—24 页。

从表 4-6 可以看出，华侨在海外从事的基本是服务业，这也是由我国华侨自身的特点决定的。饭店、旅馆、洗衣店是各国最为普遍的服务性行业，在英国，华侨开设的洗衣店竟高达 160 多家，还有理发店、修脚店、照相馆等其他服务行业；此外，对各种商品销售的商业活动是大部分华侨的谋生行径，经营者更是比比皆是。

2. 旅欧青田华侨的经营项目

民国时期，旅欧的青田华侨主要可以分为流动商贩和坐商两大类，二者之间具有一定的流动性。流动商贩经过数年积累，极少数的成功者逐渐做大做强，转变为坐商；绝大多数流动商贩，在多年以后还是维持着原来的境况，直到他们赚回一点钱回乡。坐商一般都是在出国前即有一定的经济基础，所从事的商贸活动具有投资属性。

流动商贩是民国时期青田华侨在海外经商的最原始状态，他们不管风吹雨打，走南闯北，时而摆摊设点，时而走街串巷，受人鄙夷，酷似乞丐，吃“闭门羹”更是常有之事。出国能成为流动商贩，对于旅欧的青田人而言还算是幸运的，他们有的去欧洲时身上还带有一定数量的现金，或者在海外有从事提卖业的亲属相助。那些出国后身无分文的青田人，则需在工厂做工慢慢积累经商所需资本。最贫穷的青田人还需要先去日本佣工，以换取赴欧的旅费。据旅日青田华侨朱钱岩回忆："我们山里人干活不怕苦，最难受的是受歧视，比如同一工种，我们日工资 2 元，而日本劳工是 5 元，况且我们的付出大大超过他们。"在欧洲的青田流动商贩，起初会兜售一些小商品，如从日本购入的人造珠宝、丝绸手绢等，国内制造的雨伞、六神丸、人参糖、樟脑丸、草鞋、钱包、自来水笔等。流动商贩的工作是非常辛苦的，除了同行的竞争外，他们还要"受尽外人的践踏侮辱，都忍气吞声地活着"。支撑青田人坚持下去的信念是"提箱奔跑叫卖，只须赚得到一个法郎，就是等于中国的两毛钱，每月即等于中国的六块钱，倘能赚得到三个法郎，每月即有十八元"[①]，这在家乡青田是不可能的，这也是他们心甘情愿吃苦受累的缘由，因为"除此之外更想不到什么活路"[②]。经过数年的辛苦经营，从事流动商贩的青田华侨普遍发了小财，有的甚至"有二三十万的家资"[③]，这样他们就可以雇佣其他人，转为坐商从中牟利。

坐商是民国时期青田华侨资本原始积累后更高一级的发展阶段，他们有的开设杂货店，有的成为批发商，中国式餐馆也很常见，开设面粉厂、皮革厂的也大有人在，青田人开设的水手馆、赌场也比较盛行。青田流动商贩转化为坐商后，会经历商业类型的转换，即根据居住国的不同，选择经营符合市场需求的项目。如意大利的青田人多经营皮革业，而在荷兰的青田人则从事水手招募代理、开设水手馆者居多。

杂货店是青田华侨比较盛行的坐商形式。旅法华侨叶廷芳精通雕刻技艺，经常身携石雕沿街叫卖，从 1911 年到达法国巴黎开始，经过数十年拎卖各种商品，逐渐具有了一定的经济基础。20 世纪 30 年代，他开始开店

---

① 邹韬奋：《在法的青田人》，载《韬奋文集》（第 2 卷），生活·读书·新知三联书店 1955 年版，第 82—83 页。

②③ 同上书，第 83 页。

经营各类商品，如瓷器、石雕工艺品及领带等，慢慢地发展壮大。旅荷华侨陈特轩的陈记杂货店也经历了类似的发展历程。

批发商行是更为发达的一种经商形式。如旅法青田华侨叶秀甫、陈龙耀、陈龙祥、杨道瑾、金玉山等初到法国时，在原始积累后做起了批发买卖，主要批发当地的小百货、日本瓷器和罗马尼亚的珠子等。20 世纪 20 年代中期，在法国拉奇诺巷和白玉洛巷共有 13 家批发商行，其中 12 家为青田人的商行，如林茂勋在拉奇诺巷 13 号开设了“茂勋号”批发商行，张旭明在拉奇诺巷 11 号开设“旭明号”商行，叶长清在白玉洛巷 4 号开设“长清号”商行，吴振兴在白玉洛巷 19 号开设“振兴号”商行，陈松趴在白玉洛巷 4 号开设“松政号”商行，陈杰勋在白玉洛巷 8 号开设“杰勋号”商行，徐康衡在白玉洛巷 2 号开设“康衡号”商行等。

作坊、旅店、饭店、水手馆、赌场等也都是青田华侨经营的重要形式。在莫斯科，青田华侨潘促衡开设了面粉加工作坊，青田华侨林建勋开设了生产皮革的作坊，这样的作坊一般是上午自己制作商品，下午再到市场上出售，自身一条龙完成。旅荷青田华侨王志南 1918 年与广东客家人简谭合伙在阿姆斯特丹开设五号水手馆，该馆可容纳 100 多人，负责海员住宿和介绍安排海员工作，之后，王志南还在荷兰海牙开设了“益同酒楼”。在法国，旅法青田华侨夏岳山开设旅店，周明岩、吴耀进开饭店，林岩权开赌场。这些都是民国时期青田华侨在完成一定的资本积累后，进行的更高一级的经营模式，这既需要过人的胆略，更需要敏锐的眼光，这也正是青田华侨所具备的素质。荷兰青田华侨的事业状况如表 4–7 所示。

表 4–7　20 世纪 30 年代阿姆斯特丹、海牙的青田人事业状况

事业名称	创办人	事业名称	创办人
五号水手馆	王志南	中国进出口公司	吴桂南、叶万青
中国国货公司	金梦仙、朱光等	客栈	虞仲远
客栈	裘克斋	洗衣馆	吴步青

（续表）

事业名称	创办人	事业名称	创办人
客栈	王松青	面馆兼豆腐厂	陈宪明、王银钗
面馆	陈瑞勋	面馆	陈雄典
理发店	陈永兴	客栈麻雀馆	王风贤
批发商	严瑛、朱光等	益同大酒楼	王志南
面馆、赌馆	叶春生	什货店	周王兴
水果店	程轩栋	华胜洗衣馆	陈彬
中国洗衣馆	林仙山	面厂	林松琪、陈振飞
批发商	章茂丰	客栈	郭林武

资料来源：陈彬：《旅欧洲青田侨胞经过情况》，中国人民政治协商会议浙江省青田县委员会文史资料研究委员会编印：《青田文史资料》（第6辑），1995年，第11—13页。

从表4-7我们可以看出，到20世纪30年代，很多青田华侨在欧洲国家已经站稳脚跟，能够稳定发展。事实上，从阿姆斯特丹、海牙的青田人事业状况，我们可以管窥民国时期青田华侨的整体事业状况，即集中在服务业领域，这是由青田华侨自身综合素质决定的，在这一领域，充足的劳动力是其重要的保障，不需要太多的技术，也根本未涉及高新技术行业。在异国他乡艰难困苦的生存环境下，华侨打拼、开创低端的服务业，能做到如此程度，实属“奇迹”。

经营活动有赚就有赔，那些经营失败、赔光家底的坐商和流动商贩，有的转为流动商贩，有的则前往工厂打工或从事苦力赚钱。重入工厂打工的青田华侨，主要去往了水泥厂、轮船厂、汽车厂、砖板厂等，也有的进入铁工、玻璃、镀金、铅笔、自来水笔等工厂务工，或者临时从事理发匠、拉车、厨夫、修道夫等工作。一般来说，他们的工作都比较辛苦，不仅有生命危险，且食宿条件都比较差。不用一一列举，从一些例子就可以看出青田华侨打工之艰难，旅法华侨叶吾科以及青田同乡曾在法国的轮船厂、汽车厂和砖板厂做过工，他们曾回忆：“大家干的是最重、最苦、最脏的活，拿的是最低的工资。”苦力在海外的境遇更是悲惨，他们一般从事挑煤、挖土的工作，每天早起晚归，受辱骂、挨打是常有之事。在工厂打工或充当苦力一段时间后，这些经营失败者积累了一定数量的资金，大都会选择重新开始，继续从事流动商贩的职业。

二、青田华侨海外经营遭遇的文化冲突

民国时期，旅欧华侨所从事的职业，主要是由其在国内的职业经历以及所在国的基本状况所决定的，虽然大多华侨“能勤苦耐劳，且多诚实忠顺，向为南洋荷兰东印度公司及其他欧人所公认”[①]，但经常“招外人所忌”，处境经常是“排华之声，风起云涌。驱逐禁止，逮捕残杀。苦痛惨怛，呼叫无门”[②]。

青田人赴欧与自身的贫困有关，“自国外经商返籍，抵查本县近年来人口过剩，生活程度渐高，一般佃农所耘之田，咸系不付支配生计顿成艰难”[③]，在青田，“务农者居百分之九十，各种工业者居百分之二，经营商业者居千分之五，撑船者居百分之一”[④]。这些因素迫使青田人必须外出谋求生计，而当他们发现欧洲是赚钱的宝地后，必然向欧洲国家流动，由此产生的文化冲突也是不可避免的。

19 世纪后直接进入欧洲本土的中国人，一直遭到歧视和排斥。[⑤]青田华侨恪守的中国传统文化及生活方式，与近代欧洲国家已经形成的民主传统、契约传统、文明生活方式等格格不入。此外，欧洲也是“黄祸”的温床，持此观点的西方人将黄种人与白种人对立起来，加深了西方国家对华人的误解，也影响和限制了青田华侨在欧洲的融入。

---

① 刘士木、徐之圭合编：《华侨概观》，中华书局 1935 年版，第 12 页。

② 刘伯周编：《海外华侨发展史概论》，华侨图书印刷公司 1935 年版，第 52—53 页。

③ 浙江省青田县档案馆馆藏档案，卷宗号：1-7-97。

④ 《青田县风俗调查表》，浙江省青田县档案馆馆藏档案，卷宗号：1-15-852。

⑤ 参见李明欢：《欧洲华侨华人史》，中国华侨出版社 2002 年版，第 24 页。

20世纪初，部分青田华侨从德国、意大利转赴奥地利，他们聚居在与维也纳南火车站相邻的军械库附近，仅20多人。有的青田华侨在奥地利乡下流动经营小商品，主要是兜售扇子、纸花、瓷品和玩具，这些小商品很受当地人喜爱。但是，代表排外势力和封建残余势力的奥地利基督教社会党和哈布斯堡王朝从极端狭隘的自身利益出发，炮制危言耸听、蛊惑人心且荒谬绝伦的言论打击华侨。1913年2月19日，奥地利基督教社会党机关报《帝国邮报》发表文章《中国人侵略维也纳》，丑化华侨的经商活动，诋毁华侨形象：

> 最近一段时间以来，维也纳及其周围地区明显出现了许多中国人，这些中国人穿着油迹斑斑的中式大袍或是怪里怪气的欧洲服装漫步于大街小巷，特别喜欢到溜冰场这样门庭若市的地方，毫不犹豫的从宽大的口袋里和篮子里掏出满把的扇子、小瓷人和小玩意给人看，……尤其在乡下，他们提着大口袋兜售，生意特别兴隆。军械库附近快变成中国区了。①

1913年4月初，哈布斯堡王朝强制遣返了被视为“侵略者”的24名华侨。

因为对欧洲社会风俗习惯完全不了解，青田华侨常常与当地居民出现不和谐的关系，而弱国弱民的国际地位更使得青田华侨备受欺辱。青田华侨身处异国他乡，在他们身上有着两种社会风俗习惯的冲突，这就要求其必须在一定程度上改变自身的因素，才能真正融入他国社会，但事实上，大部分青田华侨依然保持着中国固有的生活习惯，如在公共场合高声讲话、不讲究自身卫生，甚至是随地吐痰，这与欧洲国家的社会习俗是格格不入的。

来自农村的青田人不懂向人请安问好，有些甚至连招呼也不打就擅自

---

①［奥地利］黎阳：《旅奥华人史漫谈》，《奥华》1991年第1期，第8—9页。

闯入店堂住家，轻则被驱逐出门，重则被扣留商品或被报警受罚。如他们到西班牙人家里打门叫卖，有时是西班牙人正在用餐或正在午睡，一些脾气暴躁的西班牙人常常对他们施以拳脚，早年青田流传“华侨是皮鞋踢”就源于此类事情[①]。邹韬奋曾言：“这种小贩教育程度当然无可言，不懂话（指外国语），不识字，不知道警察的规章，动辄被外国警察驱逐毒打，他们受着痛苦，还莫名其妙。”[②]

总体看来，在青田华侨与异国社会的冲突中，以流动商贩最为典型。自国内初来不久的流动商贩，对于欧洲国家的风俗习惯是全然不知的，因而常常出现与异国居民冲突的事情，青田小贩的利益也会相应受到较大损害，大致可以分为三种情形：第一种是未经过咖啡店、酒店或商店等店主允许直接闯进去，在此种状况下，店主或者“将其商品没收，逐之出店”，或者“将其商品坠出商店外，而有驱之出店”[③]；第二种是店主提前防范青田小贩的进入，这种情形是青田小贩经常闯店兜售商品所造成的必然结果，店主若发现“流动华商欲进店其状者”，就会立刻将门紧锁，并出拳“以示若欲入内，则将以老拳付之之意”，一般说来，青田小贩看到此种情景，肯定是“远避不敢近矣”[④]；第三种是店主允许青田小贩进入店内，但是遭到店主及他人欺凌，流动华商在“幸能入其店内而店主不下驱逐令”时，或者“被顾主将商品窃去”，或者“购其货而不予以钱”，或者“予以钱而不依货价”[⑤]，使得他们蒙受较大损失。

在上述情形下，由于青田流动商贩形单影只，而且“别辩不清，不知何者所为”，只能忍气吞声，偶尔“向其索价或于商品被损坏要求赔偿时”，就会被辱骂，甚至是遭殴打。据旅欧浙江华侨协进会调查统计，1931 年 2 月至10月，短短8个月，上述情形在法国就发生538次，在比利时有17次，

---

① 麻卓民：《早期旅西班牙青田人（二）》，《青田侨乡报》1999 年 11 月 4 日。

② 邹韬奋：《在法的青田人》，载《韬奋文集》（第 2 卷），生活 · 读书 · 新知三联书店 1955 年版，第 83 页。

③ 陈里特：《欧洲华侨生活》，海外月刊社，1933 年，第 91 页。

④⑤ 同上。

在德国有 36 次[①]，可见青田流动商贩受欺凌、歧视的程度。

总之，正如青田档案记载，“清季及民国初元，吾国浙省青田小贩商人，开始来欧，当时以欧洲经济繁荣，出卖土产青田石物品，销路颇广，……此辈小贩商人，言语不通，服饰不整，礼貌不谙，动辄违背警示，遭受拘禁，每为外报所指谪”[②]。由于自身的原因，加上异国居民对中国人固有的成见，青田小贩不仅备受歧视和压迫，更有经济上的损失。当然，也有部分青田华侨由于与欧洲妇女一起生活，在其多方面的影响下，一定程度上改变了固有的习惯，较好地融入了他国社会。

青田华侨也并非绝对排斥居住国的社会和文化，生存的需要强迫他们学习、借鉴当地社会的习俗，不断地调适自己的行为和价值观念，一些青田华侨积极进行着融入当地社会的尝试和努力，做出种种适应性改变。旅西班牙青田华侨金光奎是早期青田华侨群体的佼佼者，长期的海外打拼使其深深地认识到不改变青田人在海外的公众形象，就无法获得较大的发展。他从当时青田华侨的实际出发，制定了被旅西青田华侨称为“金氏准则”的文明公约，主要内容包括“衣服要整洁，不能将商品挂在脖子上，不能跪地乞卖，不能击门强卖等，如若违规可给予适当处罚”[③]等，这样的约束性条款在华侨中引起了不小的反响，可以说是对陈规陋习的“革命”。虽然这只是西班牙青田华侨的尝试，但恰恰表明了青田华侨准备积极融入居住国主流社会的决心。

当欧洲经济衰退、欧洲华侨陷于困境之中时，不少青田华侨也得到了居住国民众的真诚相助。1929—1933 年的世界经济危机，使得整个欧洲经济陷入了前所未有的困境，旅欧的青田华侨更是“囊中羞涩，生活无着，

---

① 陈里特：《欧洲华侨生活》，海外月刊社，1933 年，第 91 页。

② 《德国大使馆 1936 年公函：奉令劝阻小贩被诱赴欧卷》，浙江省青田县档案馆馆藏档案，卷宗号：1–8–28。

③ 《青田华侨史》编纂委员会编著：《青田华侨史》，浙江人民出版社 2011 年版，第 46 页。

只能在饥寒交迫中艰难度日”[1]，在这样的境况下，欧洲国家的人民向在困境中的青田华侨伸出了援助之手，很多人在他们的帮助之下渡过了难关，其中最著名的当属荷兰神父达尔斯（Dals）。当时，旅荷青田华侨在经济危机的影响下，生活举步维艰，为了帮助他们走出困境，神父达尔斯呼吁华侨生产并出售适合荷兰人口味且物美价廉的中国花生糖，在得到大量青田华侨响应之后，他又开始充当促销者的角色，一时间，中国花生糖成为荷兰家喻户晓的商品，也成为青田华侨的“救命稻草”，甚至不久“其行业规模便凌驾于水手馆之上”[2]。这是居住国民众帮助青田华侨渡过难关的典型事例，也表明了华侨与居住国民众良性互动的开始。

三、青田华侨自身素质限制了其融入异国社会

其一，青田华侨自身原因是华侨在居住过边缘化社会地位的重要因素。封闭、保守的农耕文化在遇到异国文化的强烈冲击时，本身就会产生较强的抵触与排斥。早期青田华侨受中国传统文化的影响极深，在面对欧洲文化时，除了现实的政治、经济等社会条件的制约外，其产生认同感的心理历程是十分漫长的。青田华侨主体是贫困的山区农民，没有受到良好的文化教育，面对陌生的国家、社会、语言、风俗、饮食等，几乎无所适从，只能依靠传统的地缘、血缘关系，生存于宗派亲族组成的独立空间之内，延续着在祖籍地的衣着饮食、风俗习惯等，语言、行为和生活方式等都几乎完全独立于当地社会。

新知识素养的缺失极大地限制了早期青田华侨对异国文化的理解力和接受力，他们与当地人的交往、接触只停留在生存活动和经济交换的浅表层面，而完全没有跨国文化沟通的自觉意识。从一项对中华人民共和国成

---

① 《青田华侨史》编纂委员会编著：《青田华侨史》，浙江人民出版社 2011 年版，第 40 页。

② 同上。

立前后1000名青田华侨的抽样调查得知，文盲占40%，半文盲占38.5%，初小占15%，高小占5%，初中占1.5%[①]，极低的文化水平加大了文化适应的难度，也刺激了他们刚愎自用的一面，甚至对异国文化充满抵触情绪。如当时在西班牙青田华侨的圈子里，谁如果想学语言，就会受到“群起攻之”，大家都骂他是“番邦烂”，说西班牙语就被认为“乌龟讲番话”[②]，同时，他们“不愿和青田以外的华侨来往，有的和湖北华侨同住在一个旅馆，虽天天见面，也从来不打招呼”，甚至虽然“温州和青田是近邻，风俗习惯基本是差不多的”，但是“彼此之间仍有一定的界限”[③]。

其二，语言关是青田华侨融入居住国社会需要面临的首要问题。青田华侨初涉异国他乡，由于语言不通，往往“不知天南地北，若没有老华侨接应真不知如何是好”，旅意青田老归侨周德标把融入异乡社会比喻成演戏，强调“你一定要很快进入角色，否则就会被淘汰”，因此，刚到国外“要先下苦功学语言，再学经商”[④]，周德标就是较快攻克了语言关，继而学习经商知识的。可见，攻克语言关是融入异国社会的首要任务，否则就会阻碍华侨打拼的进程，甚至闹出笑话，如在西班牙有这样一则关于青田华侨的笑话：一个青田人去商店买鸡蛋，因不会西班牙语，便用手以圆圈示意，店员不明其意，此人反复演示，对方仍不领悟，他急中生智，身子下蹲，做母鸡下蛋状，并双手拍打屁股，口中仿母鸡下蛋后“咯呱、咯呱”的叫声，店员才恍然大悟[⑤]。虽然这是一则笑话，但其中包含了青田华侨因语言不通而生活不便的辛酸，这也是大部分青田华侨初涉异域时普遍的真实生活写照。

---

① 周峰：《青田县侨情调查分析报告》，《大青田周刊》2006年9月5日。

② 麻卓民：《早期旅西班牙青田人（二）》，《青田侨乡报》1999年11月4日。

③ 陈里特：《青田老华侨的生活》，中国人民政治协商会议浙江省青田县委员会文史资料研究委员会编印：《青田文史资料》（第6辑），1995年，第69页。

④ 《青田华侨史》编纂委员会编著：《青田华侨史》，浙江人民出版社2011年版，第50页。

⑤ 同上书，第45页。

其三，缺少法律意识使青田华侨经常受到侨居国政府的处罚。法律意识淡薄是青田华侨中存在的普遍现象，在欧洲各国表现得都比较明显。如在西班牙，早期旅西的青田华侨大多不懂西班牙法律，根本不知在该国经商需要营业执照，大部分是“裸商”，因而被警察抓捕是常有之事，受到处罚在所难免，轻则“没收货物、罚款”，重则“被殴打，驱逐出境”[①]；在比利时，据青田档案记载，“近来时有浙江青田籍小贩来比，其中多有未经比领签证，偷渡入境，以致常被警察查悉，驱逐出境”[②]；在瑞士，该国法律规定的行商小贩许可证明分为两类：一类是货样执照，“每年只须缴纳二百法郎，但不能直接售货，只能示买户以货样，有要买的，再回去将货物由邮局寄出，价值由邮局代收”；另一类是直接售货执照，“可以直接售卖货物，可是每月就须纳费数百法郎”[③]，但是青田华侨为了省钱，往往“只领货样执照，却私下偷售货物”，因此常常被警察查处，甚至“改名换姓，假造新护照卷土重来”，这也使他们承受“尝了铁窗风味若干时候再被驱逐”[④]的苦果。欧洲其他国家的情形与上述国家基本相似。

裘山村归侨季岩芳写的歌谣《十字思想》，较能概括当时不懂法律的青田华侨所遭遇的情况：

> 浙江青田出石冻，人生聪明造“古董”，雕起“石货”番邦通，先前出外贩“青石”，赚得黄金回家中，得金回程天伦乐，争讲番邦黄金丰。……嬉了几天行街卖，千家万户“寻过寻”，行街一日无人买，回转栈内叫苦怜。……若有一步不防备，撞着巡捕带起身，巡捕带去就则可，坐起“紧闭”受苦辛。……皮夹石货

① 麻卓民：《早期旅西班牙青田人（二）》，《青田侨乡报》1999年11月4日。

② 《奉令劝阻小贩被诱赴欧卷》，浙江省青田县档案馆馆藏档案，卷宗号：1-8-28。

③ 邹韬奋：《出了世界公园》，《韬奋文集》（第2卷），生活·读书·新知三联书店1955年版，第59页。

④ 同上书，第60页。

全充公，还要罚银“数十方”。[①]

其四，少数青田华侨自身的不良行为也影响着海外青田人的形象。青田华侨是我国海外华侨的重要组成部分，其自身素质也会影响海外华侨的整体形象。民国时期，部分青田华侨自身确实存在着诸多不良行为，甚至有很多封建恶习，比如赌博、嫖娼等，青田华侨“好赌，麻雀牌、天九牌，多半自中国来时都带来了”[②]，甚至普遍认为“如能将赌禁绝，比修桥补路功德还大十倍”[③]，可见，当时在海外的青田华侨中这些恶习的普遍和严重程度。

此外，随便抬高物价和兜售假冒伪劣产品是某些青田华侨在行商道德方面的主要表现。在当时，随便抬高物价的现象是很普遍的，而且抬高的程度也很离谱，比如值一毛的东西，销售时向人家要一元，人参糖“除了玻璃瓶和纸壳值三五分钱外，本无所谓资本，竟写了市价11元”[④]；青田华侨兜售假冒伪劣产品也是经常现象，有这样的描述：“这一些幸存者到了目的地，就沿街叫卖，卖一些小东西，如领带之类，诡称是中国丝绸制成的。他们靠我们祖先能织绸的威名，糊口度日，虽然领带上明明写着欧洲厂家的名字。”季羡林曾经帮在德国高价出售伪劣商品的青田行商打过官司，对于他们来说，被告上法庭只是“家常便饭，小事一端”[⑤]，根本不值一提。

由于政府“无提携之方，乏保护之力”，加上外人“存嫉妒之心，肆摧残之毒”[⑥]，晚清至民国时期的青田华侨只能集中在以“提卖业”为代表的

---

① 叶中鸣：《青田侨乡探源——青田侨乡调查之一》，中国人民政治协商会议浙江省青田县委员会文史资料研究委员会编印：《青田文史资料》（第2辑），1986年，第69页。

② 中华民国侨日共济会：《共济》，1923年，第19页。

③ 同上。

④ 吴晶主编：《侨行天下——青田华侨文化研究》，大众文艺出版社2006年版，第66页。

⑤ 季羡林：《留德十年》，东方出版社1992年版，第130页。

⑥ 龚学遂编：《中国民族海外发展状况》，大华书社1929年版，第95页。

少数几个欧洲近代经济体制的补充性行业，成为近代欧洲社会的“边缘分子”，并经常引发同欧洲社会各阶层的诸多矛盾，能够进入欧洲本土社会，尤其是“上层社会”的仅仅是凤毛麟角。

小 结

旅欧青田华侨的职业转变并不是一蹴而就的，这种转变既有青田社会中重商主义传统的因素，也有欧洲为青田人提供的空间因素。

从青田方面看，由于自然灾害、战乱等诸多因素的影响，青田人备受苦难，苦不堪言。在这种情况下，他们必须走出大山，才有可能摆脱困苦的处境，此种状况也就成为青田人走出国门的巨大推动力。另外，必须强调的是，早期青田人的“偶然”到达欧洲以及一战留居法国的青田华工，为后来青田人的到来奠定了坚实的基础。连锁因果理论认为，“某人认识的人群中移民的人越多，此人移民的倾向就越大；有过一次移民经历的人，再度移民的可能性相对更大，并可能带动其亲朋好友移民；而且移民汇回家乡的钱款，将增加原居地的收入不均，从而使那些没有移民汇款收入的家庭增强‘相对失落感’进而引发新的移民”[①]。不难理解，那些早期赴法的青田人赚取一定的资本后，一般会“衣锦还乡”，受到依然在家乡困苦中的亲朋好友“顶礼膜拜”和追随，进而在成功后再带领亲朋好友出国继续赚钱，这也是符合连锁因果理论的。看到别人由于出国而富有，乡人必然受到刺激而有相对的失落感，加上周围人的频频出国，也会使得他们对出国赚钱产生浓厚的兴趣，可以看出，这种基础性连锁作用的强大，一定程度上促成了移民行为的内在延续性。

从欧洲社会方面看，欧洲国家早已经历了重商主义的洗礼，而17—18

① 孙朝辉等：《国际移民理论及移民与输出国经济发展的关系研究》，《宜宾学院学报》2008年第9期。

世纪风起云涌的欧洲革命也为本国的商业活动制定了准则。进入 20 世纪后，从事商业对欧洲普通民众而言吸引力不大，他们更愿意按部就班地完成某项工作。即便是从事生产销售领域的西方人，也并不以逐利行为的商业活动为唯一目的。可以认为，20 世纪欧洲的商业活动是规范的，但也存在诸多商业空白领域。青田商人的出现，一定程度上填补了欧洲国家商业领域的空白，尤其是针对贫民阶层的销售活动，实际上得到了居住国民众的认可。这也是民国时期青田华侨可以脱颖而出，超越其他区域华侨的核心竞争力。当然，民国时期的青田华侨，虽然身处现代社会，但心理与思想还处于现代文化之外，一定程度上影响了华侨经济的发展。

旅欧青田华侨的转型奠定了之后几十年的青田华侨经营模式，即群体性、重商主义与行业性选择的有机结合。群体性是青田人成功的关键，正是这种众人拾柴火焰高的经营模式，使得青田华侨可以短期转入特定行业并迅速垄断某个行业；重商主义精神，是指青田人不甘于贫困，为获得财富甘愿吃苦，去做别人做不了的事情，没有这种精神也不会有享誉海外的青田侨商群体；行业性选择，体现了青田商人的大智慧，他们将特定行业的发展状况，与重情义、讲大局的区域性民众修养结合起来，最终让青田商人广交海外朋友，将商业的触角延伸至五大洲。

当然，青田华侨也需要提升文化素养，这种提升不是仅指接受高等教育，而是真正理解其自身的优势所在。近年来，特色乡村、公共外交、总部基地等新词汇涌入侨乡，但青田的华侨经济却没有得到本质性改善。反思不足，中外双重互补关系应当受到进一步重视，即中外民众在服务需求、情感之间存在相互融合与互补的关系。青田人应当以更开放的视野接纳中外交流，并寻找全新的融合互补方式。

第五章
青田华侨的海外日常生活

综观青田华侨社会网络的形成，除了少数规模较大的跨国石雕贸易商外，多数青田人都是从劳工做起，在积累一定资本后开始涉足零售业、餐饮业和皮革加工业等，并逐渐形成了覆盖欧洲、美洲与亚洲国家的商业网络。随着大批青田同乡的加入，青田华侨经济竞争力不断增强，海外生活也得到了很大改善。一些华侨与旅居国民众建立了深厚的友谊，并与外国妇女喜结连理，他们开始尝试融入旅居国社会。

第一节　青田华侨的海外生活状况

收入水平指稳定性的经济利益流入状况，是衡量社会群体经济状况的重要指标；支出是指有关生活或生产活动的各项开销，是反映某一群体经济状况的重要指标；居住条件体现了人对生活环境的要求，是人自我认同程度的直观体现。通过上述三项数据，可以粗线条勾勒出青田华侨的海外生活状况。

一、青田华侨海外生活的收入

青田华侨在海外的收入，因出国时间的先后、出国次数的多寡、从事工种的不同以及目的国之间的差异等，差别是很大的。以所从事职业划分青田人的收入状况，经营者通常多于务工者，坐商普遍多于行商，多次出国者大都多于单次出国者。

以时段划分青田人的海外收入，一般可分为如下四个阶段。

第一阶段为19世纪末至1910年，青田华商以海外贸易、“赶会”（参加各大赛会）为主，收入较为丰厚。早期“赶会”华商的收入在2000~3000块大洋，在青田，也有早期商人赚钱堆满了灶台的传闻。

第二阶段为1911年以后，尤其1915年至1929年，青田人以华工身份出洋为主，海外务工者的收入普遍不高，几年间能赚到数百至两千块大洋者已属于幸运儿。这一时期，仍有一定数量的青田人从事经营活动，虽然有一定获利但并不丰厚。

第三阶段为1930年到1939年，随着大批青田人赴欧从事零售业，欧洲的华侨经济日益活跃，因商盈利者所占比例大幅增加。

第四阶段为1939年到1949年，欧洲战争阴云密布，大批青田华侨选择了回国，但仍有千余人选择留居欧洲继续从事商业活动。这批华侨中虽有贫困者，但大都有着较为厚实的经济基础。

以从事工种划分青田人的海外收入，主要为两大类。

一是青田华工，他们是青田华侨中的低收入群体，包括一战华工、赴日从事劳务以及二三十年代旅欧的务工者，这些青田华工的收入明显低于旅居国的本土居民。以旅法青田华工为例，1936年，法国人均GDP为362美元，人均收入略多于200美元。当时，法国工人收入可以超过200美元，而青田华工多从事低薪酬工作，年薪超150美元者并不多（以陈里特调查的华工收入计算）。这一时期，旅欧华工收入普遍不高，日赚大洋4~5块者已属于高收入，即便积累多年，总收入也不过1000~2000块大洋。

二是青田华商，他们是青田华侨中的高收入群体。20世纪30年代，旅法青田华商的收入要明显高于华工收入。当时的旅法华商一般可以积攒下七百元国币到千余美元不等的积蓄，以此折算，成功商人的年收入要远超过法国人的平均工资，多者可以达到2~3倍。在荷兰，能拿出数千盾的青田人也大有人在[①]。青田华商的海外活动带有鲜明的逐利性，但任何经营

① 《青田人在荷兰》编委会编：《青田人在荷兰》，中国华侨出版社2011年版，第51页。

不会永远顺利，遭遇阶段性困境在所难免。每当市场的门被关闭，其收入就会随之降低，但青田华商总会继续探索着打开一扇窗，而当开拓新市场后，收入也随之增长。在20世纪20年代，部分旅欧青田华商转往了俄罗斯谋生，一些人抓住了市场发展的红利期，开始涉足皮革加工业、饭店业等，获利丰厚，至1930年前后，当地政府开始驱赶华侨时，大部分经营者的现金资产已达到七八千块大洋的规模。

商贩的收入虽然不稳定，但形成规模却有着巨大的意义。当商业先行者发现商机后，一般会立刻通知同乡参与。由于亲邻关系，青田人会以“群狼战术”迅速占领某一领域的市场，并形成以同乡为核心的产业链分工。当一个城市的营销网建立起来后，一些老商人因竞争及利润的降低，会选择前往其他国家开辟市场，复制成功的商业经营模式。因此，只要青田商人能够垄断经营项目，就可以持续获得相对稳定的收益，这一收入状况则与垄断行业的盈利状况相关。

二、青田华侨海外生活的支出与消费

与收入相比，青田人的支出相对简单，主要集中在饮食、衣着、居住和娱乐等方面，这与青田人崇尚简约不奢的生活有关。时至今日，一些老归侨的生活依然简朴，虽身家上亿但家庭陈设简单，对生活也没有过多奢求。

1. 青田华侨支出总体状况分析

旅欧华侨因出国花费巨大，多数都有100~500元不等的欠款，为了还清欠款并能积攒存款，他们尽量节省额外的花费。除了满足最基本的生活需要外，根据他们的收入多寡、职业差别和家庭生活负担的不同，支出也各有差异（见表5-1）。

表 5-1 民国时期旅欧青田华侨的每月每人基本支出情况（国币）

职业	饮食支出（元）	居住支出（元）	穿衣支出（元）	其他支出（元）	总计（元）
流动商贩	60	15	3	—	78
海员	100	20	10	300	330
华工	60	20	6	80	166

资料来源：陈里特：《欧洲华侨生活》，海外月刊社，1933 年，第 62—63、64、65 页。

从表 5-1 中可以看出：不同职业华侨的支出差异很大，海员的各项支出最多，而流动商贩的各项支出则较少。民国时期的海员属于重体力劳动，加之船舶长期在外洋航行，对海员造成生理和心理压力，一些人选择吸烟、喝酒或赌钱的方式解闷，这是造成海员其他支出大幅增加的主要原因。相比而言，青田商贩大多集体聚居，大大降低了居住成本，而有的服饰等花费因与其所经营领域相同，只需支付成本价即可。当然，他们并不是没有其他花费，个别华商沾染黄、赌等恶习，也会有较大的额外开支，但因这些不良行为很容易遭到同伴们的唾弃而被戒掉，所以占有比例极少。

青田华侨在收支方面，绝大多数都可以做到收入大于支出。就盈余而言，海员在支付各项花费后，每月盈余几乎所剩无几；华工相对好一些，每月可以攒下几十到一百块大洋；华商盈余最多，可以攒下一百到几百块大洋。虽然上述三类青田华侨都存在刻意压低生活消费的现象，但总体而言，商人的无意义消费或浪费少，生活消费可谓理性。相比较而言，海员群体内部的风气差，无意义消费和浪费现象极为严重。当然，部分海员会有额外收入，比如“藏舱”者或客栈老板会给海员头目一些好处费，这在一定程度上弥补了他们收支的不足。

2. 青田华侨生活的饮食支出

饮食习惯很难改变，青田华侨基本保留了家乡传统的饮食习惯。欧洲人“食品亦以面包为主体”，但青田华侨“除已久居欧洲者外，悉不嗜面食也”[①]，而且特别注重节俭，欧洲各大城市的中国饭店“除学生外，工商鲜有问津于其间，盖其取价甚昂，无力及此也”，外国饭店“更鲜有华工及华商足迹矣”，普通工商界“悉自炊饭”，流动华商“虽走动不定，但无论住何地，均随身带有炊饭之器具”[②]。

青田华侨陈元丰就是如此，其回忆道：“我在街上做生意时，便注意菜场和有大米卖的地方，接着就开始自己动手烧饭，我一个星期的伙食饭菜钱，抵不上法国工人一天的伙食费开支，但是比起在国内家乡要好得多了，……从法国到瑞士，也是带着炊具走的，吃得比较舒服些，除非买不到大米，没有办法的时候才吃面包。法国是没有茶馆的，喝咖啡我嫌它苦丝丝的，有时口渴了，只好喝瓶柠檬水来解渴。”根据陈里特在《青田老华侨的生活》中的描述，在欧洲国家的青田流动商贩的饮食，都和陈元丰的情况相似，“他们不论走到哪里做生意，都是自己动手做饭烧菜，这样的生活方式，一直保持到四十年代，变化都是不大”[③]。

随着环境的改变和时间的推移，青田华侨的饮食文化同样经历了吐故纳新的过程。30 年代中期，季羡林在德国偶遇青田小贩时，“他们拿出了面包和酒，还有不知从哪里弄来的猪蹄子，用中国办法煨得稀烂，香气四溢。我已经几个月不知肉味了，开怀饱餐了一顿”[④]。

流动商贩的饮食在欧洲华商中是最苦的，虽然他们每月每人的饮食支出费用“不低于青田工人每月饮食费之支出”[⑤]，但由于常年走街串巷、飘忽不定，使得饮食不甚规律。为了“赶市”，他们往往“天未明即须起床炊饭”，并且“不惯食西餐，西餐之价又昂”，所以“不用午餐”，等到“夜间回寓时始用膳”[⑥]。另外，由于“所带商品既多且有日用器具”，如果路途遥

① 陈里特：《欧洲华侨生活》，海外月刊社，1933 年，第 45 页。
② 同上。
③ 陈里特：《青田老华侨的生活》，中国人民政治协商会议浙江省青田县委员会文史资料研究委员会编印：《青田文史资料》（第 6 辑），1995 年，第 73 页。
④ 季羡林：《留德十年》，东方出版社 1992 年版，第 130 页。
⑤ 陈里特：《欧洲华侨生活》，海外月刊社，1933 年，第 50 页。
⑥ 同上。

远，或者一天之内需走几个不同的地方，为了行旅之便，对于所剩余之菜蔬“只有弃之而已”[①]。因此，综合上述情况，他们的饮食费用支出也并不低（见表 5–2）。

表 5–2 流动华商每月每人饮食支出费用 （单位：法郎）

类别	项目	数额	项目	数额
饮料	啤酒	50	柠檬	50
食品	米	40	火油	12
	猪油	7	盐	3
	酱油	15	蔬菜	50
	肉	30	火柴	1
	烟	9		

资料来源：陈里特：《欧洲华侨生活》，海外月刊社，1933 年，第 50—51 页。

从表 5–2 可知，流动商贩每月每人饮食支出费用共 267 法郎，其中饮料费用 100 法郎，占总支出的 37.45%，可谓“一大数”，这主要是因为流动商贩携带较重的货物，而且“整日步行不能停步”，饥饿时“亦以饮料代之”，所以“饮料之需要特大也”[②]。在食品方面，米、蔬菜以及肉的消费较高，共 120 法郎，占总支出的 44.94%，比例也比较大，且饮料在一定程度上取代了食品的充饥功能，否则，食品的所占比例会更大。若以法国流动华商饮食费用之支出为标准，那么“大致在瑞士、瑞典、挪威、荷兰、俄罗斯等国为较贵，比利时、意大利等国较廉，但均能与其收入成正比例也”[③]。事实上，青田华侨的节俭是惊人的，如意大利流动商贩，即使身上有钱，也只是“每人仅购几片面包及一杯开水足矣，一年中食肉天数，不能超过十指”，因而常常“发现营养不足病倒路旁之事”。据说，有一次

① 陈里特：《欧洲华侨生活》，海外月刊社，1933 年，第 50 页。

②③ 同上书，第 52 页。

意大利警察“发现一病倒路旁之小贩身上存有五千里耳（合国币一千五百元），使意人惊讶”[①]。

半工半商的青田华侨“以留俄者为最多”。由于俄国生活程度“本较其他欧洲各国为高”，因此，此类青田华侨日常生活之支出“较其他欧洲各国之华工及流动华商为贵”[②]，一般看来，每人每月“共罗布七〇元〇角七分，约合斯时国币八十元左右”[③]。

在欧洲，还有另外一群和青田流动商贩很相似的华侨群体——湖北天门旅欧华侨。不同的是，他们往往是以家庭为单位，全家旅居欧洲，从事“自制纸花，自行贩卖”的半工半商生活。因为拖家带口的关系，他们的生活和消费水平与青田流动商贩相似。从支出看，一般每月每家的房金支出“二四〇法郎，合国币四八余元”，饮食支出“三六四法郎，合国币七〇元”，穿衣支出“一〇〇法郎，合国币二〇元”；交通支出“八〇法郎，合国币一六元”[④]；而在法国以外其他欧洲国家的天门人，如果“一家以成年者二人，未成年者二人计之”，那么“每人每家饮食之支出费用共法郎五九二枚，约合国币一一〇元许”[⑤]。从中我们也可以略窥此类青田华侨的饮食支出情况（见表 5–3）。

表 5–3　旅欧半工半商华侨每月每人之饮食支出费用　（单位：卢布）

类别	项目	数额	项目	数额
饮料	茶	3	啤酒	6
	其他	4		
食品	米	5	面	8
	面包	3	蔬菜	15

① 黄权：《侨意的中国人》，《大风旬刊》，1938 年第 33 期，第 206 页。
② 陈里特：《欧洲华侨生活》，海外月刊社，1933 年，第 52 页。
③ 同上书，第 54 页。
④ 同上书，第 65 页。
⑤ 同上书，第 55 页。

（续表）

类别	项目	数额	项目	数额
食品	火油	0.4	火酒	0.1
	肉	18	盐	0.7
	烟	7		

资料来源：陈里特：《欧洲华侨生活》，海外月刊社，1933 年，第 53—54 页。

做工的青田华侨生活比较安定，一日三餐有固定时间，一般是几个人在一起，同在一家工厂工作，同住一个旅馆，这样在饮食方面就可以搭伙省出一些费用来。在日常生活中，在肉类方面，他们专门买些价廉物美的猪头、猪肝、猪脚爪等，或是牛的内脏；在蔬菜方面，主要买一些胡萝卜、土豆等比较廉价的菜品；在主食方面，他们都爱吃大米，不爱吃面包，只是偶尔为之；饮料方面，他们不喜欢喝咖啡，爱饮啤酒。由于他们的用餐较为固定，在同样节俭的情况下，每月每人的伙食费用要比做流动商贩的同乡人便宜一点，但是与黄河流域工人（在法国者）相比就逊色很多（见表 5–4、表 5–5）。

表 5–4　黄河流域工人（在法国者）每月每人饮食支出费用　（单位：法郎）

类别	项目	数额	项目	数额
饮料	咖啡	15	普通酒	100
	烧酒	50		
食品	米	35	煤油	15
	猪油	5	盐	3
	酱油	2	蔬菜	100
	肉	70	火柴	8
	烟	80		

资料来源：陈里特：《欧洲华侨生活》，海外月刊社，1933 年，第 46—47 页。

表 5-5　青田工人每月每人饮食支出费用　（单位：法郎）

类别	项目	数额	项目	数额
饮料	柠檬	10	啤酒	10
	咖啡及酒	10		
食品	米	40	煤油	12
	猪油	7	盐	3
	酱油	2	蔬菜	50
	肉	20	火柴	1
	烟	30		

资料来源：陈里特：《欧洲华侨生活》，海外月刊社，1933 年，第 47—48 页。

从表 5-4、表 5-5 可以看出，黄河流域工人（在法国者）每月每人饮食费支出共 491 法郎，而青田工人只有 193 法郎，青田工人的饮食支出远远低于黄河流域工人（在法国者）之支出，只占其 39.31%，可以说，生活条件较佳者“黄河流域工人属之”；较坏者“青田工人属之”①。究其原因，黄河流域的工人“工金虽较高”，但是“每月操作所入，仅敷支出，不多积蓄者”；而青田工人“工金虽低”，但是“以节衣缩食，每日操作所得，需寄回祖国供养父母教育儿女者”②。可见，这是地域性格使然。

海员由于工作性质的不同，吃饭“均由介绍所招待，故少有自饮者”③，因此，所在国家地域的不同也成为他们饮食支出迥异的重要原因，所谓“因所在国之地生活程度之不同，故其每月饮食费用支用亦因地方而异”④。从一般情况来看，从事海员职业的青田华侨，每月每人饮食支出费用因所在国家不同而有差异，在比利时、葡萄牙、法国等国家，他们的饮料支出“合法郎五〇枚足矣”，食品支出“四〇〇法郎足矣”，但是抽烟支

① 陈里特：《欧洲华侨生活》，海外月刊社，1933 年，第 46 页。
② 同上。
③④ 同上书，第 49 页。

出因人而异，基本没有固定的数值，一般而言，其支出“当超过饮食之费也”[①]；在荷兰、英国、丹麦等国家，饮料及烟的消费支出“于在比法等国者略同”，而食品支出“即需五〇〇法郎左右”[②]。

在欧洲各国的固定华商，就每月饮食支出费用而论，远远超出其他职业，大致情况如下：饮料支出“一五〇法郎”，食品支出“六〇〇法郎”，抽烟支出“一五〇法郎”，每人每月饮食支出费用共计“九〇〇法郎，合国币一七〇元许”[③]，可以说，有一部分固定华商的生活基本已跻身当地社会平均生活水平。以陈里特在柏林批发商林南勋家做客为例：其饭菜“虽说不是丰盛的宴席，但是经常都有鱼、肉、海味、香菇、木耳、金针菜等，并且顿顿有咖啡和酒喝”；又如在荷兰王志南家作客时，更是“每餐都有八九样菜，也有酒和咖啡”[④]。可见，部分华商除了家庭日常生活支出外，还能以丰盛的家宴招待贵客，这反映了部分华商家庭日常生活支出的能力，已具有过上较富足生活的经济基础。

3. 青田华侨生活的衣着支出

相对于饮食、居住等基本日常生活开销，大多数青田华侨对服装的讲究和要求就更低了。绝大多数青田华侨都来自于贫困的农村，初来欧洲时，不仅衣衫陈旧，而且对西式服装也很不适应，青田华侨陈元丰与其同伴都是这样的感受，习惯中式传统的衣着，他曾回忆道：

> 我的辫子还是留着的，身上穿的是土布长袍，腰中系布带，脚上穿的是青布鞋子，还是家里人做的布鞋底、布袜子，头上倒是戴了一顶新买的呢帽。在法国马赛上岸之后，就有许多法国佬围上来看着我，感动新鲜……以后衣服鞋袜也穿的破旧了，自己

---

① 陈里特：《欧洲华侨生活》，海外月刊社，1933 年，第 49 页。

②③ 同上。

④ 陈里特：《青田老华侨的生活》，中国人民政治协商会议浙江省青田县委员会文史资料研究委员会编印：《青田文史资料》（第 6 辑），1995 年，第 74 页。

不会做，也没地方去做，只好在法国买旧西装、衬衫、洋袜子和皮鞋了。开始穿皮鞋还出了一个洋相，因为皮鞋是分左右脚穿的，我也不知道，我把左脚的皮鞋穿在右脚上，右脚的皮鞋穿在左脚上，走起路来，挤得脚趾头疼的要命，我还责怪洋人的鞋子做的不好。穿西装开头也是不习惯，总觉得两只手不知放哪里才好。[①]

随着赴欧人数的增多，青田华侨的衣着文化也开始入乡随俗，经济拮据者脱下了长衫短褂，换上了低档的旧西装，还有些华侨“是在香港动身的时候买了旧西装和皮鞋”[②]。陈元丰之后出国的青田华侨，为了免受外国人异样的眼光，一般都会提前买好西装，这些西装“都是在上海的旧衣店买的便宜货，他们的西装大小尺寸不合身”，正如他们自己解释的，“不管是从死人身上剥下来的，或是害痨病人穿过的，只要价钱便宜也不计较尺寸大小，能够穿上身就算行了”[③]，足见他们对服装的不讲究程度。

绝大多数的青田华侨承担着赡养家庭的重任，即使有了些积蓄也“不顾其在衣服上七凑八补也”[④]，所谓“衣食不足，荣辱何知乎”[⑤]，对他们来说，“衣服只可蔽体御寒足矣”[⑥]。青田行商的生活极为俭苦，许多人在欧洲多年，手头即使有几个钱，都舍不得买一套新衣服，甚至有的流动华商“一套外衣着至七八年者”，而且大部分不经常洗涤，外衣“自购之日起，至废弃之日止，未经洗濯一次者”比比皆是，内衫“亦有经月而换洗一次者”[⑦]，因此，他们常常是“衣衫褴褛污秽不可近人，嫣形鹄面，被人引为

---

① 陈里特：《青田老华侨的生活》，中国人民政治协商会议浙江省青田县委员会文史资料研究委员会编印：《青田文史资料》（第6辑），1995年，第70页。

② 同上。

③ 同上书，第69—70页。

④ 陈里特：《欧洲华侨生活》，海外月刊社，1933年，第58页。

⑤ 同上书，第92页。

⑥⑦ 同上书，第58页。

讨厌而低视者”[1]。

有的青田流动商贩，一套西服贯穿了其出国生涯的始终，他们“在出国时穿的一套旧西服，只要不太坏，几年后回国还是这套西服”[2]。同时，西装也是传来传去的，有的是“‘老客’回国以后，用不着了，转让给‘新客’”，有的则是“父亲传给儿子，哥哥给弟弟的，或亲戚相让的”[3]。衬衫穿的变了颜色也是常有之事，他们穿的衬衫“虽说是白色的可是从来不给洗衣店烫洗的，都是穿脏了自己洗，也不去烫干，白衬衫也就变灰发黄了”[4]。这些流动商贩在极冷的冬天经常还需要走街串巷，但“多数人连件大衣都没有”[5]。

青田华工在“衣服方面支出数特少”，因为他们“除星期日能自由出外，悉在厂内工作”，工厂一般都有固定的工作服，这为他们省去一笔不少的穿衣费用。普通工人“除在作工时之工衣外，在星期日，亦有较整齐之新衣一套也”[6]，如在法国做机器工、油漆工、人造丝工、制瓷器工及砧瓦工等的青田华侨，平时上班穿的都是工作服，只有在下班之后，或者是星期天、节假日等时间，才有可能换上整齐的西服，系好领带，外出探亲访友，或者逛逛公园，看电影。

服装也可以明显体现出青田华侨经济地位的差别。少数青田华侨中在欧洲各国开设批发商的坐商老板，服饰已经非常讲究，且几乎完全西化，他们“因其经济能力较大，且于营业上之必要，故衣服非着整齐不可”[7]。这一类人可以分为两种：一种是资金较为薄弱的固定商人，另一种是资金雄厚的固定商人。前者一般是到百货公司买现成的衣服，如青田坐商陈松

---

① 陈里特：《欧洲华侨生活》，海外月刊社，1933年，第92页。
② 陈里特：《青田老华侨的生活》，中国人民政治协商会议浙江省青田县委员会文史资料研究委员会编印：《青田文史资料》（第6辑），1995年，第71页。
③④ 同上。
⑤ 同上书，第72页。
⑥ 陈里特：《欧洲华侨生活》，海外月刊社，1933年，第58页。
⑦ 同上。

久就花六百法郎买现成的西装穿[①]；后者由于资金雄厚，都是到专门的商店去定做衣服，如巴黎的批发商陈龙祥、伦敦的古董商林南圃、瑞典的古董商杨明轩、柏林的批发商林南勋、荷兰阿姆斯特丹开水手馆的王志南等人，他们的服装“就都是定做的了，料子高级，式样合身，整齐大方”[②]。

三、青田华侨的海外居住条件

青田华侨中的华商、华工、海员等，在海外的居住条件大多较差，环境恶劣。

1. 青田侨商的居住状况

青田华侨以流动商群体占大多数，虽然流动行商游移不定，没有长期的固定居址，但在青田华人较多的欧洲大中城市，“如交通便利者，悉有流动华商之集中区域”[③]，根据每个国家的情况，又各有不同。

（1）旅俄青田行商的居住条件

由于苏俄实行严格限制私营商业的政策，青田行商小贩的收入受到很大影响，可谓“每日进款不丰”，而且当时的苏俄物价较高，房租昂贵，他们只能居住在地下室和半地下室之中，即所谓的地窖式住房，“住楼上的没有，住旅馆的也没有”，只有这样“才能维持日常生活并稍有积蓄”[④]，所以，整体看来，他们的居住条件是相当恶劣的。

---

① 陈里特：《青田老华侨的生活》，中国人民政治协商会议浙江省青田县委员会文史资料研究委员会编印：《青田文史资料》（第 6 辑），1995 年，第 72 页。

② 同上书，第 73 页。

③ 陈里特：《欧洲华侨生活》，海外月刊社，1933 年，第 36 页。

④ 陈里特：《青田老华侨的生活》，中国人民政治协商会议浙江省青田县委员会文史资料研究委员会编印：《青田文史资料》（第 6 辑），1995 年，第 75 页。

这种地窖式住房被设计在“较地面低丈许之地窖中”，一半露出地面，一半在地下室，仅有“如盘大小之窗”，用于“流通空气而已”[①]，其内“既无阳光，更无电灯之装置”，必须“整日以煤油灯使用而已”[②]，否则“虽在光天化日之下，亦暗无天日，对面不能见人”[③]。一般来说，这样房屋的居住人数“五六人十余人不等”，且往往是“多人共处一室，拥挤不堪”[④]，除了基本的家具外，连厨房、客厅甚至厕所都在地窖之内，更增添了狭小空间的拥挤；至于床铺，规定是“三人合睡一床”，无床铺者“即睡地板上”，但通常“彼此同一床轮流换睡”，也因此，床上的温度“彼去此来，终年无断”[⑤]；被枕更是“永远未经洗濯一次者”，其颜色“非灰即黑”，被人戏称为“病菌之殖民地”[⑥]，其居住条件之恶劣程度可见一斑。

旅俄青田华侨陈元丰住的就是这样的房屋，从形状来看，该房屋“是长方形的，面积宽有五米，长有二三十米”[⑦]；所居住的房子基本上是陈旧的老屋，总共才有四个窗户，以致“空气不太流通，光线也不够充足”[⑧]；其内共住有五户人家，为了防止居住空间太拥挤，他们室内的摆设是非常简单的，“除了床铺，就是工作台（长桌子）、椅、凳、箱、柜以及日用炊具餐具等”[⑨]，根本没有卫生设备，用煤油灯照明。也有少数华侨租住于地面上的楼房，比地窖式的房子好得多，但租金也贵一些，林建勋家就是这样，他们住的是三层楼的下面一层，共有四五个房间，一起住了七八家人，都是没有女眷的，仍然是父子、兄弟一家，亲戚朋友为一家等。房间里靠墙放着床铺，中间放桌、灯和用具、炊具等，门窗齐全，空气比较流通，

---

① 陈里特：《欧洲华侨生活》，海外月刊社，1933 年，第 36 页。

② 同上书，第 37 页。

③ 同上书，第 36 页。

④⑤⑥ 同上书，第 37 页。

⑦ 陈里特：《青田老华侨的生活》，中国人民政治协商会议浙江省青田县委员会文史资料研究委员会编印：《青田文史资料》（第 6 辑），1995 年，第 74 页。

⑧ 同上书，第 74—75 页。

⑨ 同上书，第 75 页。

光线比较充足[①]。

（2）旅德、法等欧洲国家青田行商的居住条件

旅德的青田行商大都居住于“德人有房屋剩余出租之家庭中”[②]，因为德国旅馆的收费非常高昂，贫苦的青田小商贩很难负担，只能集体租房居住。由于房屋租金“不问房间大小，按每个人来计算，每人每天收租金二个马克”[③]，所以房东为了追求利润的最大化，往往“在普通只可居住二人之斗室中”，竟然“安置六七张床铺”，以便“收容流动华商十余人居住其内”[④]，这样他们每天至少有二十马克的收入。房东只追求有利可图，卫生条件、设备当然顾及不了，只是简单摆设，一般在一室之内“除一小桌炊饭者外，其余地位悉为床铺所占”，而且“一切室内卫生设备不顾及矣”[⑤]。季羡林曾经描述青田行商在德国的居住情况：“这是一间大房子，七八个人住在里面，基本都是地铺，谈不到什么设备，卫生条件更说不上，生活是非常简陋的。”[⑥]

旅法青田流动华商大多居住旅馆，但居住状况与俄国和德国流动华商也基本相似。法国对旅馆的居住人数有明确限定，每室只能居住两人，而且“警局时有巡夜来旅馆侦查也”[⑦]，一般旅馆是不敢违反规定的，同时，大部分青田行商为了省钱，一般都要求居住在旅馆较高的楼层，即“悉住旅馆最高层之室内”，因为“房室愈高租金愈廉”[⑧]。有些“营业失败穷苦无告之流动华商”没有地方居住，竟然“有在火车站、地道之内度夜者”，有

---

① 陈里特：《青田老华侨的生活》，中国人民政治协商会议浙江省青田县委员会文史资料研究委员会编印：《青田文史资料》（第6辑），1995年，第75页。

② 陈里特：《欧洲华侨生活》，海外月刊社，1933年，第37页。

③ 陈里特：《青田老华侨的生活》，中国人民政治协商会议浙江省青田县委员会文史资料研究委员会编印：《青田文史资料》（第6辑），1995年，第75页。

④ 陈里特：《欧洲华侨生活》，海外月刊社，1933年，第37—38页。

⑤ 同上书，第38页。

⑥ 季羡林：《留德十年》，东方出版社1992年版，第130页。

⑦ 陈里特：《欧洲华侨生活》，海外月刊社，1933年，第39页。

⑧ 同上书，第40页。

的被警察发觉后，不得不“度铁窗生活”[①]。可以说，这些行迹无定的青田流动商贩，居住条件是非常差的，很多人根本没有地方居住，露宿街头是常有之事；即使有的能够居住在旅馆之内，也是“屋既陈旧，设置亦不完全也”[②]。

也有一部分青田行商在法国是合伙租房居住的，这种出租房屋大多没有合法的手续，只是与房主私下达成口头协议，房租也比绝大多数的旅馆价格低，每人每月只有二十法郎，不仅居住环境恶劣，而且也不能保障基本的居住条件。一般来讲，他们所租住的房屋“并无器具”，甚至连最基本的床、桌都不具备，他们“亦无力购置”，于是“将商店中装运商品之木箱拆散，以钉订成大者为床，次大为桌，小者为凳”；床上用品“亦不过在旧货店购之破毡数条，用以御寒而已”；房屋内空气较差，尤其是在冬天，常常关闭窗户，以致空气很难流通，“故每入其室，则觉臭气扑鼻”[③]。

当时，青田华侨在欧洲的最大聚居区是巴黎里昂火车站附近的“两条小巷，路面很狭小，车辆只能单线行驶，两边房屋都是五六层高的楼房，街道上的光线被楼房遮着，显得十分阴暗，清洁卫生也搞得很差。两条巷内的批发商有十几家，都是面向街道，住、食、炊事也在一起”[④]。据邹韬奋介绍，在那里，“他们往往合租一个大房间，中间摆一张桌子，其余的地板是薄地板，穷苦和肮脏往往是结下不解之缘的好朋友，这班苦人儿生活的龌龊、衣衫褴褛是不足为怪的”，于是“这些地方的法国人避之若蛇蝎，结果这里成了法国的‘唐人街’”[⑤]。

除法国、德国以外，其他欧洲诸国青田华侨的居住条件与前两者基本相似，“芬兰、瑞典、挪威、瑞士、匈牙利、奥地利等国大致与居住德国者

① 陈里特：《欧洲华侨生活》，海外月刊社，1933 年，第 39 页。
② 同上书，第 40 页。
③ 同上书，第 39 页。
④ 陈里特：《青田老华侨的生活》，中国人民政治协商会议浙江省青田县委员会文史资料研究委员会编印：《青田文史资料》（第 6 辑），1995 年，第 75 页。
⑤ 叶星球：《谈法国华人早期的历史》，《欧华侨志》1998 年 12 月 1 日。

流动华商状况略同”，“住西班牙、葡萄牙、意大利、比利时、土耳其、希腊、捷克斯拉夫、南斯拉夫等国之流动华商之住宅与居住法国之流动华商大致相若也”[①]。如意大利的青田小贩“都是十（二十）几人合租一间地下层，每人所纳之租费不过几里耳（意币名）”[②]；又如西班牙的青田流动商贩“十几个人甚至二三十人，挤在一套房子里，睡在地铺上”[③]；再如比利时的青田华侨“挤着住在小客栈里面，常常是三五个人或者六七个人挤着住在一间狭窄的小房间里”[④]。

另外，巴西青田华侨的居住情况和欧洲青田华侨非常相似，也是集体租房居住。在前期旅巴西的青田华侨中流传着一句话：“风炉放在皮箱里提”，说明大多数人都没有稳定的生活，稍微有条件的人，也是几个人合租一间房集体居住。当时，在里约热内卢 ESTAC1035 号，一层楼有五间，除一间是一个葡萄牙人居住外，其他三间是洪进、秀元等八人的集体居所，一间小客厅里集体烧饭，整个客厅尽是无数的盘盘碗碗、刀叉筷匙、瓶瓶罐罐，一副杂乱无章的场面。后来，此处却成为青田华侨经常聚集娱乐的中心。[⑤]

2. 青田华工的居住条件

青田华工的居住条件也非常困苦和恶劣，无论工厂在繁荣的城市还是在偏僻的地区，都是如此。位于人烟稀少、交通不便地区的工厂，为解决工人住宿问题，厂主往往在工厂附近的空地上用木板等搭建临时性房屋供工人居住。室内住宅“地既潮湿，又乏光线”；其基本装置、设备“缺而不全”，甚至到了“岂能以笔墨形容”的程度，“既无电灯，又无自来

---

① 陈里特：《欧洲华侨生活》，海外月刊社，1933 年，第 40 页。

② 黄权：《侨意的中国人》，《大风旬刊》，1938 年第 33 期，第 206 页。

③ 麻卓民：《早期旅西班牙青田人（二）》，《青田侨乡报》1999 年 11 月 4 日。

④ 徐斌：《欧洲华侨经济》，台北海外出版社 1956 年版，第 29 页。

⑤ 郭秉强主编：《巴西青田华侨史》（内部发行），第 23 页。

水”[①]；室内的生活器具也是捉襟见肘，厂主不予提供，要工人自己购买，这对“生计均属艰难者”的华工来说，实在难以承受。因此“虽在潮湿之地，亦竟有睡在地上者”，即使这样，每月每工人“尚须纳厂主三十法郎之租金”[②]。

位于城市附近工厂的华工则多数住在旅馆中。由于巴黎西郊工业区厂里的宿舍多为本国人居住，而且按照工厂规定，须有五年或者十年以上工龄，才能取得居住宿舍的权利，因此，绝大多数华工只能住在工厂附近的旅馆中。每逢工厂招收大量新工人的时候，旅馆里就人满为患。一般四五个人合租一间，也有七八个人合租一间的，如果工厂开日夜三班倒，他们就采取你来我往，在同一张铺上彼此轮流着睡觉，故“其房内整日连夜，无间断鼻鼾声”[③]；如果他们不是轮流上班，那么只能“二三人合睡一张床，再不然就在地板睡上三四个人”[④]。总体看来，工人所居住的房屋，除了最基本的桌、凳、炊具外，几乎没有其他设备，卫生条件也是相当差的，床上被褥洗换不勤，一月甚至数月不换洗。

为了改善华工的居住条件，中国驻外使馆也是积极奔走。如在法国，中国驻法使馆部门通过建立工人合作社的方法，取得了一定的成效，所谓“工人所得之便利诚非浅鲜”。从性质上讲，法国的工人合作社可以分为居住和消费两个部门，均设在工厂附近，它的设立使法国人的旅馆和杂货店都受到很大影响，甚至“自此即绝华工之足迹”[⑤]。由于工人纷纷受益，入社者也逐渐增加，最多时“达二百人之多”，甚至“他国侨工请求入社者亦颇不乏人”，但是成立不到一年时间，由于法国经济的衰退，一半多的青田华工被工厂辞退，合作社自然受到很大影响，“碍及十协社计划中之其他八

① 陈里特：《欧洲华侨生活》，海外月刊社，1933 年，第 40 页。
② 同上书，第 41 页。
③ 同上书，第 42 页。
④ 陈里特：《青田老华侨的生活》，中国人民政治协商会议浙江省青田县委员会文史资料研究委员会编印：《青田文史资料》（第 6 辑），1995 年，第 77 页。
⑤ 陈里特：《欧洲华侨生活》，海外月刊社，1933 年，第 42 页。

处矣”[①]，合作社未能开办下去。

在日本劳工的青田华侨居住条件也极差，大都数十人挤住在一家小客栈里，早出晚归，生活非常艰辛。当时，青田劳工大多居住在大岛町，为此，该地称为“中国街”。从居住的栈房面积来看，“平均到每个人容积不过1平方米，最小者为1/3平方米”，显得拥挤不堪。更有甚者是做晚饭时的情景：青田华工一般是晚上五点半下班，由于一家栈房“无论住客多少，至多置大炉四架”[②]，所以只能轮流做饭，吃饭的时间可至晚八九点钟，可见人多拥挤的程度。晚饭后，青田华工若能在旅店住上一宿，或能入浴室冲洗一番，就可称得上享受奢侈了，这也从侧面反映出了他们居住条件之差。

3. 青田海员的居住条件

欧洲青田海员基本住在水手馆内，介绍所也是他们的重要居住场所。在欧洲的大商埠之间，中国海员集中的地域都设有介绍所，虽然海员“每年以在船中作工之日多，抵埠休息之日少”，但这些介绍所充分保证了他们有地可居。介绍所内的费用是因情况而定的，一般来说，每一中国海员抵埠“即可入海员介绍所居住用膳”，在居住未得工作期间，其“可不纳宿膳等费”，甚至“若一年不得工作，即一年可住其内，无须缴纳分文之膳宿费”，一旦订立作工合同之后，必须“将所未纳之宿膳费纳之”[③]。介绍所的内部安置与轮船大致相仿，即“一室之内，设置床十铺，悉靠壁，每床之高度，仅能一人直坐，因床上又有床也；故床位在最高者，上下须用小梯”[④]。

水手馆的居住条件同样是非常恶劣的。“走进水手馆，就像到了另一个

---

① 陈里特：《欧洲华侨生活》，海外月刊社，1933年，第42页。

② 《东瀛沉冤——日本关东大地震惨杀华工案》，载《浙江文史资料》（第57辑），浙江人民出版社1995年版，第17页。

③ 陈里特：《欧洲华侨生活》，海外月刊社，1933年，第43页。

④ 同上。

世界……密闭闷热的房间几乎从来就不曾打扫过……屋内又乱又脏，根本分不出白天黑夜。”[①]1926年，荷兰鹿特丹市政府卫生委员会对华人水手馆曾做过调查，认为居住条件及卫生状况极差，并提出了批评：

> 华人水手馆内部拥挤肮脏的状况令人震惊，屋内一张接一张的紧挨着排放多张双层床，房客的床上用品不过是一张旧毯子，还有一方被当做“枕头”的小木块。床底下堆满了房客的私人用品，床架两头之间拉着绳子，上面晾满了湿淋淋的衣服，有些地方还挂着鱼干、鸭干、肉干，屋内气味难闻，足以令人窒息。[②]

时过10年，荷兰学者范·黑克应政府要求调查荷兰华人社会状况，发现华人水手馆的状况并未得到根本改善：

> 在通常是荷兰一家人居住的空间内，挤住几十个中国人，是华人水手馆司空见惯的现象。当时，荷兰人的卧室面积至少在人均2.5平方米或6平方米以上，但是，位于鹿特丹卡登区税屋街的一家华人水手馆，在大约50平方米的空间内，长期挤住着四五十个中国人，连空气都十分浑浊。另一处面积13~14平方米的水手馆，也满满的挤住着10~15名中国人，卫生、防火等方面的状况都不符合荷兰的有关规定。[③]

青田的固定商人所居住的房屋“大致与欧人中产阶级之住宅略同”[④]，但应该强调一点的是，这样的固定商人并不多，因为如果有这样的条件，必须有雄厚的经济实力作支撑，在柏林的林南勋就是这些为数不多的固定

① 李明欢：《欧洲华侨华人史》，中国华侨出版社2002年版，第174页。

②③ 同上。

④ 陈里特：《欧洲华侨生活》，海外月刊社，1933年，第35页。

商人之一。林南勋与一个兄弟在一起，他的商店不在繁华的闹市区，但是商店门面却装饰得比较漂亮，油漆一新，橱窗陈设美观、清洁整齐，与法国人的殿堂不相上下。他二人的住处“就在店堂后面的房间，布置的清静幽雅，有卧室、会客室、餐室等三四房间，卫生设备齐全”，可见居住条件的优越，但“像这样居住条件的青田人不多”[①]。

第二节　青田华侨的婚姻家庭生活

清末及民国时期，青田华侨的婚姻以本土婚姻为主，虽然涉外婚姻增长较快，但在绝对数量上还是非常有限的。据统计，当时青田华侨的涉外婚姻仅占总华侨数的10%~20%[②]，人口总数为400~500人，在涉外婚姻中居于前三位的国家是法国、德国和日本。这一时期，青田华侨的婚恋、家庭观既保留浓郁的传统习惯，也开始接纳西方自由恋爱的观念。在婚姻家庭生活中，呈现出排斥、碰撞与接纳并存的特征。

一、青田华侨的本土婚姻家庭生活

1. 青田人传统的婚姻习俗

青田人重视传统文化教育，有着浓厚的儒家观念与忠孝思想，当地民风纯正、乡情浓厚，有“青田民俗朴懋”的称谓。据调查，当地民众崇尚朴质与简约不奢的生活，“男女不相混杂”，县城无烟馆、妓寮，“蓄婢制度乡间绝无，县城则有但为数并不甚多”[③]。青田人的乡俗文化对当地婚姻家

① 陈里特：《青田老华侨的生活》，中国人民政治协商会议浙江省青田县委员会文史资料研究委员会编印：《青田文史资料》（第6辑），1995年，第75页。

② 吴晶主编：《侨行天下——青田华侨文化研究》，大众文艺出版社2006年版，第34页。

③ 《青田县风俗调查表》，浙江省青田县档案馆馆藏档案，卷宗号：1-15-852。

庭生活产生了良性影响，家庭以一夫一妻为主，家庭关系和睦。

婚丧嫁娶是我国传统中的四件人生大事，婚是指合法形成配偶关系，在家庭生活中排在首位。对于青田人而言，婚姻的意义同样重要，特别是在乡村社会中，婚姻不仅是男女的结合，更是关系家庭、家族传宗接代、繁衍兴旺的大事，因此，婚礼不仅是当地民众的成人礼，也是婚后组建家庭、实现个体经济独立的开始。青田人的婚姻讲究门当户对，他们注重乡情、友情，婚姻多为相邻、好友之间托付儿女大事，是彼此间极大的信任，关系家族的门面，有婚约的双方家族一般实力相当或社会地位相似，大都在各自同阶层中选取配偶。民国时期的青田人，富裕阶层的婚姻，有大地主儿子与律师女儿，官员姐妹或女儿与富商子弟的结合等；中产阶层的婚姻，多为商人儿女与普通知识阶层儿女，或商人之间，以及中小地主之间或与商人儿女的结合；贫民阶层的婚姻，大都在本阶层内，主要是雇农、佃农儿女之间或与普通海外务工者之间的结合。此外，青田人的婚姻还讲究及时性，我国传统中有早定亲的传统，青田人也有娶娃娃亲的习俗，早婚现象在青田地区较为普遍，一般适婚年龄在 17~21 岁。

青田人为人处世极重礼节，完婚的整个过程中，礼仪相对烦琐，从订婚到完婚大致需要经历 7 个程序：

——订婚，这一阶段一般由父母做主，经媒人说合，然后将首饰或者银圆交于女方家作为聘礼，选择吉日，男女家通郡帖以确定订婚关系。

——形成婚约，抄写酬世锦囊中之婚启，双方家长共同署名。

——男方给付女方聘礼，聘礼有钱也有物，聘金一般为 32~300 元。物则为六礼六合八合，聘物大都是民众日常生活食用的主副食品、肉食或海鲜等。

——选日，依照男女双方八字确定迎娶时间。

——迎亲礼，一般婚前 3 日新郎将聘礼送与女方家，婚前 2 日拜见岳父，婚前 1 日新郎家用花轿将新娘接回夫家。

——结婚仪式，与我国大部分地区迎亲基本相似，摆酒席、拜父母、入洞房。

——婚后礼，青田人婚后有 7 日不出新房的习俗，7 日之后夫妇可以自由活动。

青田男性有着外出务工的传统，婚后女性大都会留守家中，她们既要操持家务，养育儿女，还要照顾公婆。在青田妇女的观念中，“妇女同巷相织、冶游之风绝焉”，而且“人为节孝，鲜求旌表”，对她们来说，“从一而终、妇道之常”就是金科玉律，是不容挑战的。[①]青田自古节孝烈女的事迹屡见不鲜，如“陶氏，建中间夫亡，家贫，事姑克孝，姑病竭力医祷，及终，负土成坟，一号而绝”[②]，丈夫死后，妻子孝敬公婆至去世；又如“蔡氏，林庭光妻，年二十一夫亡，子甫周岁，姻妻劝其改嫁，蔡即断发自誓。纺织事姑，抚子成立，姑卒丧葬如礼，寿八十一而终”[③]。据当地人回忆，青田曾有十余座贞节牌坊，为历代政府表彰贞洁烈妇所赠，后多为洪水所毁。

2. 青田华侨的本土婚姻与婚姻生活

清末及民国时期，青田华侨的婚姻多以本土婚姻为主，这既有传统观念影响的因素，也是客观环境制约的结果。在传统观念中，家长权威对婚姻的影响力最大；在客观环境影响中，华侨的故乡优势与海外缺乏适婚对象等，都决定了青田人会以本土婚姻为主。具体而言，这种婚姻状态主要有以下四个缘由。

一是遵从父母之命的婚恋观。直至 20 世纪 40 至 50 年代出生的青田人，在婚姻方面依然主要是由父母做主。青田华侨在出国前，父母考虑外出存在着不确定性与各种风险，条件好的家庭选择出国前完婚，条件稍差的家庭也要定下婚约。当时的华侨父母普遍认为，完婚就会拴住外出孩子

---

① （清）雷铣修、王棻撰：《青田县志·卷十一·烈女志·节孝》，清光绪元年修，1935 年重印本，第 1 页。

② 同上。

③ 同上书，第 2 页。

的心，让他们心中有了家庭的羁绊，不至于流连国外而不归。还有一种因素是，子女出国谋生存在有去无回的风险，完婚生子可以延续家族香火不断。对于青田华侨而言，回乡完婚是尽孝道的表现，也有立户实现独立的考量。此外，受青田乡村道德约束，妇女具有浓郁的传统意识，讲究从一而终、孝顺公婆，还要参加劳作，可以帮助华侨照顾家庭。青田华侨的父母普遍希望儿女找本地或邻村人，一是知根知底，二是语言相同便于沟通（浙南地区方言差异大）。为此，遵从父母之命是青田青年男女大多选择本土婚姻的主要推动力。

二是青田华侨经济实力的吸引力。由于二三十年代出国的华侨获利颇丰，在浙南地区，人们普遍存在着羡慕华侨出国富有的心理，民间便有了“盼女嫁华侨，从此不吃苦”的共识。因此，大批温州和青田鹤城、万山的女子，嫁入方山、阜山等侨乡。这些侨乡有很多华侨家庭，居住的房屋普遍较为气派，所能给付的结婚聘礼也较多。当时，普通非华侨家庭的聘礼很难拿出30~60元，但华侨家庭常可以拿出100~300元的聘礼，而且，当时华侨回国普遍可以带回两三千块大洋，能购田数十亩，这些田地养活六七口人绰绰有余。由于民国时期华侨人数有限，而希望嫁入侨乡的女子人数相对较多，华侨可选择配偶的余地较大，为此，本土婚姻是华侨的首选。

三是海外青田华侨女性稀少。在清末及民国时期，青田传统习俗并不允许女性出国或外出打工，这一点与邻近的温州地区存在差异。据统计，整个民国时期只有7名青田女性出洋谋生。[①] 据旅荷兰华侨陈彬调查，20世纪30年代，荷兰有青田侨胞1000多人，其中女性1人[②]，有数位女

① 《青田华侨史》编纂委员会编著：《青田华侨史》，浙江人民出版社2011年版，第20页。

② 陈彬：《旅欧洲青田侨胞经过情况》，中国人民政治协商会议浙江省青田县委员会文史资料研究委员会编印：《青田文史资料》（第6辑），1995年，第11页。

性出国没多久就返回了祖国；旅意华侨最多时达 1600 多人，均为男性[①]。而据麻卓民的调查，旅居西班牙的青田人都是男人，没有一个女人。其中“少数是年轻未婚的，大多是已经完婚的”。这些调查大致反映出青田华侨在海外的男女性别结构情况，几乎都是男性，女性罕见。纵观整个民国时期，青田出国的女性能叫上来姓名的，只有方山乡下碓的林岩杏（其为青田女性出国第一人）、老华侨王志南的女儿王银钗、美国青田华侨朱宝丹和徐兰英，剩下的均无文字记载。此外，出国女性也大都为已婚妇女，如徐木忠的妻子是随丈夫去了西班牙，另一个阜山的女性是与情夫私奔到荷兰、德国。可见，出国的寥寥几位女性青田华侨，与男性青田华侨相比是微乎其微的，因此，男性青田华侨在海外很难与家乡女性匹配成婚。

四是东西方文化差异较大。青田华侨与亚洲妇女结合相对容易，与欧美妇女结合不论是文化，还是生理上，都有诸多不适应之处，这也是导致华侨在海外娶妻者数量偏少的客观原因。

青田华侨的本土婚姻数量是庞大的，一般分为完婚后离乡出国和婚后留居侨乡两种情况。前者，夫妻饱受分离之苦，留守妇女生活艰辛；后者，青田华侨在乡完婚后多数选择留乡生活，与妻子生儿育女，劳苦耕种。

在婚后离乡的青田华侨中，大致分为先完婚后出国和归国完婚后再出国两种，但不论哪种，都与妻儿聚少离多。华侨叶清元是后一种情况：“1920 年末，我回家跟青田本地姑娘结了婚，安顿好父母之后，过了农历年，带着两个哥哥和一个弟弟返回巴黎。”[②]可见，他从回乡到离乡仅有短短的几个月时间，完婚的过程也非常匆忙，夫妻相处时间甚至不足 2 个月。

婚后丈夫离家出国，留在家乡的妻子便要承担家庭繁重的家务，既要

---

① 《青田华侨史》编纂委员会编著:《青田华侨史》，浙江人民出版社 2011 年版，第 68 页。

② 《因招募华工我到法兰西——浙江青田籍华工叶清元口述》,《欧华侨志》试刊号第 2 期，1995 年 10 月 15 日。

上孝父母、下抚儿女，还要辛苦劳作扛起家庭的重担[①]。据青田县前侨联主席陈耀东回忆，父亲陈铭奎出国谋生时，他的哥哥还没有出生，父亲在德国谋生 24 年，母亲一直在家辛苦劳作，盼望丈夫早日归来。[②]一些在海外打拼较为成功的青田人，可以与家人往来书信互报平安，书信常与财物共同寄回，家人的生活会得到一些改善。一些勤劳精明的留守妻子，用丈夫赚的钱置地改房，甚至放贷获利，至解放前生活已经富足有余。对于初到海外谋生的青田人，因人地生疏或生意艰难，少则数年难与妻子联系，甚至家乡一别阴阳两世。在当时青田穷乡僻壤、十年九灾的境况下，女人能精心持家不至衰败实属不易。综合说来，她们的婚姻生活就是起早贪黑地劳作，尽可能地让父母、儿女吃饱穿暖，而至于她们自己，只能几年甚至几十年地独守空房，而丈夫能否平安归来是未知数，承受着巨大的身心折磨。

身居海外的青田华侨，虽然有家，却要承受与妻儿分离的痛苦，海外打拼的辛苦与内心的彷徨无人倾诉。特别是战乱、生病或遭遇不公正坎坷时，思乡之情显得更为迫切，一旦选择回国便不会再出去闯荡。部分长期旅居海外的华侨，因长期与妻子、家人失去联系，开始与侨居国女子结婚或同居，有的还生下了孩子。当他们要归国之时，故乡无妻子的，一般会带结婚的洋妻子回国生活；家乡已有妻子的，大都选择带上洋孩子一起回国生活，与原配妻子、家人团聚。从民国时期的跨国抚养诉案，到近年来的海外寻亲故事，都印证了青田华侨孤身海外的辛酸。一些有海外同居史的归侨，在回乡后将这段海外恋情偷偷隐藏起来，有的将海外恋人的照片藏于抽屉底或皮箱中，并带着思念与愧疚走完了一生。少数华侨带回了洋孩子，留守家乡的妻子则默默地接受了一切，并视如亲生子女一样将他们抚养成人。在青田，有极少数留守妇女，因与丈夫长期中断联系，无子女或生存困苦，便改嫁他人。上述青田华侨婚姻生活的种种现象，反映了华

① 口述采访，2012 年 5 月 27 日于浙江省丽水市青田县方山乡政府。
② 口述采访，2012 年 5 月 27 日于浙江省丽水市青田县华侨国际大酒店。

侨与侨眷家庭婚姻生活的含辛茹苦，饱受了甜酸苦辣。

二、青田华侨的海外婚姻生活

20 世纪 20 年代，青田开始出现中外结合的跨国婚姻，最早来自日本。至三四十年代，与青田华侨联姻的外国妇女数量不断增多，国籍也由日本扩展到了阿根廷、苏联、法国、荷兰、智利、意大利、波兰、捷克、南斯拉夫、巴西、德国、丹麦、西班牙、厄瓜多尔、奥地利等。在 1948 年青田华侨归国潮中，大批洋妻子随丈夫回中国定居，与丈夫相互陪伴，直到生命的尽头。

青田华侨的海外婚姻大致分为三个阶段：第一阶段为娶日本妻子阶段，时间集中在 1910—1931 年，在 1925 年以后，跨国婚姻数量增长较快；第二阶段为婚姻国际化阶段，时间从 1920 年持续到了 1940 年后期，跨国婚姻遍布了欧洲主要国家、部分南北美国家，以及部分东南亚国家；第三阶段为携洋妻回国阶段，青田称为“外藩婆”。

1. 青田华侨娶日本妻子阶段

这一阶段主要发生在 1925 年之后。据 1931 年青田县统计，“本县有旅日工商人携回日妇数十人”，[①] 其中信息明确、居住青田的日本妇女有 11 人（见表 5–6）。

表 5–6　1931 年居住青田的日本妇女

姓名	橘楂代子	关口菊子	张岩妹	清水柿西	若林佐合子	角田喜妈加	冰野中子	入江美津	阿部菊江	加藤作子
年龄	26	30	20	35	18	22	23	32	28	24

① 浙江省青田县档案馆馆藏档案，卷宗号：1–8–26。

（续表）

职业	家务	家务	家务	家务	家务	家务	家务	家务	家务	家务
住址	四都雅陈碗厂	一都彭栝	二都油竹外叶山	四都应钟下垟吴	四都雅木八源	四都七源小左	四都七源小左	三内都王费潭	三都内阜山朱岙	三内都七源黄寮坑
居住年数	五个月	五个月	五个月	五年	五个月	一年十个月	五个月	五年三个月	五个月	两年十个月
配偶	张进木	王岩选	陈竹斋	刘克青	厉元非	邱明言	秋叶元	陈子连	傅徐通	叶锡通

资料来源：浙江省青田县民国政治档案，卷宗号：1-8-26。

表5-6可以反映出，在1925—1930年随夫回青田的日籍妻子，年龄以26岁以上者为最多，20岁以下者仅占10%。青田人大规模娶日本妻子的时段，主要集中于第二次赴日出国潮，这批旅日青田人出国前大都没有订婚或结婚，他们的出国目的不仅要赚钱娶妻，还要承担赚钱贴补家用的重担，他们大都是二次旅日，虽然经济条件相对困难（经济条件好的已去欧洲），但熟悉日本生活。这一时期，日本近代化步伐加快了社会发展变化。在大正时代，以往以耕种为生的日本平民可以通过务工获取收入，也促使大批平民的儿女外出务工赚钱。民国时期，日本女性独立意识逐渐萌生，川端康成在《伊豆的舞女》中塑造的“熏子”，反映了这一时期女性对于自由爱情的向往。与青田人结合的日本妇女大都为底层女性，基本属于贫民女儿到城市中务工者。日本对华工限制较多但并不排斥商人，这也和商人携日本妻子回国的说法相吻合。旅日青田侨商所售商品大都是生活必需品，如木炭、藤器、高粱帚、纸伞等，因产品质优价廉深受日本平民的喜爱，这也让青田侨商在经营活动中有了和日本女性接触的机会，因青田人为人真挚、热心、体贴，很容易俘获女人芳心。其中，若林佐合子与厉元非的结合最具典型性。在东京作女佣的若林佐合子遇到青田商人厉元非，两人相爱并在东京结婚，并于1931年回浙江青田家乡生活。1936年，日

本驻华使馆向中国政府递交备忘录称：若林甚三郎状告长女“若林佐合子被厉元非（飞）甘言诱惑，带回浙江青田故乡，该地穷苦不堪，并遭蹂躏，要求将该女子救出”。青田县政府派员调查后声明：若林佐合子“与厉元非（飞）自愿结婚，自愿随夫来中国，夫妻和好，自愿永久居留中国”[①]。1931—1936年，历经5年的中国家庭生活，厉元非与若林佐合子夫妇依旧恩爱如初，彼此间不肯分离。随着日本侵占东三省以及抗日战争的爆发，青田华侨逐渐离开日本，纷纷选择前往欧洲谋生，自1931年之后，随夫归国的日本妻子数量不再增加，但留居日本的青田华侨仍有娶日本妻子的案例。林三渔1935年与日本女子结婚，女方依照日本习惯随夫姓更名为林富美。林富美深明大义，始终支持丈夫林三渔的爱国活动，成为中国侨界的一段佳话。整体看，青田华侨所娶日本妻子大都与丈夫相伴终老，青田人对于这批日本妻子也持包容态度，丝毫没有歧视与伤害现象发生。

2. 青田华侨婚姻国际化阶段

这一趋势出现于1930年之后，是青田华侨海外广泛散播后出现的新现象。20世纪20年代，青田华侨中出现了与西方妇女结合的案例，居住在巴黎的青田人中有一人与法国女子正式结婚，另有约20人与法国女子同居，在白玉洛巷内，已出现新一代中法混血儿的身影[②]。这一时期，青田华侨与外国女子结合数量大幅增加，建立跨国婚姻家庭的约占华侨总数（1930年后出国）的10%~20%[③]。已知最早的中法联姻者为周叶岩，他于1923年5月和法国女子结婚，并育有一子一女，妻何氏时年29岁[④]。在1936年，有9位具有苏联国籍的女性随夫回到青田，并要求加入中国国

① 《青田华侨史》编纂委员会编著：《青田华侨史》，浙江人民出版社2011年版，第358页。

② 《巴黎城中的华侨》，《南大与华侨》1934年第7期，第47页。

③ 吴晶主编：《侨行天下——青田华侨文化研究》，大众文艺出版社2006年版，第34页。

④ 《关于调查侨民以否结婚情形卷》，浙江省青田县档案馆馆藏档案，卷宗号：1-8-25。

籍[①]。蒋法斋、刘永兴等华侨所娶俄妻，在年龄方面较之前日本妻子偏小，其中25岁以下者占75%，20岁及以下妇女占25%。考虑这批华侨归国前普遍有3~5年的海外婚姻史，俄妻的结婚年龄应当更小。由旅日华侨普遍与大龄女性结合，转为旅俄华侨与妙龄女性结合，这一变化客观反映了青田华侨的海外融入度逐步提高。这一时期，青田华侨海外婚姻的对象也大都是贫民的女儿，据王春光回忆，“战争期间，当时法国一下子变得很穷，很多藩女生活很困难，有的就嫁给中国人。这些女子都是工人的孩子，没什么文化，富人的女儿不会嫁给我们中国人的”[②]。青田华侨的善良与厚道也是他们收获异国爱情的重要因素之一。如旅意青田华侨王某，由于经常接济意大利的一对母女，而且在空袭中还极力相救，母女都认为其厚道、可靠，母亲便把女儿嫁与了他，这样的例子较多。

20世纪30年代出洋的青田人，已经对欧洲的社会生活非常熟悉，很多青田华侨涉足5个以上国家，如朱木坤、王秀元、朱廷岩、吴迪告、留佐南、郑尚立、金进岩、张清芳、叶佐青等。陈祥曾等华侨，跨越欧、美、亚三大洲10个国家；周炳才几乎踏遍南亚和西、北、中欧；周克孝则遍游西欧、苏联和北美[③]；青田阜山人中，一人到过一二十个国家的并不稀奇，青田前侨联主席张苏竞转辗到过60个国家和地区[④]。随着部分青田华侨逐渐适应了旅居国的生活，在华侨中开始出现“番邦烂”现象（不想回到国内），之后，越来越多长期旅居海外的华侨选择了海外婚姻。在滞留意大利的56名青田华侨中，有42人与外籍女子结合，占总调查人数的75%[⑤]；旅

---

① 《关于国籍案》，浙江省青田县档案馆馆藏档案，卷宗号：1-8-6。

② 王春光：《巴黎的温州人：一个移民群体的跨社会建构行动》，江西人民出版社2000年版，第263页。

③ 《青田华侨史》编纂委员会编著：《青田华侨史》，浙江人民出版社2011年版，第20页。

④ 史澄：《浪迹天涯怀故国　蹉跎八旬报春晖——青田县阜山乡华侨史调查摘要》，《浙江师范大学学报》（哲学社会科学版）1991年第1期。

⑤ 《青田华侨史》编纂委员会编著：《青田华侨史》，浙江人民出版社2011年版，第161页。

德的2000名青田华侨中，有将近400人选择在德国落地生根，主要原因是已娶德国女子为妻[①]。旅巴西的青田华侨中，有很多人与巴西女子结成夫妇建立家庭，据统计，除了在1936年前回国的30多人以外，剩下的60多人中，与巴西人结婚的大约有40人[②]。这一时期，青田华侨的海外婚姻既有成家立业的需求，也有夫妻共同推动华侨经济发展的动力。

这一阶段的青田华侨婚姻，总体来看，夫妻恩爱者居多。与青田人在亚洲的跨国婚姻相比，与欧、美、俄妇女的结合需要跨越更多的障碍，既面临着种族歧视风险，也面临着跨文化交流的阻力。以旅意青田华侨陈焕标为例，他与意大利女子弗阿格・霍士娜结婚，两人文化背景差异很大，一度存在着交流障碍。陈焕标尝试为妻子讲家乡故事、唱山歌，妻子也把意大利的文化嵌入他们的婚姻生活中。霍士娜跟随丈夫学习中国语言，特别是青田方言，而且还学习中餐烹饪和中国的礼节，最后，她竟能按照中国传统习俗安排家庭生活。在导致夫妻分离的案例中，回国问题依然是主要原因，如女方不想去中国、男方在家乡有家室而无法共同回国等。与外国女性结婚的青田华侨中，有一些人在出国前就有家室或订婚，如某华侨"未出国时曾聘定该村下厂张步溪之女为妻……自民国十二年结婚后，即于翌年出洋经商十载[③]。有个别华侨对待婚姻家庭缺乏责任感，遇到生活困难消极逃避，如某华侨"1945年6月13日与荷兰籍女子（Helen）结婚，同年9月25日生一女孩，现复有孕，本年五六月间，该侨假称父召，弃妻遣返中国，未留家属赡养费"[④]。这些负面现象虽然只是偶有出现，但一定程度上影响了青田华侨的海外形象，也曾引起国际纠纷。

---

① 《青田华侨史》编纂委员会编著：《青田华侨史》，浙江人民出版社2011年版，第54页。

② 郭秉强主编：《巴西青田华侨史》（内部发行），1996年，第48页。

③ 《陈张良丹请领伊夫遗款卷》，浙江省青田县档案馆馆藏档案，档号：1-8-2。

④ 《华侨郭耀三弃妻遣返中国，德饬属着其汇寄家属赡养费》，浙江省档案馆馆藏档案，卷宗号：16-0-597-28。

3. 青田华侨携洋妻回国阶段

这一阶段大致从1946年持续到了20世纪80年代。携洋妻回国分为常住和短住两类，其中，50年代前回国的华侨多为携洋妻常住，而50年代后携洋妻回国的华侨大都以观光者身份回乡小住。青田人携洋妻回国的高峰在1946—1948年，据《青田侨务活动纪事》记载：1946—1947年，随夫来青田的外籍妇女达112人，其中，德国籍61人，荷兰籍19人，捷克籍9人，瑞士籍8人，波兰籍6人，奥地利籍3人，南斯拉夫籍2人，苏联籍、罗马尼亚籍、意大利籍、厄瓜多尔籍各1人。由国民政府内政部核准加入中国籍的有92人，其中，原德国籍49人，原荷兰籍15人，原捷克、原瑞士籍各8人，原波兰籍6人，原奥地利籍3人，原南斯拉夫籍2人，原苏联籍1人[①]。如旅俄青田华侨蒋阿成与俄罗斯姑娘曼罗谢结为夫妻，在俄国生活了19年后，他思乡心切，希望妻子与其回国生活，于是，曼罗谢跟随丈夫回到了青田老家。家乡的艰苦程度是妻子始料未及的，丈夫以“雕图书”维持生计，妻子为他打下手，擦砂皮、打光、上蜡及收拾工具，同时，妻子还学会了缝补衣服、上山打柴等活计，日子虽清苦，但过得有滋有味。又如罗马尼亚的苏菲亚与丈夫刘财标一同归国，她将青田作为自己的第二故乡，并陪伴丈夫走完了人生的后半程，死后与丈夫一同安葬于山口镇半山村。再如旅法青田华侨陈则敬与法国妻子斯莫尔回国后的婚姻生活也与此相似，他们回到青田老家后，微薄的积蓄很快就花光了，于是，陈则敬开始在家乡做起糕点生意，妻子斯莫尔除给丈夫打下手外，还细心照顾一家人的起居生活，对生病的公公更是精心护理、送汤送药、无微不至。上述婚姻例子反映了拥有跨国婚姻的夫妻回到家乡青田后的日常生活常态。

表5-7统计了青田方山、阜山等著名侨乡村落27位青田华侨的婚姻情况，这些青田华侨与外籍女子结婚后，很多洋妻能够理解丈夫的思乡之情，

---

① 《青田华侨史》编纂委员会编著：《青田华侨史》，浙江人民出版社2011年版，第162页。

跟随丈夫回到青田故乡，过着新奇而艰苦的婚姻生活，丈夫重操旧业维持生计，洋妻逐渐融入新的环境，成为丈夫的贤内助。在这些异国妻子的眼中，跟丈夫生活在一起是她们的全部，她们克服陌生环境带来的重重困难，操持家务，照顾老小。对她们来讲，婚姻生活是艰苦的，但是精神生活是幸福的，她们跟随丈夫来到中国，回到丈夫的家乡，一般都过着中式的婚姻生活，融入中国文化之中，而自己国家的本土文化则保留很少，或基本没有保留。

表 5–7 青田华侨与外籍女子结婚情况

姓名	籍贯	主要居住国	外籍妻子
赖叶溪	北山双垟乡石门头村	法国	法国
金郭岩	城区金田乡黄降村	日本	德国
夏美坤	城区金田乡仁圹湾村	比利时	外婚
留德良	城区前仓乡平风寨村	葡萄牙	葡萄牙
胡进林	城区前仓乡山头村	意大利	意大利
胡守珍	城区前仓乡山头村	法国	意大利
胡锡珍	城区前仓乡山头村	法国	意大利
项廷斋	船寮镇滩头村	西德	西德
季祥典	方山乡裘山村	法国	外婚
阮芝琪	方山乡阮大岙村	波兰	外婚
胡芬	方山乡石前村	荷兰	外婚
潘美典	方山乡石前村	荷兰	外婚
程吾标	方山乡石前村	荷兰	外婚
裘碎狗	方山乡石前村	南美洲	外婚
裘乾奎	方山乡石前村	意大利	外婚
林足典	方山乡石前村	南美洲	外婚

（续表）

姓名	籍贯	主要居住国	外籍妻子
郑凤元	方山乡下碓村	东德	德国
杨城源	方山乡下碓村	荷兰	外婚
郑林岩	方山乡下碓村	西德	外婚
赵留保	方山乡垟塘村	法国	外婚
赵进琪	方山乡垟塘村		外婚
高才兴	阜山乡岗下村	意大利	外婚
周会美	阜山乡岗下村	德国	外婚
周金星	阜山乡岗下村	法国	外婚
陈斌	阜山乡王费潭村	荷兰	外婚
陈廉标	阜山乡王费潭村	意大利	外婚
陈自然	阜山乡王费潭村	挪威	外婚

资料来源：浙江省青田县侨联档案征集办。

早期青田华侨跨国婚姻的原因很复杂，但主要是缓解生活的重压以及远离亲人、缺少家庭关爱造成的精神孤寂，而对当地女子来说，现实生活的压力则是其选择跨国婚姻的最重要原因。毕竟青田华侨群体在当时的欧洲社会是没有政治、经济地位的弱势群体，选择与他们结婚的外国女子往往或是经济上不能自立，为寻求依靠嫁给华侨的；或是婚姻上遭受挫折不得不做这样的选择等。特别是在第二次世界大战期间，有的青田人在硝烟和战火中与当地女子相互依靠，共赴患难，结成“同命鸳鸯”。从前文所述可知，德国籍妇女“归化”人数最多，也说明了德国作为二战战败国，战后生活的窘迫和压力是跨国婚姻的一个重要因素。

三、中外婚姻的官方程序

跨国婚姻一般会形成双重管理模式。相对而言，中国官方针对跨国婚姻的手续较为烦琐，居住国的审核程序则较为严格。据统计，青田华侨海外婚姻大多是依照居住国严格的审核程序办理的。

1. 跨国婚姻形成的中外官方程序

民国时期，内政部规定："凡华侨与外籍女结婚，须由其原籍县署饬其父母或家长证明其在华确未结婚，或未订婚及婚事，并经其父母之许可，由县署具呈省政府，转咨驻在国总署，发给证书，乃能发生法律效力。"①显而易见，青田华侨如果想促成跨国婚姻，必须由青田县署出具未结婚或未订婚及婚事的证明书，且父母必须同意才符合条件。这样的规定，一方面可以在一定程度上保证婚姻的长期稳定性，另一方面是对外籍女子负责。

在上述的严格规定下，青田华侨欲与外籍女子结婚，必须先向青田县政府申请未婚证明，经有关部门核实，由县政府向海外总领事馆出具未婚证明，方可形成跨国婚姻。如青田旅意华侨吴镇超欲与意大利女子波利结婚，就向青田县政府提出了如下申请：

> 青田县政府钧鉴：
>
> 敬恳者窃侨为决与意大利女波利结婚，特于十月廿八日函驻罗马公使馆，请求发给证明书。兹奉公使馆十一月一日复函称：未婚证明书须先经贵县县政府来文证明本人兹为结婚，方准照发等情，为此伏乞钧府依法调查证明，兹请修文通知驻罗马公使馆以便该馆据案发给证明，为感附呈法郎五方为通知书印花费。②

青田县政府收到申请后，训令第一区区长余立群查核，确认无误后，即向中国驻罗马公使馆致函："该华侨吴镇超，字承祖，乳名快然，系四都

① 《关于调查侨民已否结婚情形卷》，浙江省青田县档案馆馆藏档案，卷宗号：1-8-25。

② 《旅意华侨吴镇超请求出具证明》，浙江省青田县档案馆馆藏档案，卷宗号：1-8-25。

吴岸吴绍章之子，在本籍并未与人订婚、结婚。”[1]这样，经过查实，青田华侨吴镇超在家乡确实未与他人订婚、结婚，符合相关法律，其与意大利女子波利才能如愿结为夫妻。民国时期，青田华侨拥有跨国婚姻，大都要经过上述程序。

事实上，也有一些国家的相关部门，如驻巴黎总领事馆，并没有严格按照上述程序办理，在青田华侨申请与外籍女子结婚时，只是要求出具两位以上同乡的证明书，证明其未婚。这样简易的程序，难免会出现向相关部门提供假的未婚证明以达到结婚目的的情形。如青田华侨周叶岩就是如此，他先由同乡出具了未婚证明，但不幸被其舅舅举报，说其已在家乡结婚，中国驻巴黎总领事馆只能致函青田县政府核实此事，内容如下：

为函请调查旅法青田侨民周叶岩国内已否结婚事，前据该侨民呈称拟与法籍女子举行结婚，恳请颁给许可证，以便向地方市政局呈准等因。嗣经本馆饬令具呈同乡二人以上之证明书，证明其在国内尚未结婚，乃据伊舅周应亨呈称周叶岩在国内已有家室，勿令重婚等语。复据巴黎外侨协助会函略开：周叶岩与法女现已有二孩，据伊自称在国内仅订婚约，并未成亲云云。特函恳向国内调查该周叶岩究属已否成婚，以便早日解决此间情状等因准此，相应据情备函，请准就地调查并早日见复转达实为公使。周叶岩国内住址为青田三内都大岭阜，伊父名周训太。[2]

青田县政府收到函请后，委派第一区区长余立群核实，经调查，周叶岩在家乡已经结婚，第一区长即向县政府汇报如下：

---

① 《青田县政府指令　民字定八二九号》，浙江省青田县档案馆馆藏档案，卷宗号：1-8-25。

② 《为函请调查旅法青田侨民周叶岩国内已否结婚由》，浙江省青田县档案馆馆藏档案，卷宗号：1-8-25。

钧府令饬查明旅法侨民周叶岩已否在国内结婚尅日具复以凭核转等因，奉此遵即查阅三内都户口册，该周叶岩住周林乡二闾二邻五户，册内注明现年三十四岁，已婚，经商法国，妻何氏年二十九岁，已婚、职业、家事，则该周叶岩在国内实已结婚，理合据实，备文呈复，仰祈。①

县政府收到调查结果后，即回函中国驻巴黎总领事馆说明此事：

青田县政府公函：贵馆公函略开以旅法青田侨民周叶岩已否在国内结婚，请就地调查早日见复等由，准此即经转务第一区区长查明实情，具复核转，在案去复，兹据该区长余立群复称遵即查阅三内都户口册，该周叶岩住周林乡二闾二邻五户，现年三十四岁，经商法国，妻何氏年二十九岁，在国内实已结婚，证明在册，理合据实。②

这样，青田华侨周叶岩就无法与外籍女子结婚了。这个案是由于法国相关部门没有严格执法或者实施办法有漏洞所致，如果无人举报，周叶岩与外籍女子就已经结为夫妻了。不过，大部分的跨国婚姻都是按照相关规定办理的，但也有华侨与外籍女子彼此相爱，干脆不走法律程序，直接与外籍女子同居，过着事实上的婚姻生活。

总体上看，民国政府对华侨跨国婚姻的规定是相当严格的，大部分有跨国婚姻的青田华侨都按照规定程序办理了婚姻手续，这是青田华侨跨国婚姻的主流。同时，也有少数青田华侨因外国执行部门实施相关规定不完善，或为追求真正的爱情，未通过婚姻法律程序的批准，就同外籍女子同居生活了。

---

① 《呈为呈复事案于本年六月一日奉》，浙江省青田县档案馆馆藏档案，卷宗号：1-8-25。
② 《青田县政府公函　民字第93号》，浙江省青田县档案馆馆藏档案，卷宗号：1-8-25。

2. 青田华侨跨国婚姻生活的特点

第一，青田华侨婚姻生活的多样性。婚姻模式是婚姻生活的前提与必要条件，其多样性决定了婚姻生活的丰富性。民国时期，青田华侨的婚姻模式相对于当时一般的中国人来讲，是呈现出多样性特点的，有本土婚姻，也有跨国婚姻，还有不婚的。因此，他们的婚姻生活也成为一种复杂的社会现象，有家庭美满者，亦有中途破裂者，还有孤独终老者。同时，每种婚姻模式的内部也会有不同的婚姻生活。

第二，青田华侨本土婚姻的数量远远高于跨国婚姻的数量。据统计，当时青田华侨的跨国婚姻仅占总华侨数的10%~20%[①]，这是符合当时社会实际的。其主要原因有以下两个方面。一是民国时期的青田刚刚从表面上脱离封建制度，其封建传统意识依然相当浓厚，反映在婚姻方面就是传统婚育观念充斥着大部分青田人的内心，诸多青田人无法接受与外籍女子结婚，认为那样几乎等同于叛逆。况且，严格的跨国婚姻程序中，须有父母同意的证明书，而父母在传统婚姻观念浓厚的情况下，是不太可能同意出具证明的。这样，即使青田华侨本身愿意也是无法与外籍女子结婚的。二是只有极少数的青田华侨事业已初具规模，大部分青田华侨在海外还处于打拼期，尚未真正站稳脚跟，在侨居国只能处于社会的边缘，未被侨居国社会所接纳，无法融入主流社会，这就大大降低了跨国婚姻出现的可能性；此外，青田华侨“亲带亲”“邻带邻”的出国模式，使得他们极容易形成自己的圈子，特别是身处异域的情况下，需要相互照顾与帮助，这样的圈子就更加“牢不可摧”，体现出极强的内聚性与封闭性，促成跨国婚姻的难度就更大。

第三，本土婚姻生活与跨国婚姻生活有着较大的差异。分离、凄苦是青田华侨本土婚姻生活的主要特点。很多青田华侨被迫出国谋生，离弃妻子，夫妻双方两地分离，几年、十几年甚至是几十年，更有甚者，分开后

---

① 吴晶主编:《侨行天下——青田华侨文化研究》，大众文艺出版社2006年版，第34页。

直至去世就再未见过面，妻子辛苦劳作，在家照顾老小，丈夫则在海外冒险打拼，有家难回。造成此种悲剧的主要原因是当时国家战乱频繁、人们缺衣少食，而这种凄苦的本土婚姻生活也反映出了社会的陈腐不堪。

相比之下，青田华侨的跨国婚姻总体上来说是美满的，所以，很多青田华侨与外籍女子结婚之后，并没有回到家乡，而是继续留在侨居国打拼，在异国他乡终老一生。在这样的情况下，他们的婚姻生活又是另一番滋味。一般来讲，丈夫接受侨居国文化，并逐渐视当地文化为自身文化的一部分；同时，妻子也会受到丈夫中华文化的熏陶，主动学习中文、学习青田方言与中华文化。青田华侨给侨居国居民留下的良好印象，是外籍女子选择其作为丈夫的重要原因。异国妇女认为华侨勤劳、能干、有能力养家，而且家庭责任心较强，嫁给中国人，生活会过得安定而愉快，所以很愿意嫁给华侨。有一个旅比青田华侨的故事足以说明这一点：

> 有三个青田小贩同住在一个比国人的家里，那家房东有三个女儿，正好配上了这三个青田小贩，都发生了关系，其中有一个女儿年龄还在十六岁以下，于是他们的父亲在法院提出诉讼，控告他们。但是房东太太以她的这个丈夫在外面有了一个姘头，平日不但不住在家里，而且置经济于不顾，还是这三位青田仁兄常常接济她的家用，所以到开庭审判的那一天，这位非正式的丈母娘在法庭上大帮这三个青田小贩！那天观审的很多，中国使馆也派人去旁听。那位房东太太当着大众，对法官口若悬河地大讲她的一大篇大道理！她历数丈夫种种不顾家庭的罪状，极力赞扬这三个中国人如何如何好！法官问问那三个女儿，也都说母亲的话不错，并且都表示愿嫁给这三个中国人。结果那个父亲大吃瘪，那三个祸中得福、喜出望外的青田仁兄各拥着娇妻，凯旋而归！[①]

---

① 邹韬奋：《游比杂谈之二》，载《韬奋文集》（第 2 卷），生活 · 读书 · 新知三联书店 1955 年版，第 165—166 页。

第四，青田华侨婚姻生活中“瑕疵”问题的客观性。在青田华侨的婚姻生活中，确实存在一些现代人“不齿”的现象。比如，与外国女子结婚后不辞而别，或者在家乡结婚后仍在海外与外国女子同居等。历史学强调，把研究者的思维放回到历史事件发生的环境中，用时人的眼光去思考某一现象的原委。依照此法，由于青田华侨所处的战乱频繁、混乱不堪的社会环境，很多情况下他们是无奈的，无法与社会大环境和当时的客观状况抗争。从这一角度看，青田华侨婚姻生活中所谓的“瑕疵”，没有是非曲直、正确与否可言，也无法真正上升到道德的高度，我们只是把它当作一种现象，一种青田华侨历史上存在的现象而已。

第五，中外婚姻的结合也是中西文化的融合。由于中西文化的差异，中西结合的跨国婚姻往往要发生碰撞，甚至出现大大小小的家庭闹剧，必须经过不断磨合才能达到和谐。如饮食卫生习惯、个人兴趣爱好、伦理道德规范、人生价值观念、子女教育等问题，夫妻难免各执一词，难断孰是孰非，貌合神离者不可避免。但是，这种在特殊境遇里形成的跨国婚姻大部分还是和谐稳定的。跨国婚姻生活会呈现出中外文化的交融，特别是在婚后继续留居侨居国的混血型海外家庭中，此种中西合璧的现象体现得更为明显。青田华侨的跨国婚姻使得青田与世界真正联系在一起，使得中外文化开始碰撞、交流并融合，特别是混血的小家庭继续繁衍后代，形成了多个国家婚姻联合体。可以说，跨国婚姻生活逐步走向国际联合的大家庭，这是跨国婚姻与婚姻生活的本质，也是青田华侨的贡献。

第三节　青田华侨的海外娱乐生活与生老病死

民国时期，青田华侨的海外娱乐生活相对枯燥，多数人为了生计而奔波，无暇娱乐。即便是少数经营有成的商人，因中外文化间的巨大鸿沟，也很难融入西方主流社会。每到寂寞难耐时，早期出国的青田华侨便哼唱熟悉的鼓词曲调，甚至以生活境遇编为歌词，击鼓而歌，自娱自乐。后期，青田华侨开始接纳旅居国文化，跳舞成为他们普遍喜爱的文娱活动。青田华侨在海外也遭受过病痛的困扰与折磨，一些华侨因病离世。此外，一些意外事件数量虽少，但会给华侨的财产和生命造成重大损失，也为其所恐惧。

一、青田华侨的海外娱乐生活

青田华侨怀揣改变家庭命运的美好期望，前往国外谋求生计，他们的内心普遍承受了较大的压力。他们每日普遍要工作十几个小时，周而复始的劳动使得其身心疲惫。青田华侨人地生疏，大多数从事的职业为最辛苦的小提卖，遭受歧视与欺凌在所难免，"皮鞋踢""乞卖""亡国人"等辱骂是青田人境遇的真实写照。为此，娱乐活动便成为青田华侨平衡压力、调节情绪、稳定心情的最有效方法。

1. 青田华侨娱乐生活的形态

青田华侨的海外娱乐活动可分为本土娱乐与西洋娱乐两类。20 世纪 30 年代之前，青田华侨的娱乐活动主要为本土式的，哼唱鼓词、群聚聊天、赌钱等是他们的主要娱乐方式。

鼓词是青田特有的曲艺形式。在曲调方面，青田鼓词与温州鼓词相似，但在语言表述中多运用青田方言。鼓词讲究说唱结合，以唱为主，词句多采用七言形式。长篇词本（也叫大词）有《观音佛》《陈十四夫人》《包公词》等，这类词本大都讲述英雄人物的事迹；平词多节选于名著片段，如《征西》《杨家将》《封神榜》《岳飞传》《三侠五义》等；劝世词本有《公婆劝》《兄弟劝》《十劝精》《浪子回头》等，内容多为劝人向善、邻里和谐、兄弟友爱、婆媳互敬等。

旅荷青田华侨林子才，由于第一次世界大战，其原本兜售石雕的生意无法继续下去，没有经济来源，生活陷入困境，在战乱中欲归不能，只能"困守番邦"。在这种境况下，他以诗歌或青田鼓词的形式抒发内心的苦闷，寄托无可奈何的心情，这是其唯一的精神生活，其所创作的诗歌、青田鼓词，以及求援书函等汇成《旅欧杂记》，是他精神世界的真实写照，举一例：

居番邦经商无味诗

居番数载任搓跑，未得文银抱愧多。
作贾洋邦长太息，远离故土叹奔波。
时逢戎马悲此日，困守仓惶可奈何。
意欲飞临识荆面，欠人资本难回华[①]。

早期前往欧洲的青田华侨，“除去多年的老华侨以外，多数是不习惯进舞厅跳舞的，就是看戏和看电影的人，也是极少数”[②]。他们宁愿选择家乡传统的娱乐方式，即群体聚会聊天赌钱。群聚一般由发起人“自己买点鱼肉荤菜，自己动手烧煮烹调，再准备一两瓶饮料，约二三知己同乡好友，集聚一起小酌为乐”，或者有的“逢年过节和同乡在一起打麻将、推牌九、吃餐年夜饭等等”[③]，仅此而已。也有的听戏、赌博、跳舞、买糖果，花光了所有的积蓄，没钱了才去工作。

20 世纪 30 年代后，青田华侨开始接纳西方的娱乐活动，跳舞、打球、看电影以及逛酒吧成为青田华侨娱乐活动的组成部分，但上层华侨、有一定文化的华侨和普通青田华侨的娱乐生活是有差异的。

上层华侨，是指在海外已有一定的经济基础、逐步融入当地主流社会且具有一定社会地位的少数华侨，是青田华侨中的佼佼者。他们具有比普通青田华侨更坚实的经济基础来支撑精神娱乐生活，其生活方式既保持着

---

① 《青田华侨史》编纂委员会编著：《青田华侨史》，浙江人民出版社 2011 年版，第 38 页。该诗以青田方言朗读押韵。

② 陈里特：《青田老华侨的生活》，中国人民政治协商会议浙江省青田县委员会文史资料研究委员会编印：《青田文史资料》（第 6 辑），1995 年，第 78 页。

③ 同上。

中华文化的精髓，也潜移默化地发生着西化。他们身上明显体现了中西文化的交融，一定程度上已享受着高雅、有品位的精神娱乐生活。如旅德青田华侨郑冠荣在斯图加特打拼多年，通过开设“中国饭店”“白宫饭店”及批发货行等成为青田华侨中的富商，并被当地主流社会所接纳。他的娱乐活动是比较丰富的，空暇时间打网球是其娱乐活动的重要组成部分，也因此成为当地网球协会会员；同时，由于经济实力较为雄厚，加上酷爱中华传统文化，喜欢收藏中国名家书画和古代瓷器，在其与祖国的业务往来中，每到一地都喜欢光顾中国文化艺术品商店，由于与香港的业务往来比较多，他是香港中国文化艺术品商店的常客[①]。

有一定文化的华侨是指文化程度较高且能够通过一些文学形式抒发自身感情的部分青田华侨。民国时期，穷乡僻壤的青田温饱都难以解决，青田人受教育程度相对都比较低，因此，有文化的青田华侨数量比较少，但他们的精神生活方式相对儒雅。一定程度上，可以把他们与上层青田华侨归为一类。对于他们来讲，虽然事业不一定成功，而且很可能是相对落魄的，但其中的艰苦与酸楚是他们创作的最好素材。在精神生活方面，有一定文化的青田华侨喜欢以诗歌或青田鼓词的形式抒发内心的真实感受，这是他们精神的寄托，也几乎是其精神生活的全部。

普通的青田华侨，由于身处异域，社会地位低下，且受物质条件的限制，很难融入当地社会。对大部分青田华侨来讲，精神娱乐只是暂时的消遣，最主要的还是赚钱、谋生、打拼事业。在这一群体中，只有极少数人喜爱精神娱乐生活，并把精神娱乐当成最重要的事，如青田华侨叶茂梅，在第一次世界大战前就到欧洲打拼，经过几年打拼，“人是很穷，服装也不华丽整齐”，却非常喜欢跳舞，甚至达到“饭可以不吃，舞不可以不跳”的程度，于是“经常出入于工人的舞厅（起码的舞厅）以跳舞为乐”[②]。极少

① 《青田华侨史》编纂委员会编著：《青田华侨史》，浙江人民出版社 2011 年版，第 53 页。

② 陈里特：《青田老华侨的生活》，中国人民政治协商会议浙江省青田县委员会文史资料研究委员会编印：《青田文史资料》（第 6 辑），1995 年，第 78 页。

数普通青田华侨这种舍本逐末的生活方式也并非坏事，这让他们在娱乐生活中交往认识了许多朋友，在一定程度上容易融入当地社会之中。

宗教信仰也是青田华侨身处异域时让精神有所寄托的重要方式，一般来讲，在海外有宗教信仰的青田华侨分为两大类：一是在国内原来就有宗教信仰，到海外后延续原来的信仰；二是与侨居国人通婚后开始有宗教信仰。在青田，佛教、天主教以及基督教等宗教较为盛行，海外的青田华侨以此三种宗教信仰者居多，这是可以理解的。青田华侨身处他乡，难免思念家乡的亲人，特别是在生活窘迫之际，宗教信仰使他们找到了精神寄托，可以缓解其思乡之情及身心的疲惫不堪，坚定走下去的信心。如在西班牙，旅西青田华侨大多有宗教信仰，“首推的是佛教，不少人家中供奉各种菩萨，活动场所设有念佛堂和慈济功德堂，参与者以老年人居多。其次信仰基督教，但人数不多，有的是因婚嫁西班牙人而入乡随俗”[①]。

另外，在青田华侨群体中，有少数行商小贩陷入流行的赌博行业等不良的娱乐活动之中。法国巴黎是有名的供人娱乐的地方，又是青田人集中聚居之地。平日“这帮青田人干着牛马的工作，过着犬马不如的非人的生活”，其中“比较有钱的人便独出心裁，开办赌场，打麻将抽头”“开赌场的老板们腰包里丰富了”，而小贩同胞们，“无论咖啡馆也罢，跳舞场也罢，乃至公娼馆也罢，他们绝没有胆量进去问津”，为了缓解工作之疲劳，有的小贩“白天做牛马，夜里便聚起来大赌而特赌，将血汗得来一些金钱都贡献给抽头的老板们！实际过的是盲目的生活，无知的生活。往往因为极小的事情，彼此打得头破血流”！邹韬奋在《在法的青田人》一文中把此种现象描述得淋漓尽致，并气愤地批评道：“最后的结果是小贩们千辛万苦赚得的一些血汗钱仍这样间接地奉还大法兰西！”[②]

---

① 《青田华侨史》编纂委员会编著：《青田华侨史》，浙江人民出版社 2011 年版，第 47 页。

② 邹韬奋：《在法的青田人》，载《韬奋文集》（第 2 卷），生活·读书·新知三联书店 1955 年版，第 83—84 页。

2. 青田华侨娱乐生活的特点

青田华侨出国的初衷是为了赚钱，或归国盖房子，或娶妻生子，等等，这就决定了他们在海外打拼时期，只要能赚到钱，是不讲究生活质量的，因此，青田华侨精神生活的缺失、单一、枯燥也在情理之中。在上述因素的影响下，青田华侨的精神生活在实现形式、主要内容以及所起作用等方面有自身的特点，具体表现在以下三个方面。

其一，从实现形式看，侨团是青田华侨精神生活的载体。民国时期，随着青田华侨数量逐渐增多，各类侨团的涌现使得他们有了相互帮助、相互学习的平台。对于身处异域的青田华侨来讲，家乡与异域的精神娱乐有时是格格不入的，他们不可能快速地融入侨居国的精神娱乐方式中去，只能在自己同乡的圈子内实现精神娱乐，而侨团的平台为此种需求的满足提供了可能。因此，在青田华侨的事业打拼期，侨团组织的祭祀、娱乐以及庆祝等活动，很大程度上丰富了他们的精神生活，甚至对诸多青田华侨来讲，这基本是其唯一的集体性精神娱乐。可以说，在当时大部分青田华侨处于起步阶段、基本没有精神娱乐时，侨团起到了载体的特殊作用。

其二，从主要内容看，青田华侨的精神生活以家乡娱乐为主，中西合璧性较差。青田华侨大都为普通华侨，事业处于起步阶段，又要承受侨居国社会的不公平待遇和压迫；只有极少数上层青田华侨在海外已经站稳脚跟，并融入侨居国的主流社会。这两类华侨由于海外地位的不同，精神生活的内容也大相径庭。普通华侨的精神娱乐大都是打麻将、推牌九或聚餐小酌两杯，以这些家乡娱乐方式为主是当时绝大多数普通青田华侨的常态，他们虽置身海外，但较少受到异域文化的影响，其社会边缘位置也显而易见。而上层青田华侨，由于有较为雄厚的经济基础，并且得到了侨居国主流社会的接纳，体现出较多的中西文化融合性，精神生活也是如此。他们一方面吸收海外社会的娱乐方式，如参加舞会等，另一方面又保持着中国传统文化的精髓，如收藏中国传统字画等。但由于此类青田华侨较少，他们这种中西合璧性较强的精神生活也只能是极个别的特例。综合两类青田华侨精神生活的主要内容，我们可以看出，青田华侨的精神生活具有以家乡娱乐为主，中西合璧性较差的特点。

其三，从所起作用看，青田华侨的精神娱乐生活有两面性的特点。正常的精神娱乐可以促使人们缓解心理的困惑，排除精神压力等不良情绪，从而得到精神愉悦、心情舒畅的效果，进而以更大的热情投入到以后的工作与生活中。然而，对于民国时期的青田华侨来讲，他们的精神娱乐所起的作用具有两面性。青田华侨精神生活中正常的打麻将、推牌九以及聚会等，都是可以起到应有作用的，是他们工作之余的正常娱乐，对以后的生活与工作有正面的效应；但同时，他们中的一些人，在一天的劳累之后，聚众赌博，把一整天的血汗钱输个精光，甚至出现打架斗殴事件，这些“娱乐”非但起不到缓解压力的作用，甚至还有丧命的危险，作用是负面的。因此，从所起作用看，青田华侨的精神生活有两面性的特点，但正面的娱乐精神生活是主流，负面的精神生活只是个别现象。

二、青田华侨在海外死亡丧命的窘境

青田人前往人生地不熟的异国他乡，生存的自然环境、居住环境与饮食习惯都发生了突变，因不适应而生病者较多。在饮食方面，国内以米、菜为主，到了欧洲则是以面包、肉类为主，饮食的转化需要一个接受过程，这个转化期也会造成身体素质下降。青田人在国外做小贩，日夜奔波为生意而焦虑，也容易生病。特别是在海外从事流动性小贩的职业者，因需要经常性四处颠簸，遇到意外事件殒命者也不在少数。此外，在各种排华事件以及刑事案件中，被害的青田华侨也占有一定比例。据估计，因各种意外原因死亡的青田华侨占总人数的2%~3%。

1. 青田华侨在海外的病亡

据旅欧浙江侨务协进会统计，1931年3月至1932年3月，旅法华工患疾病者418人，死亡者84人（见表5-8）。

表 5-8　旅法华工之疾病与死亡人数（1931 年 3 月至 1932 年 3 月）

日期	疾病人数	死亡人数
1931 年 3 月	20	3
1931 年 4 月	13	2
1931 年 5 月	23	4
1931 年 6 月	17	3
1931 年 7 月	9	2
1931 年 9 月	39	8
1931 年 10 月	49	17
1931 年 11 月	36	3
1931 年 12 月	63	11
1932 年 1 月	58	10
1932 年 2 月	40	9
1932 年 3 月	51	12
总数	418	84

注：上表仅系在旅欧浙江侨务协进会登记之籍贯属于浙江省之工人而已，其他各省之华工疾病死亡者，尚不在其内。

资料来源：陈里特：《欧洲华侨生活》，海外月刊社，1933 年，第 129—130 页。

这些病亡的华侨中，青田人所占比例约为三分之一，其余为温州华侨、湖北天门华侨、山东华侨和闽粤华侨。青田华侨在海外的病亡，往往伴随着青田华侨的整个海外谋生过程。

在出洋的旅程中，部分青田华侨因不习惯海船的颠簸或者难以忍受船舱的憋闷，在航行途中就不幸身亡。比如，旅瑞华侨陈耀南在行船至台湾海峡时不幸病故。与之相似遭遇的华侨还有徐洪动，他乘德轮 Tnave 号回国，船长报称“华人徐洪动在途中病故”①。上述病亡的华侨属于有护照的正规出行者，那些没有护照的青田人，因“藏舱”出行憋死、闷死在机舱

① 《徐洪动中途病故情形卷》，浙江省青田县档案馆馆藏档案，卷宗号：1-8-36。

中的，虽大有人在，但没有人对他们加以统计。

在海外因传播性疾病和罹患恶性病症等不幸死亡的青田华侨数量也较多。如旅居巴西的华侨陈育行，“侨居海外经商十余年……1933 年三月十五日突然恶疾殒与巴西。”[①] 在民国时期，由于群众对疾病的了解非常有限，将突然造成死亡的病症归于恶疾。陈育行的疾病虽没有确诊，但大致可以认为是属于急性发作的病症，如心脑疾病、肝胆等方面的疾病。旅德华侨夏社卿的病亡原因相对确切，“因患肺病与本月五日在德国之jornmerfeld城肺病医院病故”[②]，与之前列举的一些病亡华侨不同，夏社卿的经济条件较好，在医院进行了短期的治疗，无奈病情过于严重，最终不幸病亡。在国外病亡的还有阜山瑞士华侨周鸿兴，他于 1946 年在伯尔尼去世。周鸿兴念家境困难出国经商”“于民国三十五年四月十四日在瑞国京城病故”[③]。少数久居海外、有保险意识的华侨，考虑到患病、死亡的可能，购买了人寿保险，以应对突发情况。如陈以道在美国金山（现旧金山）不幸病故，在去世前订立了遗嘱。“将所遗人寿保险公司之保险费美洋一千一百元及所开设餐馆器具各项除三十费用外概归陈岩典。”[④]总的看来，在病亡的青田人中，四十岁以上者居多，现有材料中少有 20~30 岁病亡的案例。

造成青田华侨病亡的因素较多，除了人的自然身体状况外，也和青田人海外所处环境有关。青田华侨大都居住于市郊的城乡接合部，这里基础设施差，卫生条件恶劣。总体看来，青田华侨所居住的地区“既乏阳光，空气亦不流通”，马路的建筑“大都无阴沟”，“路侧常停死水”，在日光的熏蒸下“臭气扑鼻，闻之作三日呕”；马路旁的垃圾“杂以残羹肉骨，蝇类纷集”；他们所居的房屋“高低不一”，窗上玻璃“尘积盈寸，上糊有从

① 《陈张良丹请领夫遗款卷》，浙江省青田县档案馆馆藏档案，卷宗号：1–8–2。
② 《夏徐氏请领伊故夫夏社卿遗款卷》，浙江省青田县档案馆馆藏档案，卷宗号：1–8–53。
③ 《周鸿兴遗产卷》，浙江省青田县档案馆馆藏档案，卷宗号：1–8–49。
④ 《陈岩典请领亡兄陈以道遗产卷》，浙江省青田县档案馆馆藏档案，卷宗号：1–8–57。

白变黄之旧报纸”，窗中间“披有随风摇曳既黑而烂之窗帘”[①]，这样的居住环境与房屋条件很容易使人患病。此外，欧洲地处西风带，部分国家冬季环境湿冷，很容易引发肺病。在医疗方面，青田人不能享受西方国家医疗福利制度的待遇，经济条件好者可以服点药，但多数青田人住不起洋医院，也不敢去医院治疗，生了病因无钱医治只能硬挺。旅法华侨林凤因老人回忆道：生病时，同乡朋友会看望一下，但给予不了更多的帮助。

总体来看，在旅欧的青田人中，由开始不适应到逐步习惯新的生存环境，患病或因病去世者相对较少。这与青田人前往欧洲后开始接纳欧洲人的卫生习惯有关，如勤洗手、勤换衣服、住便分离等，这些良好的卫生习惯减少了交叉感染，在一定程度上预防了疾病的发生。旅欧华侨饮食的改变也减少了疾病的发生，西方人食用的高纤维面包、牛奶和含油、盐、蛋白质的菜汤，在营养方面要优于青田传统的番薯干、洋芋和蔬菜的组合。旅欧青田华侨体质逐渐强壮，降低了他们在海外生病的概率。

2. 青田华侨在海外的意外身亡

除了疾病外，各种意外身亡也影响着青田人在海外的活动，如交通事故、刑事案件等。

交通意外事故的发生，与欧洲国家交通业的发达程度有关，欧洲火车线路纵横交错，汽车保有数量也较大。在二战前，欧洲汽车虽然未能普及进家庭，但客、货用车辆保有量还是较大的。20 世纪二三十年代，汽车的安全性能普遍不佳，存在车辆机械故障多、发动机功率低下、刹车制动距离长等问题。此外，一些司机不注意安全驾驶，增加了交通事故发生的概率。如 1937 年，“居住 Utneclt 华侨三十九岁浙籍商人留寿岩乘自行车行往一小路，被一装载乱砖石之运货汽车迎面撞倒，跌入路旁水沟之内，迨该肇事车之司机将其拖出，已告殒命。”[②] 与因病亡故的华侨相比，30 年

① 陈里特：《欧洲华侨生活》，海外月刊社，1933 年，第 34 页。
② 《留寿岩在荷兰被害卷》，浙江省青田县档案馆馆藏档案，卷宗号：1–8–49。

代中后期，旅居欧洲的青田华侨，已经开始运用所在国法律保护自身利益。当留寿岩遭遇车祸殒命后，“Utneclt 其他华商已聘请该荷兰律师 Mr. W.Y.G 承办此案，职馆认为此事将来涉及刑事上之责任及民事上之赔偿等问题。”[①] 应当强调的是，旅欧的青田华侨并非普遍性具有维权意识，维权的方式和结果与目的国法律及当地华侨规模有关。除了汽车引发的交通事故外，也有青田人丧命于火车的车轮下。青田商人柳海水在莫斯科车站因急于下车被火车轧致死，柳的死亡没有得到任何赔偿，苏方仅交还了柳的遗物。

因刑事案件身亡也是青田华侨海外遭遇不幸的一种情形，且青田人遭遇的大部分刑事案件最终都没有结案。在诸多刑事案件中，吴乾奎儿子吴观光在美遇害最有典型性，“被凶徒持刀刺毙，事后经同乡周邦友君报警，到场不意该暴徒等畏罪逃越，迄今尚未查获”。[②] 此外，还有华侨一战期间在俄罗斯被歹徒杀害的案件。这种刑事案件对青田华侨的伤害较大，但所幸发生数量较少，还不至于影响青田华侨的海外发展。

除了交通或刑事案件外，还有很多青田人因种种原因遭到拘留或关进监狱，因军事行动或战争致死的青田华侨也有十几人之多。其中，有明确记载的，有意大利海军士兵误伤青田小贩，致 2 人死亡的事件；还有二战时期德军轰炸波兰，部分旅居华沙的青田华侨不幸罹难等事件。

很多在海外遇到意外事件殒命的青田华侨留下了遗物和遗嘱。比如，青田油竹华侨朱耀奇 1931 年在西班牙国洛根汤善尔病故，留下遗物“英国纸币五十六镑十先令，法国二拾弗（法）郎金币一枚，意国二十利尔金币两枚，戒指环一双，现将该金币散煤换合英币三镑八先令一便士”[③]。陈以道在美国金山不幸病故，在去世前订立了遗嘱，“将所遗人寿保险公司之保

---

① 《留寿岩在荷兰被害卷》，浙江省青田县档案馆馆藏档案，卷宗号：1-8-49。
② 《吴观光在美被刺毙命卷》，浙江省青田县档案馆馆藏档案，卷宗号：1-8-50。
③ 《奉令转饬已故华侨朱耀奇家属具领遗物卷》，浙江省青田县档案馆馆藏档案，卷宗号：1-8-13。

险费美洋一千一百元及所开设餐馆器具各项除三十费用外概归陈岩典”[①]。

小　结

青田华侨的海外生活，经历了由贫困到相对富足的缓慢发展过程，随着留居时间的延长，青田人更好地融入了欧洲社会。

早期的青田人并不愿意长期留居于欧洲，他们希望赚到点钱然后回国。这一阶段，青田华侨与居住国民众的日常交流非常有限，只有销售商品时才会进行简单的语言交流。在心情郁闷时，青田华侨更愿意找同乡排解苦闷，即便每天工作到很晚还想和同乡聊聊天。由于收入较低，他们的聚会也仅仅限于小范围之内，主要是在直系亲属之间。在青田传统中有着诗书耕读传家的习俗，青田也是少有的无妓寮的区域，因此，虽然也有少数青田华侨在海外存在参与赌博、嫖娼的低俗现象，但应当看到，这是极少数，他们在外国的这种恣意妄为，不仅得不到认可，也会遭受同乡们的冷落。此外，这些人多数缺乏进取心，有着“今朝有酒今朝醉”的心态，因而没有攒下钱，很多人回国后生活依然贫困。

进入 20 世纪 30 年代后，青田华侨逐渐改变了早期旅欧时的排斥心态，开始尝试接纳居住国的新事物。青田人有表演或观看社戏的习惯，在海外只能以舞蹈所取代，他们忙碌了一天到舞厅狂欢，甚至在回国后，也会用“当斯”（Dance）描述跳舞，并扭动身体演示“当斯”的情景。

该时期青田华侨的婚姻生活可以说是多样性的，从婚姻模式看，有本土婚姻，也有跨国婚姻，还有不婚人群，其中，本土婚姻的数量远远多于跨国婚姻的数量；从婚姻生活看，本土婚姻生活以凄苦为最显著特征，跨国婚姻生活则有家庭圆满的，也有中途破裂的。由于本土婚姻占大部分，

① 《陈岩典请领亡兄陈以道遗产卷》，浙江省青田县档案馆馆藏档案，卷宗号：1-8-57。

其凄苦性决定了青田华侨群体婚姻生活总体的不如意。青田人选择跨国婚姻，除了情感因素外，也和商业发展的需要有关。旅居法、荷、意等国的华侨，原来都是“单身汉”，加上文化基础较差，语言不通，谋生、经商都遇到了不少困难。一些在做小贩生意或“摆卖产”中与“西女”逐渐熟悉，有的便结为了夫妻。这些“洋妻”在与青田华侨侨居国的当地民众交流方面不存在障碍，又熟悉本国市场行情，为青田华侨的发展提供了很多帮助。

青田华侨在销售西方现代文明带来的种种便利时，也遭遇到了非国民身份的困扰。他们的精神生活单调枯燥，而病痛、犯罪与意外伤亡又无时无刻不袭扰着他们，对此，他们不断尝试着各种应对策略，但总体效果并不理想。

第六章

青田华侨的海外组织、爱国活动及回乡状况

青田华侨的海外侨团，是华侨间“以互助共济”为宗旨建立的组织。就其组织形式而言，早期的海外侨团保留了秘密社会的属性，后期受西方影响，其多以政党或社会组织形式存在。海外侨团融合了中国传统的“忠”“义”“信”等文化符号，有着较强的民族主义色彩，当民族、国家遭受危难之际，侨团便会发起救国活动，为祖国的前途命运奔走呼告。

第一节　青田华侨与侨团组织

一、青田海外社团组织产生的条件

一般来说，海外社团组织的产生是需要一定基本条件的。这些条件主要包括以下四点：一是具有一定数量的非即聚即散的华侨，二是华侨群体的职业和活动区域相对稳定，三是华侨群体有共同的需求和奋斗目标，四是具有一定才能的领军人物。[①]民国时期，海外产生了诸多类型的青田华侨社团组织，这与以上四个基本条件是分不开的。

1. 青田华侨数量已形成规模

青田华侨有着百余年的海外生活经历，在 20 世纪 30 年代前，已有万

① 《青田华侨史》编纂委员会编著：《青田华侨史》，浙江人民出版社 2011 年版，第 190 页。

余人走出了国门，在30年代，又有大批青田人集中前往了欧洲各国。在青田华侨的目的国中，聚居人数超过千人的就有6个，形成了以乡邻为纽带和相对集中的特点，便于他们组织起来形成侨团力量。

民国时期，在一些国家的青田人主要聚集区出现了青田“唐人街”，如法国巴黎里昂火车站附近的“白玉洛”街巷和“拉奇诺”街巷、荷兰的阿姆斯特丹唐人街（简称“阿埠”）和鹿特丹唐人街（简称“鹿唐”）、德国的“汉堡唐人街”（青田街）以及美国纽约的“中国城”等。青田华侨在海外高度集中的特点，有利于提升其在旅居国的人口比例。在20世纪30年代前，旅居俄罗斯西部的青田人，占该区域从事商业活动华人人口总数的30%~40%。20世纪20年代，旅日华侨总人数约为16937人①，青田人约占11%，但在华侨相对集中的关中地区和日本北部地区，青田人所占比例超过了20%。民国时期，旅欧青田人总计达到了1.7万人，旅欧华侨总人数为5万人②，青田人约占34%。但在德国、荷兰和意大利三国的华侨中，青田人所占比例均超过40%，甚至达到了一半以上。在这些区域，青田人创办了旅德华侨工商联合会、荷兰抗日救国会乌德勒支分会、米兰华侨工商联合会等。在俄罗斯和日本，青田华侨虽然没有创办侨团，但也参与了旅俄华侨联合会和侨日共济会。可以说，青田华侨在上述6个主要聚居国中，全部建立或参与了侨团活动，这与其在相应国家人口占比较高有关。

青田人从参与到建立侨团，经历了近15年的发展历程，这是一个对新事物从认识到参与的过程。早期青田华侨参与侨团的热情不高，主要与他们的出国心态有关，据比利时中国和平统一促进会前会长朱正敏先生回忆：“那个时候（指民国时期）和我们现在不一样，那时候在国外赚点钱都回来买点田地呀，娶个老婆呀，盖个像样的房子呀等。”早期参与侨团的青田人，大都以服务华侨为己任，孙言川是青田旅俄华侨中的代表人物，他曾

① ［日］市川信爱：《华侨社会经济论序说》，九州大学出版会1987年版，第255页。

② 《青田华侨史》编纂委员会编著：《青田华侨史》，浙江人民出版社2011年版，第15页。

担任旅俄华工联合会干事和中文秘书，并负责出版《旅俄华工大同报》。孙言川注重保护我国侨胞的合法利益，敢于为受难侨胞伸张正义，因而得到了华侨的拥护。在全俄第三次华工代表大会召开时，孙言川当选为名誉主席并受到列宁的接见。也有少数华侨是受到侨领人格魅力的感染，加入侨团并承担了重要职责，油竹的朱有典就是其中之一，他与侨领王希天烈士（吉林长春人）在生活中结下了友谊，并因此成了侨日共济会干事，与王希天共事。王希天牺牲后，朱有典念念不忘在一起的往事，并经常和妻子儿女讲述。时至今日，浙江青田与吉林长春这两个家庭的友谊持续到了他们的第三代。

到 20 世纪 30 年代，随着青田侨商数量的增加，华侨维权意识不断增强，侨团的作用也逐渐受到旅欧华侨的重视。旅欧青田海外侨团的形成，是基于各侨团成员具有的共同需求和目标，或者是互帮互助的需要而成立。初期的这些侨团，仅是做工者与小贩联合起来的互帮互助团体，组织章程与宗旨并不明晰。抗日战争爆发后，本着国家危亡、匹夫有责的精神，青田人建立的侨团逐渐团结起来，为国家的前途和命运奔走呼告，为国家的独立而设刊宣传。此外，青田人有着英雄主义传统，青田民众也有着崇尚英雄、敬重英雄的心理，侨团领袖大都具有较高的威信，他们以身作则保护同胞利益、组织爱国活动，奉献乡里。如青田华侨孙言川、项叔度、林南勋、林仲平等，都为青田海外华侨做出了巨大的贡献，也激发了青田人参与侨团的热情。

2. 弥补弱国无外交的“遗憾”

民国时期，青田华侨的出国行为带有鲜明的自发性与盲目性，政府的支持与帮助非常有限。因此，多数情况下，青田华侨都需要同胞或侨领的庇护才能化险为夷。

虽然在第一次世界大战期间，由政府组织劳工奔赴海外完成“以工代兵”的任务，可以算是政府统一组织、统一实施的移民，但由于真正的操纵权还是掌握在英国、法国以及俄国等需要华工的少数几个国家手中，移民前后劳工的合法权益并没有得到真正的保障，以致很多华侨客死他乡。

一战华工潮之后，青田华侨的海外待遇每况愈下，民国政府视其为负担，不愿意给予庇护。比如，有温、青旅日华侨遭到了日本人的杀害，民国政府的态度仅是接难胞回国，而没有追究日本人的责任。在西方经济危机期间，荷兰青田籍海员因裁员流离失所，缺少资金无法归国。荷兰侨领吴成斌请求公使馆救助，遭到了无理拒绝，引发了吴成斌怒打荷兰公使事件。除了民国政府庇护不力外，由于很多青田人向海外移民只是一些零散的、自发性的个人行为，也造成了这一行动的孤立无援。

实际上，清末民初，中国作为一个任人摆布的弱国，对于远在海外的侨民，政府根本不可能起到应有的“后盾”作用，在苦难与困难面前，华侨只能求得同乡的援助。时任中国驻美公使伍廷芳的对联“三百余年，白沙教泽，远被鲸洋，我公使节东来，如历劫以还，犹是海滨邹鲁；二十世纪，黄炎子孙，同作燕厦，此际列强环伺，舍合群而外，讵争种族文明”①，道出了组建海外华侨社团的必要性与紧迫性。在“列强环伺，舍合群而外”的境况下，对于没有强大祖国政府作为后盾、孤立无援的海外青田华侨来说，努力构建自己的社会关系网络，扩大自己的交际范围，就显得尤为重要了，而海外社团组织可以为华侨的上述需求提供便利的平台，从而从真正意义上弥补弱国无外交的“遗憾”。

对于大部分出国谋生的海外华侨来讲，首先是在异国站稳脚跟，有比较稳定的赚钱渠道，然后在此基础上逐渐融入当地的主流社会，以谋得更大的发展，这是一般华侨在海外发展最普遍的谋生套路。民国时期，在中国处于国弱民穷的状况之时，海外华侨要想走上述的发展路线就显得较为困难，一方面是侨居国民众的歧视、刁难，另一方面是侨居国政府政策的限制。这一时期，青田华侨在欧洲的境况更是如此，从这个意义上讲，华侨社团是华侨历史发展的必然产物。只有在时机成熟的情况下，组织各种

---

① 《全美最古老之华人社团》，香港《华侨日报》1989 年 9 月 15 日。

类型的非营利、公益性华侨社会团体，才能促进海外华侨华人互相联络、增进情谊、加强团结、维护自身的合法权益，并为其尽快地融入当地的主流社会提供必要的平台。

建立各种类型的社团，并举办多种活动，是编织华侨海外关系网络不可或缺的步骤。这样的举措首先能够进一步巩固原有的社会关系，如亲戚之间、朋友之间等；其次能够建立新的社会关系，可以通过活动结识更多的同胞，促成互助互利关系的形成。可以说，组建海外社团组织是在没有政府做后盾的情况下，华侨华人扩大社交网络和促成互助互利关系的必然需要。

3. 增加了青田华侨之间的联系

海外侨团组织是青田华侨进行精神娱乐活动的重要阵地。加入侨团组织的青田华侨以侨团为平台举办各种活动，特别是在一些重要的节假日或特殊时期，文娱活动更是活跃。抗战时期，为了挽救民族危亡，宣传革命思想，青田华侨以侨团为平台，创办了多种类型的报刊，这也是他们精神活动的重要组成部分。

海外侨团的文娱活动一般来说是定期举行的，大致可以分为三个时期：一是中国传统的节日，如中秋、春节等；二是每年春秋的祭祖时期，这主要是针对血缘性社团来讲的；三是一些特殊的日期，主要与时局、社会等联系比较紧密，没有固定的时间。

首先，中国传统节日的文娱活动。青田人乡土气息浓厚，与之相对应的就是“守旧”，即使远在海外异乡，青田华侨对中国的传统节日也是非常重视的，特别是春节、端午节以及中秋节等。每年的这些中国传统节日，有社团组织的青田华侨都会以侨团为平台聚在一起，按照在家乡过节的方式举行庆祝性的娱乐活动，唱歌、跳舞必不可少，有的则打麻将、推牌九等，在假日之时享受难得的轻松，得到精神的慰藉。会餐也是必经程序，“每逢佳节倍思亲”，家乡人于异域坐在一起，是别样的团圆，青田华侨之间会话话家常，互相鼓励一番，以消除疲劳和排遣思乡之苦。

其次，每年春秋的祭祖活动。青田华侨的乡土情结浓厚，还体现在认祖归宗方面，早期青田华侨即使客死他乡，也要把尸骨运回青田老家安葬，以示落叶归根。如果无法运回老家安葬，也有“割发代首”一说，即将死者头发夹在护照中寄回家乡。这样的认祖归宗思想，使得在海外打拼的青田华侨将每年春秋的祭祖活动作为寻求精神慰藉的重要形式。青田华侨一直有“亲带亲”“邻带邻”的出国传统，出国的非亲即友，这也就促使了他们血缘性社团组织的成立，且每年春秋季节必然举行隆重的祭祖仪式，以示不忘本，形式以祠祭为主，“张灯结彩，鸣炮奏乐，敬香礼拜，仪式隆重”①，随着时间的推移，隆重的祭祖仪式也逐步被一些文化娱乐活动所取代，但青田华侨子孙们仍会以某种形式表达着对祖先的崇敬，同时也希望得到祖先的庇佑。

最后，特殊日子的欢庆活动。海外青田华侨社团是联系青田华侨与侨居国政府和人民的重要中间团体，也是他们互帮互助的平台，在一些特殊的日子里，侨团总是组织青田华侨开展欢庆活动，这也是其另一种精神娱乐的契机。如第二次世界大战结束后，旅荷青田华侨陈彬担任荷兰庆祝世界和平胜利大会筹备主任，在物资奇缺，交通电信均未恢复的困难境况下，陈彬等人发动原抗日救国会骨干和旅荷留学生，举办了盛况空前的庆祝活动，有这样的描述：

> 浙江青田鱼灯队、广东麒麟队和福建龙灯队一同踩街，龙腾鱼跃，首尾相距约 3 公里，观者人山人海，甚为壮观。青田鱼灯仿照溪水鱼形象制作，造型精美神似，色彩鲜艳，由 15~30 盏鱼灯组合而成，4 条龙头巨身红鲤鱼列于阵前，河豚与虾殿后，持灯者武士装束，以跑、跳、跃、挪的步法，组成“进门阵”、“春鱼戏水”、“夏鱼跳滩”、“秋鱼泛白”、“冬鱼结龙”和“鲤鱼跳龙门”等多种形式，并伴以鼓、锣、钹等乐器，以朴素、粗犷、热

---

① 陈慕榕主编：《青田县志》，浙江人民出版社 1990 年版，第 674 页。

烈、奔放的东方舞蹈形式渲染节日的欢乐气氛。①

二、青田华侨的海外社团组织概况

民国之前，青田华侨的海外谋生带有明显的被迫性，因此，他们稍有积蓄即回到家乡，根本不具备成立侨团的人口数量基础，而且，他们到处奔波闯荡的谋生特性也不符合侨团的稳定性要求。第一次世界大战期间，英、法、俄招募华工，给青田人提供了比较可靠的出国渠道，之后，欧洲青田华侨数量急剧增加，在谋生困难重重的状况下，他们开始考虑团结起来与困难抗争，侨团成为他们的首选。早期，海外青田人没有自己的专门组织，但在人数比较多的地区，青田人不仅加入了当地的华侨华人社团，而且还在其中担任了一定的领导职务。纵观整个民国时期，根据与青田华侨有关的社团组织成立的目的及性质，大致可以分为民国元年（1912 年）至“九一八”事变、“九一八”事变到抗日战争结束、1945 年日本投降到 1949 年中华人民共和国建立三个阶段。在不同的阶段，华侨社团组织的目的和性质都是不尽相同的，是随着国内外政治形势的变化而变化的。

1.“九一八”事变前青田华侨的社团组织

民国初年，战乱频仍、灾荒严重，青田奔赴海外谋生的人越来越多，有了成立社团组织的条件。直到“九一八”事变前，很多青田华侨加入了居住国的社团组织，希望得到社团的保护，帮助自己解决在海外遇到的问题与困难。尽管有的青田华侨在这些社团组织中充当着重要的角色，但是，这一时期尚没有纯粹的青田华侨社团组织。该时期青田华侨参加社团组织的状况见表 6–1。

---

① 《青田华侨史》编纂委员会编著：《青田华侨史》，浙江人民出版社 2011 年版，第 44 页。

表 6-1 “九一八”事变前青田华侨参加社团组织

名称	成立时间	成立地点	主要青田籍领导	备注
中华旅俄联合会	1917 年 4 月 8 日	圣彼得堡	孙言川	1918 年 12 月改名为旅俄华工联合会
中华民国侨日劳动同胞共济会	1921 年 9 月 21 日	东京	陈芗圃、陈协丰、杨廷杰、伍敏、朱有典、张琮良	简称“共济会”，当时青田华工 3000 人左右
反帝大同盟	1923 年	柏林	金映光	青田籍华侨积极参加
新加坡温州同乡会	1923 年	新加坡		青田华工数人
旅日温州同乡会	1923 年	东京		1937 年解散，其中有青田华工
国民党驻法总支部里昂车站支部	1924 年	巴黎	刘省三	
阿姆斯特丹华侨工商联合会	1928 年	阿姆斯特丹	王志南	

资料来源：《浙江华侨史料》(1987 年)、《温州华侨史》(今日中国出版社 1999 年版)、《青田县志》(浙江人民出版社 1990 年版)、《青田华侨史》(浙江人民出版社 2011 年版) 综合而成。

以中华旅俄联合会、中华民国侨日劳动同胞共济会以及国民党驻法总支部里昂车站支部等为例，可以管窥该时期海外青田华侨参加的社团组织在宗旨、活动等方面的总体面貌。

(1) 中华旅俄联合会

中华旅俄联合会，于 1917 年 4 月 18 日在俄国彼得格勒成立，1918 年 12 月中旬改名为“旅俄华工联合会”，是迄今为止发现的最早有青田人参加的华侨社团组织。该社团组织涉及范围较广，包括早期旅华侨中的工、商、学各界人士，同时受到苏联外交部的支持，因此是一个资源丰富的互帮互助平台。该联合会的宗旨是“联络旅俄华人，对于旅俄华人之行动，凡在法律范围之内者，应竭力以辅助之”[①]，为了秉承并切实履行这一宗旨，且涉及工、商、学各界，该会有比较丰富的活动：首先，辅助旅俄中国留学生研究政治、社会、经济问题，包括中俄教育、科学、文学、美术、工艺及实业的情况；其次，协助在俄华商研究俄国商务及市场状况、运输情形，并与中俄商业机关接洽，辅助推行商业各项事务；再次，辅助旅俄华工改善社会生活条件，如设法安置流离失所的华工，协助治疗生病华工，为华工介绍适当工作，运送病残及失业华工回国，同时消弭华工相互间或与俄国工人之间的冲突与误会；最后，协助联络中俄间一切关系，并敦笃两国的邦交。

从该联合会的宗旨和各项活动来看，它是一个服务于所有在俄华侨的社团组织，从基本的日常生活到工作的介绍再到权益的保障及回国，这一社团组织帮助在俄华侨解决了诸多的问题与困难。例如 1919 年，八、九名青田华侨从莫斯科回国，途中遭遇劫持、杀害，该联合会得知后积极斡旋，要求苏联外交部调查处理，最后凶手被军事法庭绳之以法[②]，充分保障了华工的权益，其力度可见一斑。青田华侨是该联合会的重要成员，最著名的是青田县小令孙山村人孙言川，他在联合会中担任干事和中文秘书（不设秘书长），并主编该会刊物《旅俄华工大同报》。据统计，还有 100 多名旅居彼得格勒与莫斯科的青田华侨加入该组织，并得到了应有的帮助和保护[③]。

（2）中华民国侨日劳动同胞共济会

1921 年 9 月 21 日，在王希天等人的积极筹备下，中华民国侨日劳动同胞共济会（简称“共济会”）在日本东京成立，该社团涉及工、商、学各界，很多华工视“共济会”为立足日本的有力“靠山”，也承担了一定的义务。据青田油竹旅日华侨朱有典回忆：“‘共济会’的经费，我们华工

① 尚海等主编：《民国史大辞典》，中国广播电视出版社 1991 年版，第 115 页。
② 陈慕榕主编：《青田县志》，浙江人民出版社 1990 年版，第 648 页。
③ 同上。

都有捐助，每人每天捐献一分钱。因为‘共济会’经济困难，又在‘共济会’机关门口开设一间冰棍店，抓点收入补充”[①]，当时，“共济会”遭到很多日本厂主、工头和警察的敌视，被当作眼中钉，恨不得早日除之而后快。

“共济会”是一个正规的社团组织，有严格的规章制度和章程，据1923年5月8日上海《申报》报道，“共济会”章程共有如下五条。

第一条，本会定名为中华民国侨日共济会。

第二条，本会由侨日华工与行商及热心改善工商事业者组织之。

第三条，本会以培植德行、户牖知识、联络感情、互帮互助为宗旨。

第四条，本会本部会址设于东京，但在日本国内各处有会员50人以上且有一定会所，经总经理事之认可者，皆得设立支部。

第五条，本会为达到第三条之宗旨，故励行左列内外两部之事业；（甲）内部：一、改善会员之卫生状况；二、禁绝会员之不正行为；三、扶助会员之失业救灾；四、提倡会员之补习教育。（乙）外部：一、代会员介绍职业；二、代会员缔结契约；三、代会员交涉一切；四、代会员谋图利益。[②]

为了切实履行上述各项章程，真正做到保障华工的根本利益，为华工在日本的生活与工作提供较为宽松的环境，“共济会”组织会员进行了多项活动。

首先，鉴于旅日华工的身体健康问题，“共济会”设立治疗部和施药局，在孙绍唐医师的主持下，调查华工的各方面身体状况，并根据调查结果制定了相应的治疗和预防措施，凡华工染患疾病，均可享受免费治疗。

其次，为了促使华工克服语言障碍，提高他们的文化素质，尽快融入新的生活、工作环境，减少不必要的麻烦，“共济会”设立了教育部，专门

① 温州市政协文史资料委员会、浙江省政协文史资料委员会编：《浙江文史资料》（第57辑），浙江人民出版社1995年版，第17页。

② 同上书，第17—18页。

组织开设夜校或语言讲习班，以提高华工在日本谋生的适应能力。如在大岛町“办起华工夜校，对华工进行文化知识教育”，同时“开设日语讲习班，每晚6时至8时上课，教他们学日语”[①]。

再次，为了充分了解华工的生活、工作状况，以便更好地为华工服务，“共济会”专门设立了慰问部，其任务由留学日本的中国学生承担，轮流前往华工客栈访问。这些中国留学生由于具有较高的文化水平，对日本的文化、法纪相对比较了解，派他们对华工进行造访，一方面，可以使旅日华工了解日本的法律，减少违法行为；另一方面，可以敦促旅日华工杜绝赌博恶习，改善卫生状况。“共济会”有时还会实施一些奖励措施，比如对于特别整洁者，还发给奖品，予以奖励，以此调动华工的积极性。

最后，为了切实维护旅日华工的合法权益，“共济会”与日本工头、资本家及政府部门进行了多次交涉。华工在日本工作过程中，经常出现被日本工头以及资本家拖欠工资的现象，在这种情况下，“共济会”就会进行讨债行动，并“责令日本工头不得克扣工资”[②]。此外，对于日本工头野蛮殴打华工的事件，“共济会”要求“日本当局处理工头殴打华工的野蛮行为，并保证不再发生类似事件”[③]；对于不准华工做工的禁工行为，“共济会”呼吁“日本各界进步人士、中国驻日公使馆官员出面与日本当局交涉，促使取消禁工令，以保证华工在千叶、名古屋、东京、大岛町等地做工和行商”[④]。

“共济会”的成立为旅日华工带来了福音，因此，温、处两地的旅日华工、商贩争相加入该社团，至1923年5月中旬，该社团“会员不下3000

---

① 温州市政协文史资料委员会、浙江省政协文史资料委员会编：《浙江文史资料》（第57辑），浙江人民出版社1995年版，第18页。

②③④ 同上书，第19页。

余人，其中除少数行商外，大部分均系工人，工商兼营者亦不少”[①]。青田华侨也是“共济会”的重要成员，据朱有典回忆：“共济会会员主要是温州人、青田人，其他地方的华工也有参加。会长是王希天，吉林人，是我的先生，我是协助共济会工作的副干事。”[②]另外，该会的执行部杂务陈协丰、会计杨延杰、干事主任陈萝圃、干事伍敏、事务委员兼中文学校翻译张琼良等均为青田人。1927 年 4 月 2 日，青田平演华侨、共济会职员詹寿之因积极参与会务，为人品行端正，热心公益，获得中华民国总领事馆驻神户兼大阪总领事周珏颁发的奖章及证书。

（3）国民党驻法总支部里昂车站支部

随着中国共产党的成立以及国内形势的发展，工人阶级真正登上了历史舞台，逐渐成为革命的主要力量，这给在海外打拼的青田劳工及小商贩们以巨大的鼓舞。他们生活在社会的最底层，工作繁重且工资极低，国内工人阶级力量的壮大为他们点燃了希望之火，摆脱现实的惨状，过上平等、幸福的生活成为他们追求的美好愿望。孙中山“联俄、联共、扶助农工”的政策，为国共实现第一次合作提供了有利之机，海外华侨也在为此积极准备，当国民党派王京岐到法国巴黎筹建国民党总支部时，旅欧青年团 80 余人全部以个人身份加入了国民党，由此力所能及地参加国民革命运动。这是一次成功的尝试，也使得大多数华侨看到了希望。

之后的 1924 年，王京岐又将法国、比利时、德国三个国民党支部联合起来，组成了国民党驻法总支部，统一领导旅欧华人的国民革命运动。国民党驻法总支部里昂车站支部就是在这次整合之后出现的，位置在刘省三开设的省三饭店里，位于白玉洛和拉奇诺小区附近，这两条街巷大部分都是青田华侨，因此，此支部的成员大部分都是青田务工者及小商贩。该支

① 温州市政协文史资料委员会、浙江省政协文史资料委员会编：《浙江文史资料》（第 57 辑），浙江人民出版社 1995 年版，第 18 页。

② 同上书，第 17 页。

部的设立使得诸多留法的青田华侨开始参加革命运动，也为祖国的革命事业贡献了自己的力量，对于华侨本人来说，这也是在为自身的悲惨命运而拼搏，因为只有祖国强大，他们在海外才能真正站稳脚跟。"九一八"事变之后，该支部被迫停止了活动。

除此之外，比较有影响的侨团组织当数南洋的新加坡温州同乡会，该会后改名新加坡温州会馆（Singapore Wen Chow Wei Khan），1923 年由陈岳书、金天放等人发起成立，是新加坡华人的地缘社团。该社团组织的宗旨为"团结互助，联络感情，共谋福利"，由于其会员多数操木工业，所以会馆中设有鲁班先师的神位，并定先师圣诞农历 6 月 13 日为会庆纪念日。青田华侨数人加入该会，成为其重要成员，他们的加入与积极参加该会活动，不仅锻炼了自身的能力，也为组建青田华侨自己的社团准备了条件。

可以看出，"九一八"事变前，青田华侨参加的社团组织大都是以维护青田华侨在海外的权益为主要目的的，革命性质的社团组织也有，但不是主流。这主要是由于在当时的情况下，虽然祖国已出现了民族危机的苗头，但对于青田华侨来讲，自身在海外的立足是为挽救民族危亡做贡献的前提。况且，该时期青田华侨的"事业"大都处于初创阶段。这些社团组织的成立，为初创阶段的青田华侨在海外的打拼提供了相对"优越"的条件，也在一定程度上增加了他们革命的资本。可以说，"九一八"事变前，青田华侨参加的社团组织是符合当时主题环境的。

2. 抗日战争时期青田华侨的社团组织

1931 年，"九一八"事变爆发之后，日本加紧了对中国的侵略步伐，其吞并中国之野心昭然若揭，在中国共产党的奔走呼告之下，国内掀起了反日高潮，特别是在卢沟桥事变之后，国共开始了第二次合作，全民族抗日统一战线正式形成。国内的抗战也带动了海外华侨的爱国情绪，他们在为抗战捐款的同时，也纷纷在海外建立了各种性质的抗日救亡组织，为国家的前途与命运贡献自己的力量。主要的社团组织如表 6-2 所示。

表 6-2 “九一八”事变直至抗战结束青田华侨的海外社团组织

名称	成立时间	成立地点	主要青田籍领导	备注
旅欧浙江华侨协进会	1931年9月.	巴黎	卓克仁、卓文廷等	会员多为青田华侨
旅德华侨工商联合会	1932年	柏林	项叔度、林南勋、林南卿、陈铭奎	也称旅德华侨商会
法国浙江同乡会	1932年		周城洛任秘书长	
法国歌西德马克驿华工联谊会	1935年11月13日	歌梅驿	不明	成员大部分是青田人
全欧华侨抗日救国联合会	1936年9月20日	巴黎	金映光	
荷兰抗日救国后援会	1937年7月	鹿特丹	王志南、陈彬、金梦仙、陈特轩、郭南斋	下设4个分会，1940年改为华侨互助会，1943年解散
德国华侨抗战后援会	1937年7月		林仲平	青田华侨参加者多
南美洲抗日救国会	1937年7月	圣保罗	周继文	很多旅巴西青田华侨参加
波兰华侨抗日救国会	1938年		王岩郎任经济委员	
中国留德学生抗日后援会	1938年		朱祥帮助油印《抗日报》	青田华侨参加
南洋华侨筹赈中国灾民总会	1938年			青田华侨参加
马来西亚人民护国同盟	1938年			青田华侨与其并肩作战
苏门答腊岛人民反法西斯同盟	1938年			青田华侨与其并肩作战

（续表）

名称	成立时间	成立地点	主要青田籍领导	备注
浙鲁同乡会	1939 年	菲律宾	郑铭岩任会长	
旅德华侨俱乐部	1941 年 10 月	柏林	张苏、倡守	
日本静冈华侨总会	1943 年 9 月	静冈市	徐建一任副会长	

资料来源：《浙江华侨史料》（1987 年）、《温州华侨史》（今日中国出版社 1999 年版）、《青田县志》（浙江人民出版社 1990 年版）、《青田华侨史》（浙江人民出版社 2011 年版）综合而成。

（1）“九一八”事变至全面抗战前的华侨社团组织

1931 年爆发的“九一八”事变，使得祖国处于生死存亡的关头，远在海外的青田华侨也义愤填膺，开始成立社团组织，为祖国的前途与命运积极奔走，因此，该时期华侨华人社团组织均以“抗日救国”为宗旨，比较有代表性的有旅欧浙江华侨协进会，该社团组织是 1931 年 9 月旅法青田华侨卓克仁、卓文廷父子等，会同法国留学生以及旅法浙江老乡共同组建的，它广泛宣传抗日救国道理，积极捐募抗日资金，为唤醒民众抗日起到了积极作用。

另一个具有代表性的是旅德华侨工商联合会，该社团组织是 1932 年由青田华侨项叔度等在德国柏林组建的，项叔度担任会长，三四百名在德国务工、经商的青田人参加了该组织[①]，这是欧洲青田人参与的早期华侨行业社团。1936 年，青田华侨林南勋接任该社团组织的会长，林南卿、陈铭奎出任副会长。此外，青田华侨金映光参加了德国柏林的旅德华侨组织反帝大同盟，后又参加了法国巴黎的全欧华侨抗日救国联合会，并参与法共支部活动。全欧华侨抗日救国联合会是由华侨和留学生创立的洲际社团，该会主办的《祖国抗日情报》宣传抗日，风行全欧。

---

① 陈慕榕主编：《青田县志》，浙江人民出版社 1990 年版，第 648 页。

（2）1937年卢沟桥事变后的华侨社团组织

1937年卢沟桥事变爆发后，中国进入了全民族抗战时期，青田华侨在居住国纷纷组织或参加各种抗日救国团体，表现出了崇高的民族责任感与民族气节。在他们参加的所有组织中，最具代表性的是荷兰抗日救国后援会。1937年7月，旅荷青田侨胞王志南、陈彬、金梦仙、陈特轩、郭南斋等为了挽救民族危亡，连同其他旅荷华侨在鹿特丹成立了荷兰抗日救国后援会，该社团组织在海牙等四座城市设立分会，其正副会长、各部门负责人及大部分成员是青田人。海牙分会创办了《海牙救国报》（后为《抗战要讯》），内容分时评、战讯、华侨动态等，青田华侨陈特轩任编辑，其克服印刷设备条件及经费等种种困难，亲自抄写刻印，先后共刊印《抗战要讯》93期，每期5000余字①。德军1940年5月占领荷兰后，反日言论与行动被禁止，在这样不利的情况下，荷兰抗日救国后援会不得不改名为华侨互助会，虽然名字改了，但实质并没有变，继续由张振英、陈彬等负责宣传抗日。

青田人在荷兰虽未建立经营过大企业，人数也仅占侨胞总人数的十分之一，但在荷兰四大城市的华侨抗日救国会中，青田人地位重要，人数较多，如乌德勒支抗日救国会的主要成员，除许福是广东宝安人外，其余全是青田人。这主要是因为来自南洋群岛的华裔“虽精通荷文，但中文程度有限，而且又是荷兰国籍，不能参加公开的反日工作”，上万操航海业的华人“大部分来自农村和码头，文化程度有限”②。青田华侨金梦仙、王志南、陈彬等人积极投入华侨抗日救国会工作并出任重要职务：金梦仙担任阿埠分会秘书并主持会务工作，王志南担任阿埠抗日救国会副会长，陈彬任鹿特丹华侨会馆文书、海牙抗日救国会监察主任和鹿特丹抗日救国会文书主

---

① 《青田华侨史》编纂委员会编著：《青田华侨史》，浙江人民出版社2011年版，第43页。

② 陈彬：《旅欧洲青田侨胞经过情况》，中国人民政治协商会议浙江省青田县委员会文史资料研究委员会编印：《青田文史资料》（第6辑），1995年，第12页。

任。可见，青田华侨在抗日救国会中的作用非常重要。

另外，比较重要的还有青田阜山华侨林仲平发动组织华侨成立的德国华侨抗日救国后援会，以及旅巴西青田知名华侨周继文、王益宗、伍春和、吴仲儒等组建的南美洲抗日救国会。在国难当头的危急时刻，青田华侨以这样的社团组织为依托，四处奔走呼号，积极投身抗日救亡活动，如周继文带头购买“救国公债券”1万多美元，并向中国抗日红十字会捐赠救护车一辆[①]，伍春和成为“救国公债券”购买大户等。青田华侨在抗日救国活动中团结一致、同仇敌忾，表现出了华夏儿女的赤子之心。

总之，这一时期成立的海外青田华侨社团组织，主要以挽救民族危亡为首要目的和宗旨，这也是由国际大形势以及日本对中国的侵略程度所决定的。对于青田华侨来讲，这一时期，他们中的诸多佼佼者已然走出了初创时的艰辛，开始在海外拥有一席之地。换句话说，他们有一定的能力为祖国作贡献。正因为如此，青田华侨当时在侨团中的地位也较之前大大提高，可以说是各侨团组织的骨干力量，很多处于领导地位，他们带领各侨团成员为祖国的民族解放事业进行着艰苦卓绝的探索与尝试。

3. 第二次世界大战结束后青田华侨的社团组织

第二次世界大战后，青田华侨纷纷回国，滞留海外的人数锐减，海外华侨社团暂时萎缩，有的应时性侨团自然消失，有的名存实亡，但这无疑为日后以青田华侨为主的社团发展奠定了基础。此后一段时间，青田华侨和其他侨胞一道在组建各种社团中表现出空前的主动性和积极性，组建了不同性质的华侨社团组织（见表 6-3）。

① 《青田华侨史》编纂委员会编著：《青田华侨史》，浙江人民出版社 2011 年版，第 66 页。

表 6-3　第二次世界大战后青田华侨社团组织

名称	成立时间	成立地点	主要青田籍领导	备注
旅意华侨工商联合会	1945 年 8 月	米兰	吴镇超、朱祥等	1971 年改名旅意北部华侨工商会，1982 年改为米兰华侨华人工商会
意大利华侨抗战后赈会	1946 年		周仲轩	
日本东京华侨总会	1946 年 5 月	东京	林三渔（理事）	至今尚存
日本山黎华侨总会		山黎	刘涨兴（副会长）	
荷兰华侨总会	1947 年 9 月 2 日	阿姆斯特丹	郭南斋、胡品山	
瓯海同乡会	1947 年 11 月 27 日	阿姆斯特丹	陈特轩、陈彬	先后改名为瓯海华侨会、瓯海华侨总会、旅荷华侨总会

资料来源：《浙江华侨史料》（1987 年）、《温州华侨史》（今日中国出版社 1999 年版）、《青田县志》（浙江人民出版社 1990 年版）、《青田华侨史》（浙江人民出版社 2011 年版）综合而成。

旅意华侨工商联合会，是 1945 年 8 月旅意大利米兰市华侨在庆祝抗日战争胜利大会时成立的。抗战胜利后，青田华侨吴镇超、朱祥等人为了弥补战争的创伤，进一步发展华侨经济，联络其他旅意华侨成立了该工商联合会，它是一个以“爱国爱乡，服务侨胞”为宗旨的社团组织，吴镇超任副会长，华侨朱祥任宣传委员。该组织热心为侨胞提供无偿服务，如为会员排解纠纷，介绍工作，为经济困难的侨胞免费诊病治病，接待侨胞来访等，长期以来，在维护侨民利益，增进中意友谊等方面发挥了重要的作用。

另外，有青田华侨参与的社团组织还有：意大利华侨抗战后赈会，旅意青田华侨周仲轩任理事长；日本东京华侨总会由青田著名爱国华侨林三渔任理事；荷兰华侨总会由青田华侨郭南斋、胡品山为该会负责人；荷兰的 90 多位温州（包括青田）同乡在文成人余忠倡议下成立的瓯海同乡会（后改名为“旅荷华侨总会”），以“集体进货，团结互助”为创会目的，其负责人由青田华侨陈特轩、陈彬出任；1948 年，诸多青田华侨加入了马来亚人权保障同盟与和平民主联合会，与当地人民一起反抗英国、荷兰的殖民统治，并作出了巨大贡献。

总之，从数量上来看，该时期的海外青田华侨社团组织相对较少，这主要是由青田华侨大量归国造成的。从宗旨和目的来看，它们主要侧重于协调华侨关系，尽可能形成互帮互助联盟。当然，由于战争刚刚结束，战争的善后工作也是部分侨团的宗旨之一。更重要的是，战争的结束使青田华侨的重心重新转移到自己的事业上来，能够把事业做大做强才是他们的首要目的，因此，侨团的目的与宗旨也随之转移，并为其服务。

第二节　青田华侨的海外爱国活动

青田有着爱国、爱乡的传统，海外的青田人能团结一心开辟事业，并逐渐汇聚成有影响力的海外中华力量。自 20 世纪 30 年代起，我国遭遇了日本的侵略，民族危机空前严重，旅居欧洲的青田华侨，超越了村县府省的“乡土”意识，将自己的命运与祖国联系起来。新中国成立后，青田华侨冲破重重阻力和封锁，以侨汇或捐赠等方式为祖国建设添砖加瓦。当反动势力在国外掀起反华妖风时，青田华侨成为捍卫祖国荣誉的第一道堡垒，并积极配合了我国的正义斗争。

一、青田人爱国活动综述

爱国是中华传统的美德之一，因历史积淀，我国的爱国主义思想有着丰富的文化内涵，并以智慧、勇武、情感、语言文字等方式表现出来。在弘扬爱国主义精神方面，青田人旗帜鲜明，在历史的不同阶段均做出了不朽业绩。

1. 青田人的爱国活动

青田人为祖国所做出的贡献，主要集中在 1900 年之后，以居住地又分为留守国内的青田爱国者和旅居海外的青田爱国者。留守国内的青田人，平时辛勤耕耘建设家乡，在外敌入侵的特殊时期，他们拿起武器保家卫国，在抗战中建立了不朽的功勋；旅居海外的青田爱国者，对于祖国的贡献则从 20 世纪初开始，一直持续到了现在。

抗战时期，留守国内的青田人中，有近 80 位将军领兵参战，2 万余名青田男儿参军入伍，349 名青田战士为国捐躯。在抗战队伍中，也有归国华侨的身影。旅日华侨徐进香、陈耀明、金岩、刘兆祥、蒋成堂、叶公正等回国后在上海加入了第十九路军六十一师华侨义勇队，在“一·二八”淞沪抗战中，章旦徐山村的徐进香在抗敌前线光荣牺牲；青田华侨陈栖霞，1932 年赴巴黎航空学校（现法国国立高等航空航天学校）学习深造，归国后历任杭州笕桥航空学校飞行教官、空军第六大队支队长、空军北正面司令等，先后参加了淞沪会战、太原会战、台儿庄战役等，指挥对敌空战和轰炸任务并重创日军，曾在台儿庄战役时亲自击落敌机一架。

抗日战争全面爆发后，青田人积极行动起来，或是回乡宣传抗战，或是组织起来对抗日军侵略。在外地读书的青田青年姚立（鹤城镇人）、林艺圃（山口人）和曾绍文（芝溪人）等人，放弃学业返回青田宣传抗日，因宣传方式深入民心，形成了很强的宣传鼓动效应，激发了青田人民的抗日热情。

1942 年 7 月，日军妄图侵占青田，六上乡村民在叶瑞三、王永思等带领下，采用分路埋伏的方式抗击来犯之敌。此役共毙敌 15 人，伤敌 20 多人。同年 8 月，日军妄图劫掠青田钼矿矿石，在万山党支部书记潘如楷的带领下，革命群众倾倒矿石破坏机器，并用土枪土炮击溃来犯之敌。

青田海外华侨以其自身经历深切感受到祖国的强弱兴衰对华侨海外命运的影响，因此很早就萌生了强烈的爱国情怀。与留守国内的青田人的爱国活动有所不同，旅居海外的青田人的爱国活动是一个相对缓慢的发展过程，是随着青田华侨人数的增加，海外组织能力的增强，以及海外斗争经验的日益丰富逐渐形成的。青田华侨的爱国活动有着百余年的历史，大致经历了三个发展阶段。

（1）以维护华商自身合法权益为主，间接维护国家的权威与形象

自近代开始，我国饱受西方列强的欺凌，“弱国无外交”的清政府无法保护海外华侨的合法权益，华侨只能自己想办法维权。早在 1906 年的米兰赛会期间，林子屏等 8 名侨商联合在呈报清政府驻意大利钦差大臣黄浩的“禀文”中就“多处提到‘国体’‘国权’受西人侮辱，赛会受西人挟制之事，言辞锋利，情绪激昂，其思想境界和勇气非常人可比”。正如“商等出洋赛会，不过特以自由考求商务进步，以我之弱就彼之强，取彼之所有益我之所元。赛会假手西人，非徒商等不能考求商务实学，而且西人往往趁赛会之机，图利营和。置我国体于不顾，动辄鱼肉商人”[①]。

在旅俄出国潮时期，青田涌现出以孙言川为代表的领袖人物，他热心公益事业，敢于为旅俄华人请命。在俄期间，孙言川多次与俄政府交涉维护同胞的合法权益，他曾帮助难胞归国、为被害同胞伸张正义以及帮助同乡免受经济损失等，彰显了中华民族不屈之气节。1918 年，全俄第三次华工代表大会召开，孙言川当选为名誉主席。

在旅日华工潮和旅欧潮时期，青田人组织了旅德工商联合会，并参与了旅日华侨“共济会”，逐渐尝试运用侨团的力量进行斗争。

进入 20 世纪 30 年代，随着旅欧华侨数量的大幅增加，青田华侨开始运用目的国法律保护自身利益。比如，旅荷华侨留耕斋因交通事故身亡，同乡聘请律师向肇事司机主张赔偿；旅德的青田人因被诉，受到德国法院的司法审批，季羡林接受委托以证据主义为抗辩依据，为青田华侨打赢了官司。旅欧青田人积极参与法律诉讼的行为，为他们赢得了尊严，也让西

① 《青田华侨史》编纂委员会编著：《青田华侨史》，浙江人民出版社 2011 年版，第 12—13 页。

方人不敢小视中国人。

（2）抗日侨团组织，以募捐和其他宣传活动支援祖国抗战

自抗战全面爆发时起，青田人爱国活动的组织性不断增强，形成了以国家为中心、以抗日为目的的持续救亡活动。

旅居海外的青田华侨虽然不能到抗战第一线参加战斗，但他们心系祖国，尽自己所能支持抗战事业。这一时期，旅居海外的青田人在侨领的凝聚下，形成了法国歌西德马克驿华工联谊会、荷兰抗日救国后援会、德国华侨抗战后援会、南美洲抗日救国会、旅德华侨俱乐部等爱国侨团组织。很多普通青田华侨一边打工求生，一边为国募捐。据华侨回忆，在所有的旅欧华侨中，“以生活最穷苦的青田商人态度最热烈，捐款最踊跃”，有的青田商人“在国外已经流浪十几年或几十年，平日节衣缩食积蓄了几百、几千法郎，全部都拿出来作为救国捐献”，有的则“手头没有积蓄，也卖掉一部分可怜的行李和被褥，凑几十法郎捐款”[①]。旅法华侨林锡考在1938—1939年间分四次为国捐款，总计163法郎。青田夏社卿身染重病，在去世前订立遗嘱称“余遗下银行支票及存款单供计七纸，共合国币七百一十七元四角九分，现余将要弃世再不能为祖国出力，自愿由此遗款项下提出国币五十九元八角九分以助抗战之用”[②]。

（3）爱国活动多元化，侨团成为公共外交的重要力量

新中国成立后，有的青田华侨遭遇了帝国主义势力的军事包围和经济封锁，但他们仍冲破重重阻力，以侨汇、捐款或投资等金融报国方式持续支援国家和家乡的建设。截至2015年，青田华侨回国投资、贸易资金总规模达到了2000多亿元，有力地促进了我国经济发展。

---

① 罗大冈：《流浪人的枕边书》，中国人民政治协商会议浙江省青田县委员会文史资料研究委员会编印：《青田文史资料》（第6辑），1995年，第104页。

② 浙江省青田县档案馆馆藏档案，卷宗号：1-8-53。

青田华侨在公共外交中也做出了卓越贡献。新中国成立之初，很多青田华侨回到祖国，并在侨居国介绍新中国的建设成就，在有效宣传我党功绩的同时，也有力驳斥了敌对势力的诽谤攻击。旅法华侨杨进业1956年申请回国探亲，在临行的头几天，法国警察局把他叫去威胁说："你回国共产党不会给你再出国了"①，但杨进业依然坚持回国。很多归国华侨看到社会主义建设的成就后由衷赞叹："国家建设到处在大兴土木，大城市有大工厂，小城市也有大工厂，小工厂能造大机器，工人当工程师，祖国真是了不起。"②

20世纪80年代后，青田华侨作为我国公共外交使者的价值日益凸显，业已成为反独促统、弘扬中华文化、传播中国声音的重要力量。

2. 青田华侨的爱国意识

青田华侨的爱国主义精神具有明显的内发性和持续性，而爱国活动的组织性强也是其较为显著的基本特征。

青田华侨较强的组织性缘于地方的乡情。传统青田乡村社会是以血缘关系和地缘关系为纽带的。这种关系也被青田人带到了国外，进而形成了以乡情为模板的移民社会网络。其中，以血缘、姻亲关系为纽带，使不同青田地区的民众可以分享海外移民资源；地域移民网络则使处于亲属移民网络边缘的人，借助地缘关系进入移民体系。在海外，青田地域移民网络与亲属移民网络形成互补，这使得青田华侨可以更为方便地组织起来，形成具有地缘特征的社会团体。

青田人爱国精神的内发性，与青田人注重传统价值观教育和乡规民约的自我约束有关。青田自古有着诗书传家的传统，民众既重视文化教育，也重视吸纳传统文化典籍中的思想精髓，并将其作为行动指南和自我约束的规范。青田的很多家谱、族谱，都吸纳了典籍中的思想精髓，在家训、

① 浙江省青田侨务档案资料，卷宗号：12-9-5。
② 浙江省青田侨务档案资料，卷宗号：12-13-86。

祖训中，普遍涉及忠君爱国、修身正行、邻里亲善、父慈子孝等内容。家训、祖训内容神圣，为青田宗族成员所敬仰，在祭祖或婚嫁时要当众宣读以正家风，或以壁画形式保存于祠堂中以供后人学习。典籍思想精髓与家训、祖训的融合，在青田形成了共同感召力，成为青田人树立乡村道德规范的思想基础。青田为群山包围，居民可活动的空间相对狭小，一些山民终生都未脱离出生的村落，邻近城市的世俗风气很难传入青田。长期的乡村道德教化，逐渐内化为青田人的价值观，并成为约束自我行为的准绳。青田人喜爱简约，崇尚朴实无华，当地既无妓寮又无烟馆，蓄婢的家庭也极少，是民国时期难得的清净之地。

青田人爱国精神的持续性，与当地人的道德追求、文化教育模式，以及海外境遇有关，是多元因素共同形成的行为模式。

青田人对于道德的追求，既有内发性，也具有群发性，其形成核心在于民众具有共同的心理素质，而构成青田共同心理素质的核心是乡规民约，不遵守乡规民约者会被乡邻看不起，甚至在乡生活都很困难。

在文化娱乐领域，青田民众酷爱鼓词，鼓词源于封建时代的“主旋律”文学作品，多反映忠君爱国思想，部分为劝善书。青田常见的鼓词篇目有反映历史的《征东》《征西》《隋唐》，反映贤臣良将的《杨家将》《包公词》《岳飞传》，反映民间英雄人物的《陈十四夫人》，劝善书类的《公婆劝》《劝世文》《兄弟劝》《十劝精》等。这些鼓词篇目，以典籍思想精髓为内核，以形象化的方式将青田人倡导的道德人格化，在青田民间树立了鲜活的道德榜样。这些鼓词篇目中所倡导的忠君爱国思想以及行为方式，也为青田人现代爱国主义观的形成提供了借鉴。

青田爱国精神的持续性是青田华侨海外悲惨境遇压迫下的升华。新中国成立前，青田华侨的海外地位十分低下，被外国称为“亡国人”“皮鞋踢”。青田华侨的海外生活困苦，也被国人看不起，称他们为“可怜虫”“苦儿”“侮辱国体”。据青田县奎岩庄支部书记讲述：“那时候我的爷爷在法国餐馆打工，有法国客人进来用餐没有凳子，竟然让我的爷爷跪下坐在他身上。”[①] 在工厂做工的青田人境遇同样悲惨，一位青田华工患了眼病，只能“闭起眼来作工，一点不能停顿，否则若被工头看见，即饱以老拳，倘若因痛到太不能忍受时，稍加申辩，则不论道理如何的正确，则以反抗工头命令的名义，把我们工位开除了”，连同工厂做工的工贼也“常常打我们，骂我们，更还有时要我们代做他们名义下的工”[②]。行商小贩的境遇虽然稍好一点，但“动辄被外国警察驱逐毒打，他们受着痛苦，还莫名其妙”[③]，有时在咖啡店等兜售商品，店主或者“将其商品没收，逐之出店”，或者“将其商品坠出商店外，而有驱之出店”；有时“购其货而不予以钱”，或“予以钱而不依货价”，甚至“被顾主将商品窃去”。据旅欧浙江华侨协进会调查统计，1931 年 2 月至 10 月，短短 8 个月间，上述情形在法国就发生 538 次，在比利时有 17 次，在德国有 36 次[④]。总之，青田华侨在海外“言语不通，服饰不整，礼貌不谙，动辄违背警示，遭受拘禁，每为外报所指谪”[⑤]。一位老华侨回忆海外境遇时，痛感如果祖国不强大，华人就会遭受欺凌无处申冤的惨状，发出了“不爱国就赚不到钱”的感叹。

在青田人爱国主义思想和萌发形成的过程中，华侨领袖扮演着引路人的角色。青田人有着崇尚英雄的传统，当地民间领袖有着较大的影响力，容易形成凝聚力。旅居海外的青田侨领逐渐认识到，国家命运与自身命运是休戚相关的一个整体，必须将海外青田人凝聚成爱国者的堡垒。普通群众在华侨领袖的感召下，将爱国主义内化为乡规民约的重要组成部分，并将爱国行为作为个人道德修养的组成部分，持续、无所求地以实际行动践行着爱国情怀。

---

① 2012 年 5 月 27 日于浙江省丽水市青田县方山乡口述采访奎岩庄村干部。

② 陈里特：《欧洲华侨生活》，海外月刊社 1933 年，第 77—78 页。

③ 邹韬奋：《在法的青田人》，载《韬奋文集》（第 2 卷），上海：生活·读书·新知三联书店，1955 年，第 83 页。

④ 陈里特：《欧洲华侨生活》，海外月刊社，1933 年，第 91 页。

⑤《准驻德大使函请令行青田县长禁止小贩来欧以维国体一案》，浙江省青田县档案馆馆藏，卷宗号：1-8-28。

二、抗日战争时期青田华侨的爱国活动

抗日战争时期，是海外青田华侨国家意识的集中形成期，也是爱国活动的高峰期。青田海外华侨慷慨解囊，或为国捐献钱物，或为抗战奔走宣传，部分归侨还投身到反法西斯战争中，甚至献出了宝贵的生命。

1. 积极捐款支援抗战

为了国家和民族的解放，自 1937 年开始，青田华侨积极捐款捐物支援抗日战争。1939 年后，欧洲国家纷纷陷入了纳粹德国的魔爪，身处战乱之中的青田华侨，一面辛苦经营，一面节衣缩食，将微薄收入捐赠回国支持抗战。

1938 年 1 月至 1939 年 7 月，旅法青田华侨共捐献 118016 法郎，头 10 个月，集居在巴黎里昂车站区和哥鲁梅驿区的青田人就捐了 41157 法郎，占总数的 35%。[①] 在看了上海四行仓库保卫战的纪录片之后，青田华侨陈则敬激于爱国义愤，向中国驻法领事馆领取了一本 100 页的救国捐献单据，几天内动员一百多人募捐数千元，分三次送交领事馆。[②]青田旅菲律宾侨胞郑铭岩，1939 年编印“抗敌救国要义暨国民公约信笺”进行义卖，筹集了 3081.05 元，他亲自携带回国，1000 元作本省前线抗敌将士的奖金，1040 元送省赈济会救济难民，其余送给受伤将士办事处。[③]在意大利罗马，青田华侨 23 人，捐款 1010 里拉。[④] 青田华侨陈进明一人自 1937—1945 年连续八年捐献荷兰盾 534.5 元[⑤]。当时在巴西的华侨有 592 人，大部分人的老家都在青田等浙南地区，他们虽然收入微薄，但八年抗战中总共募集了 56832 美元。[⑥] 旅巴西青田知名华侨周继文、王益宗、伍春和、吴仲儒等四

---

① 陈慕榕主编：《青田县志》，浙江人民出版社 1990 年版，第 652 页。

②③ 同上。

④ 同上书，第 651 页。

⑤ 同上书，第 652 页。

⑥ 李春辉、杨生茂：《美洲华侨华人史》，东方出版社 1990 年版，第 717 页。

处奔走呼号，积极投身抗日救亡活动。周继文带头购买“救国公债券”1万多美元，并向中国抗日红十字会捐赠救护车一辆，伍春和成为“救国公债券”购买大户。[①]

青田华侨的抗战捐赠活动，从捐款方式划分，主要可分为如下几类：其一是购买民国政府发行的救国公债类产品，如救国公债、航空救国券、节约建国储蓄券等；其二是向领事馆直接捐款，此类捐款单次数额通常大于法币 1 元，捐赠币种可以为法币，也可以是外币，捐赠后领事馆会发给捐赠人相应凭证；其三是民间组织的捐赠，主要由抗日救国会发起捐赠活动，并在媒体上公示捐赠额度。青田华侨抗日捐赠的特点显著，主要表现为单次捐赠数额不大，但具有持续性，且群体性特征显著。海外的青田华侨多从事小商品买卖，该行业利润微薄，绝大部分华侨的个人存款在 500~1000 法币（1930—1939 年），上述存款中可能还包含了进货所需费用。由于财力有限，青田华侨捐赠额主要集中在 2 角 ~3 元（法币），大致相当于他们一天的利润所得。青田华侨的抗日捐赠通常不止一次，每逢祖国进行抗日募捐，他们都要进行捐赠，捐赠次数在两三次者居多，年年有捐款者亦有之。比如，旅荷华侨陈进明抗日战争期间捐款达 71 次（见表 6–4）。

表 6–4 旅荷华侨陈进明抗战期间捐款明细 （单位：荷兰盾）

年份	1月	2月	3月	4月	5月	6月	7月	8月	9月	10月	11月	12月
1937										2	1	5
1938	1	1	1	5	1		1					2
1939		4	3.8		4	4	4		4	8		4
1940		4	12	4.5	4		4	8	4		4	4
1941	4	4	4	4	4	4	4	8		4	4	4

① 郭秉强主编：《巴西青田华侨史》（内部发行），1996 年，第 43 页。

（续表）

年份	1月	2月	3月	4月	5月	6月	7月	8月	9月	10月	11月	12月
1942		8.5										
1943		5	5		5	5	3	5	5	5	5	7
1944		27	27	26	20	13	10	10	17	10	10	10
1945		10	10	10	5	17	12	10	10	10	10	10

资料来源：青田华侨史料征集办统计资料。

抗日战争期间，也是世界反法西斯战争时期，青田华侨聚集的欧洲国家都处在点火之中，行商收益受战争影响较大，尤其是在1942—1945年间。但是，青田华侨始终保持着高频率的捐款，所付出的努力令人动容。在抗日捐助中，青田华侨捐款的集体性特征令人印象深刻，每逢抗日捐赠都有侨领组织，青田同乡们奔走相告，踊跃捐款。

由于历史原因，记录青田人捐款场景的历史资料大都灭失，但从青田老归侨的遗物中，还可以发现大量的抗战捐赠凭证，一些留存下来的老报纸也记录了部分捐款青田华侨的名录。据保存下来的《抗战要讯》记载，荷兰的青田人为抗战捐款者达189名，这一数字可以管窥青田人抗战捐赠的情况（见表6-5）。

表6-5 《抗战要讯》中青田抗日捐款者名录

姓名	籍贯	姓名	籍贯	姓名	籍贯
蔡金林	青田	陈凤辉	油竹下村	陈送禄	四都八源
蔡林福		陈福光	青田坦下	陈特轩	阜山王费潭
蔡寿康		陈金龙		陈王林	高岗村
陈斌	阜山王费潭	陈金明	方山奎岩庄	陈王木	油竹上村
陈访	青田	陈敬棚		陈永兴	
陈福		陈昆仙	青田坦下	陈玉廷	阜山双垟

（续表）

姓名	籍贯	姓名	籍贯	姓名	籍贯
陈祥	阜山王费潭	陈培标	油竹上村	陈云芳	阜山西溪坑
陈阿岩	阜山陈宅	陈仁卿	阜山陈宅	陈再妹	四都雅琳

资料来源：青田华侨史料征集办统计。

2. 创立或参与各类报刊、杂志宣传抗战

自“七七”事变爆发后，祖国的命运受到海外华人的高度关注，青田华侨身在海外，因信息不通，迫切需要通过报纸了解国内情况。宣传抗日成为青田华侨创办或参与创办抗日报刊、杂志的主要动因。

抗日战争爆发后，青田华侨起初多是以街头宣传的方式，团结旅欧华侨共同支援抗日。在当时的欧洲，绥靖主义思想泛滥，西方媒体对于遭受欺凌的中国不仅不予以同情，甚至还同情或支持日本。如旅西华侨在宣传抗日活动时，一个当地人说：“你们中国就要亡国了，你们是亡国奴。”气愤至极的陈志彬、陈育仁立即冲了上去，与这个西班牙人打了起来。[①]

通过抗日救亡宣传活动的实践，青田华侨痛感宣传中存在手段单一、影响力不足等局限，希望以报纸为平台，团结更多的旅欧华侨，共同参与到抗日救亡活动中。此外，国外报纸多为西文，青田人看不懂，有很强的中文报纸阅读需求。青田侨领以海外侨团为平台，创办了多种抗日救亡的报刊（见表6-6），他们以报纸为武器宣传抗日活动，为支持国内抗战作出了巨大贡献。

---

① 参见麻卓民：《早期旅西班牙青田人（二）》，《青田侨报》1999年11月4日。

表 6–6　抗战时期青田华侨创办或参与创办的报刊

名称	创办机构	青田籍创办或参加人	备注
《祖国抗日情报》	全欧华侨抗日救国联合会	青田人非常活跃	宣传抗日，风行全欧
《抗战要讯》	荷兰抗日救国后援会	陈彬	周刊，介绍中国抗战情况，报道荷兰华侨的抗日救国活动，发表时事评论
《海牙救国报》	海牙抗日救国分会	陈特轩	号召全体侨胞团结救国，出钱出力
《抗战报》	留德学生“抗战后援会”	林仲平	青田华侨林仲平任义务打字工作

资料来源：由《青田县志》（浙江人民出版社 1990 年版）与《青田华侨史》（浙江人民出版社 2011 年版）综合而成。

旅欧青田华侨出版的抗日报刊，信息大都源于《中央日报》或中央社广播稿，内容多为抗日军事斗争新闻，也有部分国际反法西斯新闻，以及关于华侨爱国活动的报道。以荷兰抗日救国会出版的周刊《抗战要讯》为例，该刊物从 1938 年 3 月起，共出版 90 余期，每期五六千字，发行 200 余份[①]。《抗战要讯》为竖版八开装订式，为节约成本，期刊没有插图。该周刊内容主要划分为四个部分：其一，讲演或社论；其二、一周战况；其三，短评（不定期刊载内容）；其四、侨闻。该周刊社论有《英日天津事件》《国民抗敌公约》《今日的美国》等，主要是针对与抗日有关的国际、国内事件的评论。讲演有《抗战二年以后》等，多为国内政要或外交人员演讲稿。一周战况多转自中央社发布的对敌斗争消息，如“敌军在汕头登陆”“长江两岸战事，我军已占据有利地位”等。一周战况所提供的信息虽然有限，但为旅荷华侨提供了稳定的

① 陈慕榕主编：《青田县志》，浙江人民出版社 1990 年版，第 652 页。

国内战争信息，对华侨了解抗战、鼓舞士气、凝聚侨心起到了推动作用。随着《抗战要讯》影响力的不断提高，该周刊也成为青田华侨在荷兰组织抗日募捐，以及公布捐款者大名的平台，如《抗战要讯》第二卷第七期中就公布了《防毒面具捐款芳名》。《抗战要讯》是青田旅欧华侨抗日出版物之一，其主要影响力还仅限于荷兰，但它与《祖国抗日情报》《抗战报》以及若干尚不知名的刊物一起构成了青田旅欧华侨的抗战传播网。

通过自办媒体宣传抗日，青田侨团不仅扩大了自身在海外的影响，也让欧洲人和旅欧华侨对青田人有了全新的认识。青田侨团组织的抗日宣传，不仅增加了成员之间的政治凝聚力，也激发了国内外青田人的爱国热情，他们在国外积极捐赠物资支援抗日，回国后更是拿起武器，投入到武装卫国的洪流之中。如全欧华侨抗日救国联合会的金映光等，回国之后便奔赴了抗日前线。

三、新中国成立后青田华侨的爱国活动

新中国成立后，青田尚有 3000 余人留居海外，这批青田人大都在海外组建了家庭，但依然保持着爱国爱家的传统。新中国在成立之初虽然受到西方国家重重封锁，但青田华侨仍突破重重阻力，以不同方式持续为国家做着贡献。其中，侨汇爱国和捐赠家乡建设是改革开放前青田华侨爱国的两种主要表现形式。

1. 侨汇爱国

新中国成立之初，我国经历了朝鲜战争和国民经济的恢复建设，对外汇有着较大需求。我国外贸因遭到敌对势力的封锁而大受影响。据中国海关总署统计数据，1950—1955 年，我国对外货物贸易出现连续性逆差，年逆差额分别为 -0.3 亿美元、-4.4 亿美元、3.0 亿美元、3.3 亿美元、-1.4 亿

美元。这一时期，侨汇几乎抵补了中国入超数额的 2/3。[①]

侨汇作为个人财产的处分行为，所在国一般不禁止外汇的汇出，即便受限制，也仅限制汇出资金的数额。在中华人民共和国成立之初，海外华侨千方百计地将个人收入汇入国内，不仅打破了西方国家对我国的经济封锁，所带回的外汇也有力地支援了我国的国际建设（外汇归公、利益归私）。1950—1954 年，全国外汇收入达 6.84 亿元（美元），占同期中国对资本主义国家出口额的 50%。[②]

青田是我国著名侨乡，中华人民共和国成立后，当地经济侨汇保持了稳定快速的增长态势，成为我国侨汇的重要来源地之一（见表 6–7、表 6–8）。

表 6–7　中国人民银行青田支行侨汇金额（1950—1954 年）

年份	侨汇总数（万元，旧人民币）	增长率（%）
1950	18866	100
1951	57470	302
1952	129742	225.7
1953	171476	123
1954	151812	–11.5
合计	529366	

资料来源：青田侨务档案 12–8–56。

表 6–8　中国人民银行青田支行侨汇金额（1954—1963 年）

年度	侨汇总数（元）	增长率（%）
1954	15000	100

① 林金枝：《侨汇对中国经济发展与侨乡建设的作用》，《南洋问题研究》，1992 年第 2 期。

② 《华侨事务委员会、中国人民银行关于过去侨汇工作状况和改进今后工作的报告》，江苏省档案馆藏江苏省华侨事务处档案，卷宗号 3091，第 3 卷。

（续表）

年度	侨汇总数（元）	增长率（%）
1955	186000	1240
1956	265000	45.5
1957	296000	11.5
1958	289000	–2.4
1959	268000	–7.8
1960	339000	26.4
1961	424000	26.5
1962	558000	40
1963	700000	45.6
合计	3300000	

资料来源：青田县侨联档案资料，卷宗号：12–15–38。

尤其是在 1953—1959 年和 1961—1962 年间，我国出现了两次断崖式侨汇金额下降，但青田并未受到影响，侨汇仍保持了两位数的增长态势。以 1962 年为例，全国当年侨汇收入仅为 5090 万美元，青田侨汇占比达（人民币对美元汇率为2.4618）千分之四点五，是浙江省侨汇总额的40%。当年，青田一县上交的外汇数额，相当于当年全国外汇储备总量的千分之二点八。

青田华侨寄回国内的侨汇，明显表现为如下几个特征。其一是单人侨汇数额较大。在 1949 年后，青田华侨仅有 3000 余人，至 1963 年止，总计汇入金额为 3829366 元，相当于每位华侨为国汇款 1276 元。其二是汇款频率高。青田华侨平均年汇款次数在 0.3~1 次 / 人，以 1956 年为例，当年计介付侨汇 2672 笔，金额 248754 元，折合 0.89 次 / 人。其三是青田侨汇来源地相对广泛。以 1956 年介付侨汇的来源地为例，欧洲国家计 1548 笔，金额 177822 元；苏东国家计 606 笔，金额 34057 元；美洲国家计 128 笔，金额 18407 元；亚洲国家计 210 笔，金额 6523 元；大洋洲国家计 91 笔，金额 5422 元；其他地区计 89 笔，金额 6523 元。[1] 青田华侨积极向国内汇入侨汇，既体现出浓浓的血肉亲情，也反映出青田华侨对于新中国的认同，以及拳拳的爱国之心。

2. 捐赠家乡建设

改革开放前，青田属于贫困县，直到 1997 年才摘掉贫困县的帽子，长期以来，该县财政捉襟见肘，当地的基础设施建设相对滞后。

在 20 世纪 60 年代之后，青田华侨在海外经营渐入佳境，经济实力有了一定程度的提高，部分华侨有了店面。通过回乡访问，很多青田华侨既看到了祖国建设的成就，也看到了家乡的落后面貌，萌生了支援家乡建设的想法。旅日华侨林三渔先生，从 1957 年开始持续为家乡建设捐款，直到 1987 年去世为止，共捐款 200 余万元。林三渔先生的捐赠，涉及教育业，政府办公设施、公路建设、休闲娱乐公共设施、华侨饭店等。其中，为教育捐款 100 余万元，如捐资华侨中学建设、扩建罗溪爱国小学、为青田中学修建三渔礼堂并设立奖学金、为青田县中山中学捐款等。为改善家乡人民的生活条件，林三渔先生于 1972 年还捐资 25 万元，修建了山口至汤垟的公路，1982 年捐资 2.82 万元，修建了谢桥亭。

在青田华侨中，乐善好施者不乏其人。如旅意华侨胡锡珍、孙明权夫妇及王薛芳等，旅日华侨王仕福、林泽渔等，旅荷华侨郑献仁等。在华侨中学芳名册中，也记录了一些热心捐赠家乡的代表性人物（见表 6–9）。

表 6–9　华侨中学建校捐赠名录

姓名	捐资额（元）	国籍	姓名	捐资额（元）	国籍
波兰观光团	1377.84	波兰	白洪俊	128.56	荷兰
林三渔	1000.00	日本	厉克彬	128.56	荷兰
胡锡珍	848.57	意大利	朱光	128.56	荷兰

① 浙江省青田县侨务档案，卷宗号：12–9–50。

（续表）

姓名	捐资额（元）	国籍	姓名	捐资额（元）	国籍
郑观荣	1000.00（港元）	德国	王薛芳	123.61	意大利
林泽渔	696.94	日本	叶美楷	123.61	意大利
程雅标	642.80	荷兰	陈瑞勋	123.61	意大利
马文山	321.38	荷兰	胡昌奎	96.40	荷兰

资料来源：戴邦和：《爱国侨领林三渔图志》，青田县东英数字印刷有限公司，第 23 页。

在改革开放前，青田华侨的捐赠有如下四个特点。其一是捐赠者比例较高，五分之一（解放后未回归的 3000 余名老华侨）的青田华侨有过为家乡捐赠的行动。其二是除个别侨领外，绝大多数华侨的捐赠数额不大。但值得注意的是，很多华侨的捐赠额度较解放前有了很大提升，单次捐款在 3~100 元。其三是华侨捐赠多为个人积蓄，他们在海外省吃俭用，为家乡捐赠却从不吝惜。爱国华侨林三渔为国捐款 200 余万元，去世时衣物还打着补丁；一位老归侨，将修建坟茔的 20 万元全部捐赠给了学校，去世时只能与父母合葬。其四是华侨的大额捐赠对于家乡建设的贡献巨大。青田 1978 年的工农业总产值仅为 6300 万元，财政收入不足 200 万元，爱国华侨的大额捐赠占县财政收入的 10%~15%。到了 80 年代，青田华侨的捐赠活动出现了新老交替的格局，胡锡珍、郑锡康等老一代华侨依旧关注家乡建设，赖相令等新生代华侨则日益成为捐赠家乡的主力，如 1987 年众多青田华侨携手捐建的县人民医院住院大楼（见表 6–10）。

表 6–10　1987 年捐建青田县人民医院住院大楼名录

姓名	国别	金额或实物（元）
叶成典	西班牙	22000
吴耀群	巴西	20000
吴岩宣	德国	18000

（续表）

姓名	国别	金额或实物（元）
林岩林	德国	18000
胡锡珍	意大利	10000
吴伯权	意大利	5000
孙焕然	荷兰	17280
阮波奎	荷兰	10000
阮云光	荷兰	10000
吴焕民	荷兰	7000
林成璋、罗玉柳	荷兰	5000
袭位杰	荷兰	5000
陈彬	荷兰	5000
项增彬	荷兰	5000
阮松铃	荷兰	5000
陈凤鸣	荷兰	4880
袭奉权	荷兰	1000
林福清	荷兰	960
赖相令	荷兰	彩电 1 台
郑锡康等	比利时	4549

资料来源：《青田华侨史》编纂委员会编著：《青田华侨史》，浙江人民出版社 2011 年版，第 242 页。

第三节　青田华侨返乡后的生活情况

青田人有着浓厚的恋乡情结，在当地有着“在家千日好，出门一时难”“龙窝不如狗窟”等民谚，这都反映了青田人对家乡的眷恋。旅居海外的青田华侨也将落叶归根视为人生的归宿，直至 20 世纪 80 年代，仍有老华侨选择回归故乡。

一、青田华侨返乡

返乡与出国是相对的，与青田人多次出国不同，返乡意味着长期留居在家乡，直到走完人生之路。促成青田人返乡的因素较多，既有赚到钱选择衣锦还乡的，也有海外遭遇战乱、受排挤回乡的，还有思乡心切或受亲人召唤回乡的。就青田华侨返乡的成因而言，思乡心切和海外遭遇战乱、受排挤回乡所占比例最高，在民国期间，也形成了若干批返乡潮。

一是旅俄华侨的两次返乡潮，分别在 1919 年后和 1927 年后，这批旅俄华侨大都在俄国经历了持续数年的内战。1917 年，俄国爆发推翻诺曼诺夫王朝的革命，至 1922 年，受苏俄内战影响，大批旅俄的青田华侨生意惨淡，因此，集体选择回国，其中，部分华侨留居于家乡。自 1925 年开始，苏俄政府开始严格管控华侨，“伯力双城华侨商会，均被俄官搜查，近更取缔华侨，将双城华生会职员十余人捕去”[①]。1929年之后，苏俄政府彻底取缔华侨的私营经济，华侨经营的商店被没收，存入银行的现金被冻结，人员遭到驱逐。在被迫回国的华侨中，“赵庭昌等四十七人，系来自莫斯科，原籍均浙江青田县人”[②]。他们在莫斯科开设的商店被没收，所存入银行的三十余万现金亦被没收，有的华侨被捕入狱达数月之久，被迫徒步从莫斯科返回国内。在哈尔滨这批青田华侨中，“已有二十五人投亲友处，余等二十二人，均疑返原籍”[③]，其中，返回原籍者大都没有再出国。

二是日本关东地震后，日本人殴打、杀戮旅日华侨，进而引发了大批温、处华侨集中返乡。在 1923 年 9 月 17 日至 11 月 18 日，4445 名华侨返乡。大部分返乡华侨乘船到达上海，小部分直达温州，其中，很多青田籍华侨

① 《新闻报》，1925 年 9 月 16 日。
② 《时报》，1929 年 6 月 20 日。
③ 同上。

就需先返回温州，再乘船回乡。油竹的朱有典旅日期间为“共济会”干事，回国后在宁波行医，暮年才返回青田油竹老家。

三是一战结束后少数华工返乡。青田籍的一战华工在战争结束后，部分人因思乡心切而选择在马赛上船返回国内。返乡的青田华侨先到达上海，然后乘船至温州，最后沿江而上到达青田。

四是二战前和二战爆发初期，从世界各国返乡的青田人。1937 年西班牙内战期间，“马德里的 80 多名青田人撤退到瓦伦西亚。同年 10 月，绝大多数青田人乘轮船离开瓦伦西亚回国”[①]。

二战爆发后，旅居欧洲的青田人纷纷返乡，仅以国内相关报刊的报道为例，如 1939 年 11 月 14 日，“旅法华侨一百五十余人抵沪”[②]，同日，“荷兰华侨四十一人亦于十四日搭乘意游轮康铁佛田号返国”[③]。同年12月，“旅居意大利之浙籍华侨胡永昌等二十三人（含温州籍华侨），被迫返乡”[④]。由欧洲归国的青田华侨，返回国内的第一站大都是上海，再由上海前往温州，之后乘船返回青田。

旅居亚洲的青田人，因战乱的阻隔，返乡之路反而更为艰辛。1937 年，华侨王松岩由日本返回国内，因淞沪抗战爆发，日本回国的通道被堵塞，他只能先前往“香港经广东湖南北过九江转到南昌回浙江原籍”[⑤]。抗战时期，旅居东南亚各国的青田华侨也纷纷选择返乡，他们从新加坡出发，先到达香港，再乘船到达广州，然后经由上海、温州返回青田。

五是二战后青田人集中返乡潮。二战是全世界的一场浩劫，对于旅欧青田华侨不啻一场灾难，他们经济蒙受损失，生命遭受威胁，有的同胞甚至被关入集中营。二战后，旅欧青田华侨因财产尽失，欧洲市场又不景气，

---

① 麻卓民：《早期旅西班牙青田人》，《青田侨报》1999 年 10 月 21 日。

② 《总汇报》1939 年 12 月 2 日。

③ 《晶报》1939 年 11 月 19 日。

④ 《总汇报》1939 年 12 月 2 日。

⑤ 《九江警察局请查传王松岩来寻领妻卷》，浙江省青田县档案馆馆藏档案，卷宗号：1–8–3。

纷纷选择以难侨身份在意大利乘船返回国内，回国首站均为上海。

在回国的青田人中，也有少部分是受父母之命的回国者，吴成彬便是其中之一。1946 年，吴成彬继母过世，亲友要他回国善后。岳父伍赘防在信中写道："吾婿出外屈指二十余载，外国终非久恋之乡，应尽早整装返里，重振家声。"[①]吴成彬本意留居欧洲，百般无奈之下于1947年2月返乡。吴成彬的海外经历是诸多青田华侨一生的缩影（见表 6–11）。

表 6–11　吴成彬海外经历

时间	国家	备注
1905	中国	出生
1926	苏联	居住 6 个月
1927	德国	居住 10 个月
1928	法国	居住 3 个月
	埃及	乘船前往非洲，居住 3 个月
	土耳其	经希腊，居住 1 个月
	意大利	居住六个月
	瑞士	经营 3 个月
	德国	居住 3 年
1934	荷兰	居住 13 年
1947.2	中国	返乡
1969	中国	去世

资料来源：浙江省青田华侨史料征集办统计。

民国时期出国的青田华侨，选择落叶归根的占总人数的 85%，只有约 15% 的青田华侨由于种种原因继续留在海外发展。以雅林村为例，在新中国成立前，该村出国 80 人，滞留国外 20 人（其中 5 人下落不明），75%

① 浙江省青田县华侨史料征集办藏，卷宗号：No.79。

选择回归之路。阜山华侨在“二战”前回归率达百分八九十，永侨率仅占百分之一二十，其中，坑边村（是个小村）32 人中回归 27 人，未归 5 人；周宅村92人，回归81人，未归11人；其他各村基本比例相去不远。[①] 又“据水南区方南乡马车坑村调查，年龄在四十岁（1956 年）以上的男性居民共三十三人，其中二十一人是归侨”“该乡邵山村年龄在四十岁（1956 年）以上的男性居民共五十六人，其中三十三人是归侨。”[②]

青田华侨在海外遭遇了诸多磨难，返乡之路也同样艰险、崎岖。民国时期，青田当地金融体系尚不完善，由于没有成熟的侨批制度，海外汇回国内的钱款被克扣、冒领现象频发。私人钱庄业也是外汇回国的一条通路，但青田钱庄存在着恶性竞争，最终倒闭很多，导致华侨的存款也一并损失。部分华侨携款回国，在上海码头就被地痞流氓掳掠一空。还有二战后回国的华侨，匆忙将外币兑换为国币，不想货币超发贬值严重，尚未出手的金圆券已成废纸。华侨返乡虽然经历种种劫难，但大多数还是将外汇成功带回乡里，并改善了家人的生活。

二、归侨的侨乡消费状况

民国时期，青田华侨之间已经出现了明显的贫富分化，富裕华侨所赚外汇可以购地数百亩，贫穷者却只赚回了路费，有的甚至要靠国际救济回国。在返乡的归侨消费中，主要是用于娶妻与建房、购买土地、金融投资等。

1. 娶妻与建房

娶妻与建房是归侨主要的生活型消费。建房是为了娶妻生子、成家立

---

① 史澄：《浪迹天涯怀故国 蹉跎八旬报春晖——青田县阜山乡华侨史调查摘要》，《浙江师范大学学报》（哲学社会科学版）1991 年第 1 期。

② 浙江省青田县侨联档案资料，卷宗号：12-8-206。

业，是青田人首先要解决的人生大事，绝大部分华侨返乡后的消费都集中于这两个方面。在青田，娶妻和建房需花费500~1000块大洋，很多华侨赚够了这笔钱，就兴高采烈地返回了家乡。

几乎所有的青田归侨都进行了娶妻、建房等生活型消费，但大多数在完成生活型消费后便再无积蓄，部分海外积蓄稍多的还可以买一点土地。青田归侨娶妻花费不一,一般为100多块大洋，多者不超过300块大洋。青田人有着浓郁的“置田营宅”[①]思想，在他们看来，建房是有关“面子”的问题，乡邻普遍在建房上相互攀比，在清末至民国时期，油竹老村，温溪镇洲头、港头，阜山乡陈宅和方山乡龙出现了大批建筑考究的“花旗楼”。在青田，这类“中西合璧”的建筑，被保留下来的有二三十处，其中，最为典型的是方山龙现村的吴乾奎故居，建房花费大洋万余元。青田华侨在建房与购田方面有着共通性，即建房与购买田地同步。在青田，购田既有关“面子”问题，也是家庭生计的保障，华侨罗周美“来到温州白象下坊，花了一千银大洋，典了几间房子，买了几亩地，定居务农”[②]。在建房与置田的区位选择方面，绝大多数华侨选择了房田同地，部分富裕华商还额外在温州购买了田地，极少数华商前往了温州居住。以裘山村为例，1932年前，靠外汇建造的新房子有14座，在温州、平阳、瑞安三县买田的有16户，在外县买田购屋迁居的有3户[③]。在温州买田置地的大都是经商者，当年山口区一带也流行着“生意兴隆通四海，田买温州上下乡”[④]的歌谣。部分侨商习惯了大城市的喧嚣，回国后“往往选择相对繁华而又毗邻青田的

① 周望森：《一件珍贵的侨史资料：青田老归侨林茂祥墓志铭析述》，《浙江师范大学学报》（哲学社会科学版）1987年第2期，第80页。

② 《侨联通讯》1983年第8期。

③ 叶中鸣：《青田侨乡探源——青田侨乡调查之一》，中国人民政治协商会议浙江省青田县委员会文史资料研究委员会编印：《青田文史资料》（第2辑），1986年，第69页。

④ 同上。

温州”[①]，相比较而言，温州建房成本远高于青田，不仅需要购买宅基地以及建房所需的木材、砖瓦，还需支付建房的人工费用。在青田，建房所需人工费用以及石材，可以通过相互帮工减免。但温州的土地价格更具吸引力，当地每亩土地售价在30元左右，而青田土地价格会更高一些，此外，在青田，大批量购买土地难度较大。因此，在青田还出现了吃永嘉租的现象，即人住在青田，地在温州永嘉，每年只有在收租时前往温州。对于普通华侨家庭而言，能建造房屋已属不易，若能有5~10担土地，已属于比较富裕的群体。

民国时期，青田也有较多的商业房地产，主要集中在城区的横店街、金巷底、横街区域等，这些区域也是青田的商业区，汇集了百余家店铺。这些商业房地产大多为本地商人修建，少部分为早期石雕商修建，旅欧、旅日华侨并没有涉足这一领域。据叶处村归侨叶梅同回忆："我们那时很笨，根本没有像现在的人那样，要办餐馆、开店铺、搞公司，我们想不到，也做不到。我们只知挣钱，回国买田、造屋、娶妻，吃碗安稳饭，再就是不要让后代像我们这样到国外冒险。"[②]

2. 购买土地

在青田地区，购田属于大宗消费，华侨回乡购田是他们的奋斗目标，但能积攒下购买田地积蓄的华侨仅为极少数。以叶处村为例，在民国时期共出国95人次，在国外积攒几百、几千元的约占三分之一[③]，理论上，积蓄超过千余者，在建房和娶妻后才有余款购地。

在解放后对侨眷经济状况的调查，大致能勾勒出青田华侨的购地情况，以及华侨、侨眷的土地拥有状况。"据方北乡裘山村调查，该村有地主十一

① 《青田华侨史》编纂委员会编著：《青田华侨史》，浙江人民出版社2011年版，第22页。

② 史澄：《浪迹天涯怀故国　蹉跎八旬报春晖——青田县阜山乡华侨史调查摘要》，《浙江师范大学学报》（哲学社会科学版）1991年第1期。

③ 同上。

户，其中归侨竟占九户之多。”①

据青田县水南区阜山、方山、油竹侨眷成分统计，其中，地主 34 户、小地主 50 户、富农 4 户、中农 97 户、贫雇农 193 户。②在青田，有地的华侨家庭仅占总数的 49%，超过 10 担的家庭不足总数的 20%。青田华侨、侨眷的土地主要来源于三个方面：其一是祖上遗赠的田地；其二是华侨海外积蓄购买的田地；其三是华侨回国后赎回的田地。其中，祖上遗赠的田地主要集中在青田地区，极少数在温州地区，多出现在华侨地主和小地主阶层，少部分发生在富、中农阶层；华侨海外积蓄购地，大都集中在温州地区，购买数量在几十担到上百担不等；华侨回国后赎回的田地，在有地华侨、侨眷中也占据了一定的比例，当年卖地大都为支持家庭成员出国，回国后赎回田地也是对家族最好的回报。就青田华侨的购田数量而言，商人与地主出身的华侨是购田的主力，其他阶层的华侨购地数量不大。其中，青田华侨地主拥有的田地数量见表 6–12。

表 6–12　青田华侨地主拥有田地数量

姓名	居住地	土地数量（担）	前往国家
王松杏	油竹小口村叶山	32.5	
白洪亮	油竹小口村叶山	32.8	荷兰
朱光	油竹下村	98	荷兰
朱岩洲	油竹下村	72.25	巴西
朱春元	油竹下村	92	葡萄牙
朱秀达	油竹下村	160	美国
徐锡清	油竹下村	127.5	法国
朱申坤	油竹下村	126.5	法国
*	油竹下土夭	72.5	美国

① 浙江省青田县侨联档案资料，卷宗号：12–8–206。
② 浙江省青田县侨联档案资料，卷宗号：12–8–56。

（续表）

姓名	居住地	土地数量（担）	前往国家
金盛	油竹下土夭	167.5	美国
王玉挺	油竹下村	33	新加坡
陈夏元	吴岸乡雅林村	33	德国
吴式瑞	吴岸乡雅林村	120	巴西
林	四都大田	17.8	荷兰
陈特轩	阜山王费潭	58	荷兰
周仲芳	阜山周宅	60	意大利
叶旭清	阜山叶处村	36.5	德国
周富头	阜山乡岗下村	100	意大利
周仕龙	阜山	160	丹麦
周志琮	阜山	65	丹麦
周进奎	阜山周宅	160	新加坡
周邦友	阜山周宅	200	美国
陈富策	阜山陈宅	260	南美
王九如	阜山前王村	40	德国
陈泽梅	阜山岗下村	50	西班牙
周志文	阜山周宅	28.18	巴西
周贵	阜山岗下村	50	意大利
叶藏星	—	80	德国
陈金彪	阜山王费潭	39	荷兰
卓进元	温溪港头	—	荷兰、波兰
杨国良	温溪港头	12.7	苏联
卓金成	温溪港头	45	法国
郭阿菊	温溪港头	30	荷兰
郭茗贤	温溪港头	22	荷兰

（续表）

姓名	居住地	土地数量（担）	前往国家
王学和	温溪港头	126	比利时
郭竹王	温溪港头	170	荷兰
扬子春	温溪港头	14.5	苏联
林美雅	山口南村	108	美国
林质秀	山口南村	27	美国
林松涛	山口南村	约 40	美国
傅明光	山口小平坑村	75	意大利
吴林献	山口大安	44	法国
林松坤	朝底山	52	荷兰
毛瑞谦	山口大田	37.6	德国
吴宝视	方山裘山村	64	荷兰
陈春楷	方山马车坑	175	德国
王连祥	油竹彭括	15	法国
杨连模	吴岸乡八源坑	38	巴西
吴仲如	吴岸乡八源坑	116	巴西
林仲宪	汤垟小佐村	40	荷兰
高铭康	汤垟山炮村	12	意大利
吴旭珍	汤垟黄山庵	70	意大利
孙捷凤	汤垟垟寮村	54.3	西班牙
陈超	仁庄	53	巴西
苗成仁	小令	7	法国
朱耀进	油竹小口村	32.5	瑞典
朱岩洲	油竹下村	64	巴西
朱进禄	油竹上村	15	美国
朱美禄	油竹上村	16	美国

（续表）

姓名	居住地	土地数量（担）	前往国家
陈全斋	油竹上村	51	加拿大
朱桂然	油竹上村	20	美国
朱定进	油竹上村	27	捷克
邱佳星	油竹	34	巴西
麻连申	油竹	123.5	荷兰
麻炳禄	油竹	30	荷兰

* 原始档案资料中此处人名模糊不清。

资料来源：根据青田县侨联档案资料 12–9–51，12–10–01 综合统计。

从表 6–12 可以看出，拥有百担以上田地的华侨地主，人数仅为总人数的三分之一，这说明能带回数千块大洋的华侨数量并不多（100 担地大致要 3000 块大洋）。当然，还有部分移居温州的华侨地主未在统计之列，即便加上这部分人，富裕的青田归侨数量依然非常有限。多数华侨的积蓄只够买十几担地，他们或租赁或自耕，维持着回乡后的生计。

3. 从事金融或地产租赁投资

随着青田人出国规模的扩大和海外事业的扩展，青田侨乡的侨汇事业逐渐兴起，并带动了青田钱庄业的发展。

从 1919 年青田县城开设源康钱庄开始，之后的十余年间，青田陆续开办了钱庄 10 余家，如信达利、康源、益达利、兴业等。至 20 世纪 30 年代初，青田下属的乡镇也开设了钱庄，如阜山村的阜康、裕大、兴宝、国宝等。青田钱庄以吸收存款、贷放款和汇兑为主，至 1932 年，青田各钱庄年营业额为 20 万元[①]，其中，侨汇比例逐年增大。青田钱庄老板为争取侨汇，竞相拉拢侨界商业精英入股。以吴乾奎为例，多家钱庄邀请其为股东，有

① 陈慕榕主编：《青田县志》，浙江人民出版社 1990 年版，第 409 页。

的甚至不请自来，不得已，吴乾奎登报声明“顾益达利落一份子外，其余一概谢绝”[①]。

青田的钱庄业务不仅覆盖了浙南地区，也将发展的触角延伸至了上海地区，如信达利钱庄。存款方面，存入青田钱庄的钱大都有信用担保，具有一定的信用度；贷放款方面，其贷款对象大多在浙南地区，主要是木材商，也向普通群众发放生活贷款，包括出国贷款。但是，由于是商业游离资本和投机资本的融合，青田的钱庄业发展并不稳定，短时期内兴起后又迅速衰落。

华侨用海外赚的钱在国内投资与花销，大致有几种情况：有的华侨投资商业地产并用于租赁，改变了生活质量，实现了初衷；有的华侨在温州购买土地，“当时温州 100 亩地（包括柑橘园和简易房）只需 3200 银圆”，价格不高；[②]大部分华侨在建造房屋之后，赚来的钱已所剩无几；还有的华侨将所赚的钱用于置办田产、房屋和店面等，如鹤城镇的陈岩飞赚钱回国，“在瑞安下川买田 100 亩，房屋 13 间，又在温州徐衙巷购买店面 80 多平方米、房屋220平方米[③]。此外，钱庄放贷也能获得一定的利润，但在30年代中期以后，青田钱庄逐渐瓦解，一些靠吃贷款的华侨，经济受到很大损失。

三、党和国家对华侨的信任与关照

1. 党和国家对华侨的政治信任

新中国成立之初，党中央高度重视华侨工作，1949 年 10 月就设立了中央人民政府华侨事务委员会（简称中侨委）。1951 年 12 月，中侨委副主

---

① 青田华侨史料征集办藏吴乾奎登报底稿。

② 《青田华侨史》编纂委员会编著：《青田华侨史》，浙江人民出版社 2011 年版，第 22 页。

③ 同上书，第 23 页。

任廖承志向中央提出了《坚决纠正侨区土地改革中“左”的偏差》的报告，肯定了华侨的地位与贡献。关于侨汇，中央又批转了《中国人民银行党组和中华人民共和国华侨事务委员会党组关于侨汇及华侨投资的报告》，要求各地必须坚决贯彻“不能侵犯侨汇”的指示，并于1955年2月23日下发保护侨汇政策的命令：华侨接受侨汇合理合法、利国利民，他们对自己的合法收入具有所有权，可用于生活家用，也可用于婚丧嫁娶，是否存款完全自愿。至此，华侨地位的合法性基本确立，对侨汇不是剥削的认识也基本统一。

在青田，一直有团结华侨，对其政治上信任与生活上照顾相结合的方针，特别是在政治方面，注重选取先进分子作为侨眷、归侨代表，推动华侨事业的发展。1956年，青田县水南区委召开侨眷、归侨代表大会，到会代表共67人，已全部参加了农公社，当中有共产党员2人，青年团员7人；贫农49人、中农12人。[①]

为了更好地开展华侨工作，青田县第二届归国华侨代表大会特别注重安置就业问题，主要政策是能就业的安排就业，不能就业的地方政府给予一定的救济，对部分持有一定现金、可以维持生活的归侨，也考虑了其长远生计问题。比如，日本归侨刘玉春被安置在了青田县纺织厂担任厂长；老归侨林迪初不能劳动，政府每月给予13元的救济。[②]对于老弱残废无依靠的侨眷、归侨，给予“五保”照顾，使其同样享受社会主义幸福。[③]据统计，1956年，全县侨眷、归侨当选为县人民代表的有10名，县人民委员1人，省人民代表1名。[④]对当选为县人民代表的归侨就业安置情况如表6-13所示。

① 浙江省青田县侨联档案资料，卷宗号：12-8-2。
② 浙江省青田县侨联档案资料，卷宗号：12-8-208。
③ 浙江省青田县侨联档案资料，卷宗号：12-9-50。
④ 同上。

表 6-13　对 10 名当选县人民代表归侨就业安置情况

姓名	政治面貌	原居地	归国时间	工作单位及职务
张苏	党员	德国	1946 年	青田县华侨招待所负责人
朱祥	党员	意大利	1947 年	水南区中学总务
陈则敬	党员	法国	1942 年	青田食品加工厂工人
柳玉春	—	日本	1953 年	青田县纺织厂工人
周仲岩	—	意大利	1946 年	阜山公社安店大队
何叶元	党员	德国	1946 年	吴岸公社塘浒大队
陈林	—	意大利	1946 年	青田县草席厂工人
胡德谦	—	法国	1950 年	平公社仁大队
徐春兴	—	德国	1974 年	阜山公社黄富垟大队
陈铭奎	—	德国	1957 年	山口公社大安大队

资料来源：青田县侨联档案资料。

可见，政府对于归侨的就业安置是比较用心的。仁庄的陈铭奎携子于1957年回到祖国，“在农村安家乐业，决心从事研究如何受理和发展山区林业经济作物，他每年差不多有八个月的时间参加这项工作，在他的积极带头下，培养了三十多个品种，培育十余万株林苗。栽培一千多株果树，现在成长结果”①。“归侨柳玉春1953年从日本归国被安置于新兴织布厂，并担任了厂内经理。62岁的归侨林迪初单身无依靠，生活困难，当时由政府每月救济人民币13元以维生活。”②

2. 侨务工作

青田的侨务工作耐心细致，明确规定：“对回乡探亲、旅行的华侨、外籍华人、港澳同胞、台湾同胞做好接待工作，是我们侨务工作的一个重要

① 浙江省青田县侨联档案资料，卷宗号：12-14-98。
② 浙江省青田县侨联档案资料，卷宗号：12-8-208。

方面，接待工作如何，不但是一个服务质量问题，而且直接关系到我党和政府声誉的政治问题。”[①]

青田华侨自 1945 年起陆续回国，至新中国成立时仍有 3000 余人滞留于海外。因此，青田地区的侨情相对复杂，既有支持新中国的力量，也有倾向于台湾当局的团体。此外，有些西方国家对华恶意造谣，威胁华侨回国后“西装会被剥、皮鞋会被脱，手表会被勒”，受其影响，一些华侨不敢回乡。青田优秀的侨务工作让上述谣言不攻自破。旅葡华侨陈源清回国后，看到国内变化，尤其是受到家乡政府和侨务部门的热情接待，由衷感叹：“如此热情接待我们，无微不至关怀我，县委书记，部长，侨办主任多次接见，请我吃饭，并有专人陪我游览，县委第一书记及其他领导亲自为我送行，使我实在感动，过去每年都到香港办货，真懊悔当时没有回来。”“我为了经商方面加入外国籍，但我是中国人，我是黄种人，是炎黄子孙，我是青田人，心向祖国，热爱自己家。”

青田的侨务工作为团结华侨发挥了重要作用，其中，对 1950 年之前出国华侨的工作尤为突出。这批华侨在海外均小有成就，多数人已有了自己的商店并组建了家庭，他们或是希望继续留居在欧洲国家，或是不了解新中国政策不愿回国。通过长期侨务工作，这批华侨的情况发生了改变。起初，只有旅意、旅日的海外华侨思想比较进步，但这两国的华侨又各有特点。旅日华侨政治斗争性强，侨领作用较大，民国时期，在日本的国民党大使馆就基本不起作用。旅意华侨中，侨团发挥着重要作用，据统计，70% 的华侨势力掌握在侨团手中（东欧华侨总会），意大利侨团也带动了西德华侨的发展。此外，通过长期的疏导，法国、荷兰等地的华侨也逐渐改变了认识，成为“促统反独”的重要力量。

青田县政府及侨联对台青田华侨的统战工作也卓有成效，通过做好服务接待工作，不断汇聚了青田华侨侨心向党、同心同行的力量。1980 年，青田侨联邀请几位前往台湾的青田籍旅欧侨胞回国，他们是比籍华人郑锡

---

① 浙江省青田县侨联档案资料，卷宗号：12-36-23。

康、占冠令及美籍华人金达，活动安排如表 6–14 所示。

表 6–14　侨务活动安排时间表

日期	活动
10 月 20 日	县派车往杭州城迎接郑锡康、占冠令、美籍华人金达回国
10 月 22 日	转车抵青，先到侨办稍事休息。县领导看望三位华侨，并正式邀请三位先生 23 日来县政府参加茶话会和晚宴。然后安排车辆分别送至各自下塌处
10 月 23 日	下午三时在第一会议室隽星茶话会，晚上政府宴请三位先生及亲属
10 月 25 日	上午参观金坑电站、石平川钼矿。下午游览石门洞风景区
10 月 26 日	上午参观华侨乳品厂、林化厂、华侨新村、镇农业九队
10 月 27 日	山谷游览城镇太鹤公园，晚上看电影“金水侨”

资料来源：青田县侨务档案资料。

这次回乡访问，提升了这些海外侨胞的民族自豪感，也激发了他们爱国的思想情感与“反独促统”的民族情，他们对新中国建设的成就都表达了由衷的赞叹。郑锡康说：“我去年到台湾，碰到很多同乡，他们很思念故乡，都想回来。”爱国华侨占冠令说：“现在台湾很惊慌，你们共产党一步步紧迫，国民党没有办法。”金达则表示：“台湾前途是无出路的，只有走和平统一道路，统一只是时间问题，迟早一定统一。”①

四、解放后的出国政策

自 20 世纪 50 年代开始，因受到帝国主义的封锁与国民党的袭扰、破坏，我国调整了出国政策，奉行严格审批制度，仅允许公派人员出国，对于不合规定越境出国的行为给予处罚，对于前往西方国家的人员则进行限制，这一时期，政审成为出国的前提条件。

① 浙江省青田县侨联档案资料，卷宗号：12–34–36。

但是，新中国成立后，青田尚有3000余人留居海外。据青田县侨联1959年统计，全县尚有侨眷1113户（见表6–15）。

表6–15　1959年青田县华侨侨眷分布情况

居住国	户数	旅居国	户数
法国	367	日本	39
荷兰	205	越南	4
西德	58	印度	1
东德	96	缅甸	1
波兰	33	朝鲜	1
意大利	85	埃及	1
苏联	37	亚非里加	1
英国	7	安南	7
葡萄牙	50	美国	25
比利时	37	阿根廷	12
奥地利	14	巴西	39
西班牙	5	智利	2
捷克	7	澳大利亚	1
匈牙利	1	非洲	1
瑞典	9	南部非洲	32
瑞士	4	墨西哥	1
挪威	1	土耳其	2
丹麦	6	罗马尼亚	2
新马	17	飞机岛	1
		合计	1113户

资料来源：青田县侨联档案资料，卷宗号：10–1–19。

在侨眷中，有着家庭团聚、外籍人士归国、继承家业、助理店务、结婚等需求，随着时间的推移，出国需求也越发迫切。党和政府为满足青田当地群众的实际需求，并考虑国家经济和政治斗争的需要，逐渐放宽了对于青田同胞出国的限制。自新中国成立起至改革开放之前一段时间，青田出国人数不断增加，累计出国 754 人（见表 6-16）。

表 6-16　改革开放之前青田出国人数

年份	批准出国人数
1949—1956	25
1957—1960	106
1961—1971	154
1972—1977	276
1978	191
合计	754 人

资料来源：青田侨务档案资料，卷宗号：12-34-36。

总体来看，这一时期的出国审批通过率较低，如 1953 年，申请出国计 18 人，批准 3 人；1955 年，申请 7 人，批准 3 人；1956 年，申请 3 人，批准 3 人。出国一般要进行政治审核，由青田县政府或人民委员会出具调查材料，然后再提交到省侨务处作最后审核。一般而言，对思想先进、转业军人、贫下中农等给予优先照顾；对解放前参加敌伪组织的人员，地主、土匪，以及其他前科劣迹人员一般不批准。出国路径一般是先由国家将出国者送至香港，然后再前往目的国。这一时期，也有少数私自出国者，他们中有的人经由越南前往了法国。

青田华侨中，有相当一部分是原国民党军政人员。人民政权刚刚建立时，很多国民党军政人员和地方士绅为躲避清算，偷渡出境，有的去了香港和台湾，有的直接出国，其中，去港台地区的也有不少先后转徙海外（称为“港转侨”、“台转侨”人员）。据统计，这一时期的青田籍去台人员约1100户，3600人，其中移居国外的有200多户700来人[①]。鹤城陈又超、徐福海、张庆华及其父母，金田杨宝巢、仁宫、柳志成，雅林吴朝英、孙山、孙开胜等都属“台转侨”，阜山陈楚豪则是“港转侨”，20世纪50—60年代初，陈楚豪在香港为青田出国人员的接待、安排住宿、申办护照及签证等做了大量工作。

20世纪60年代前半期开始，青田出国人数稍有增加，但在改革开放前，获准出国的还远不到2000人。巴西华侨林采芹生于1912年，山口人，其父林天如是山口石雕艺人，清末去过日本、美国、巴西等。1906年，林天如和同乡林毓宜、周风、林子屏、林严齐、林秀芬等人携青田石雕、茶叶、钱剑及其他省市特产参加意大利米兰赛会，后将所有积蓄带回家中，并在温州置业。林采芹5岁便随家人迁居温州，她毕业于温州女子中学，后从上海幼稚师范学校毕业后从事教育工作。1950年，她在温州获准到香港，1960年去巴西从事绒线织制业，经营提色台布、瓷器等，成为“港转侨”人员。这一时期在余杭闲林埠归侨农场，原籍阜山的归侨徐立明和他的意大利籍妻子及子女4人，埠心归侨周德星和他的意大利籍妻子及子女共6人，还有原四都归侨陈成和，小令归侨徐竹川等12人申请出国，悉数获批准。据了解，这一时期，移居温州鹿城区被批准出国的青田人与青田县内被批准出国的人数不相上下。原在温州工作的仁庄陈超、伍先昭，在温州申请并获得赴港通行证后，由香港办好签证转道巴西。

在六七十年代，青田出国人员获批数量增加有三方面的原因。一是老一批华侨已至暮年，迫切需要故乡亲人出国继承家业。如旅日华侨留送坤回国时表示：自己儿女除三子外都与日籍人组成了家庭，“自己和文奎（留送坤三子）保留中国国籍，文奎（母亲为日籍人，从小生活在日本）又不懂中国话，再不带一个出去，自己一死，和中国、故乡就会断线了”[②]。旅荷侨领郭南斋回国时表示：“我还能活几年的话，请政府批准我一个侄孙

① 浙江省青田侨务档案资料，卷宗号：12-36-23。

② 浙江省青田侨务档案资料，卷宗号：12-34-36。

出国，如果死了一切都完蛋（指产业）。”[①] 二是我党的团结政策逐步深入人心，经过团结争取，以及派表现好、拥护党的群众出国，青田华侨逐步形成了侨心向党的凝聚力。三是党和国家对华侨予以新的肯定与认识，对错误认定的华侨地主给予摘帽，激发了华侨的爱国热情，也增加了侨汇的数量。

小　结

民国时期，以时间段的不同来划分，青田华侨的海外社团组织有诸多不同的类型。民国初期，大部分青田华侨刚刚奔赴海外，形单影只的他们备受外国人的歧视与排挤，因此，这一时期的海外社团组织主要以保障华侨的权益，避免不公平待遇为宗旨。“九一八”事变之后，日本对中国的侵略日益深入，侵吞中国的野心昭然若揭，在这样的境况下，华侨成立了诸多救国社团组织，可以说，这一时期的海外社团组织是以救亡图存为宗旨的。抗战胜利后，虽然青田华侨很多都归国返乡，但海外社团组织依然生机不减，这一时期的侨团组织复杂性增加，有援助战后重建的，也有帮助华侨联合发展的，但大部分以保护华侨利益、促进共同发展为宗旨。

海外华侨社团组织的成立，无论是对华侨本身，还是对国家、对民族都益处众多、意义重大。对华侨而言，海外社团组织是他们的“保护伞”，能够帮助他们克服困难与挫折，在海外立足并取得发展；对国家、民族而言，华侨社团组织在国家危亡时刻作为华侨在海外团结互助的平台，为抗战筹资捐款，为国家命运奔走呼告，一定程度上为抗日战争的顺利进行提供了保障。应该说，海外华侨社团组织无论是在过去还是当前，都发挥了巨大的社会功用与价值。

同时，我们也不得不承认，民国时期的青田华侨社团组织处于海外社

---

① 浙江省青田侨务档案资料，卷宗号：12-34-36。

团发展的初级阶段，无论是在规章制度、运行机制，还是在成员构成、成员数量等方面，都是不完善的，当然，这也是由当时青田华侨群体基本处于海外发展初步阶段的客观状况决定的。这一时期的青田华侨社团组织，大部分是复杂的机构，这种复杂性首先体现在宗旨与目的上，其宗旨一般不是单一的，而是多目的的，但同时也具有专业性不强的特点；其次，体现在人员构成上，其构成人员大都不是单一的青田华侨，而是由青田华侨与多地华侨共同构成，可以说，民国时期基本没有纯粹的青田华侨社团。但无论如何，该时期的海外青田华侨社团为之后社团组织的发展，奠定了坚实的基础，这是毋庸置疑的。

这一时期，青田人的传统出国目的决定了在大部分青田华侨的内心意识中，出国只是要缓解燃眉之急，赚一些钱，能够保证一家老小吃饱穿暖，或者能够娶妻生子，根本没有在海外取得进一步发展的意愿。青田县奎岩庄一位村民就回忆道："当时我的父亲出国谋生，就是为了能够赚一些钱给家里盖一座像样一点的房子。"[①] 当然，也有人存在可体面"衣锦还乡"的心理，希望能够赚到钱财回到穷苦的家乡，或赚钱回乡投资，还有诸多青田华侨在海外无法立足而不得不返回家乡。以上种种因素，都促使了大多数青田华侨选择落叶归根，回到青田家乡。

① 2012年5月27日于浙江省丽水市青田县方山乡口述采访奎岩庄村民刘某。